湖南省哲学社会科学基金重大委托项目"记住乡愁——湖南十村十记"的阶段性成果

湖南省社会科学基金一般项目"生态移民背景下非物质文化遗产传承与保护研究"(16YBA118)

中国传统村落实证研究

——大湾村

杨帆 著

中南大学出版社
www.csupress.com.cn ·长沙·

图书在版编目（CIP）数据

中国传统村落实证研究. 大湾村／杨帆著. —长沙：
中南大学出版社，2019.11
ISBN 978 – 7 – 5487 – 3697 – 4

Ⅰ.①中… Ⅱ.①杨… Ⅲ.①村落—研究—桂阳县
Ⅳ.①K928.5

中国版本图书馆 CIP 数据核字（2019）第 166272 号

中国传统村落实证研究——大湾村
ZHONGGUO CHUANTONG CUNLUO SHIZHENG YANJIU——DAWAN CUN

杨帆　著

□责任编辑	彭亚非
□责任印制	易红卫
□出版发行	中南大学出版社
	社址：长沙市麓山南路　　　　邮编：410083
	发行科电话：0731 – 88876770　　传真：0731 – 88710482
□印　　装	长沙市宏发印刷有限公司

□开　　本	710 mm×1000 mm 1/16　　□印张 17.5　　□字数 304 千字
□版　　次	2019 年 11 月第 1 版　　□2019 年 11 月第 1 次印刷
□书　　号	ISBN 978 – 7 – 5487 – 3697 – 4
□定　　价	289.00 元

总　序

作为湖南省社科基金重大项目"记住乡愁——湖南十村十记",我们试图对湖南极具地域与民族特色的传统村落展开极具普遍性又具鲜明的个案特色的研究。这在湖南地方文化研究上也是首次。基于此,经反复研究,遴选了会同县高椅乡高椅村、通道侗族自治县坪坦乡坪坦村、江永县兰溪瑶族乡勾蓝瑶寨、永顺县大坝乡双凤村、绥宁县关峡苗族乡大园村、辰溪县上蒲溪瑶族乡五宝田村、绥宁县黄桑坪苗族乡上堡村、永兴县高亭乡板梁村、桂阳县莲塘镇大湾村、花垣县排碧乡板栗村作为研究对象,并组建了十个相应的课题组,从事专门的研究。虽然只有十个村寨,但它们散落在三湘四水,颇具地域特色,又涵盖了汉、苗、瑶、侗等湖南主要民族,富有民族历史文化的特质性和代表性。对它们的系统性研究,或许最能体现湖湘传统村落及其文化的特色,立体还原出湖南传统村落文化的多维性与区域文化的特质性及其价值,进而呈现出湖湘文化的特质性和本源性,为保护湖南乃至中国传统村落文化做出贡献。

在内容上,我们要求对传统村落文化展开系统性的多维研究。在框架设计、研究思路、主要内容、基本观点等方面,都体现出研究者创新的学术思想、独到的学术见解和可能取得的突破。尤其在研究方法上,我们强调要重"记"重

"研"、"记""研"并举,既要整体兼顾,又要突出重点。"记"重有三:图像记录、文字记述和文化记忆。

第一是"图像记录"。图像记录是指把在村落中的固态文化及活态文化,通过影像的方式保留下来,并作为信息传递给外界,强调记录对象的纪实性、直观性和形象性,在绝对真实的前提下,亦追求其唯美性。开始于 1839 年的摄影术,带给了近代一场视觉意义上的革命。之后,摄影迅猛发展起来,几乎无所不包,并和在它之前发展起来的印刷术相结合,进而拥有了广阔的传播空间。摄影术的出现,于民俗、建筑、文物的记录也同样具有划时代意义。它能够直观地再现事物在拍摄瞬间的真实状况,其记录已经成为今天研究这一时段历史的重要依据。在近代中国,最早拍摄的村落及其文化的照片,多出自涌入国门的外国学者之手,如葛学溥、伊东忠太、关野贞、塚本靖等人。19 世纪末 20 世纪初开始,大批的日本学者考察中华风物,足迹遍布中国的大江南北,研究领域涉及了人类学、考古学、美术学、建筑学等诸多领域,留下了大量的图像记录。他们相机里记录的中国风土人情,为今天的研究者们提供了珍贵的历史信息。在今天这样一个图像时代,数码摄影技术高度发达,普通人几乎不需要接受专业训练就能拿起手机或相机拍照。对于专业的村落文化研究者来说,更需要运用好这一手段,用现代摄像的形式记录下传统村落及其原住民的生产生活状况,于当下这个快速发展的社会,或许尤为有意义因而变得十分重要。因为我们今天用镜头记录的真实场景及场景中的人与事,明天可能就永远地消失不见。通过影像的记录,我们可以为后续的研究者保留今天这些传统村落的文化信息。

第二是"文字记述"。文字记述是人类用之最为久远的记述手段与方法。凭借于此,我们可以察古观今。对传统村落中原住民的内容丰富的各种文化信息进行记述,要求既真实准确又生动感人。在真实客观的文字记述基础上,我们试图对传统村落的文化传统与精神世界、传统村落的堪舆规划、建筑营造与保护、传统村落民俗与非物质文化遗产、传统村落原住民与自然环境关系、传统村落道德教化与乡贤文化、传统村落的经济发展与综合治理、传统村落氏族文献与少数民族研究资料、传统村落与地域文化圈的宗教信仰与遗存等诸多方面，展开多学科交叉的系统性研究，以还原出这些传统村落文化的多维性、复杂性及自成体系性，而不是某一文化的孤立现象。我们从这种文化的多维性和自成体系性中，或许可以找到这些极具地域民族特色与特质的传统村落文化历千年之久而生生不息的深刻内在原因。

第三是"文化记忆"。文化记忆是指对传统村落的文化历史进行追溯，包括村落的建制和变迁、原住民的迁徙经历等内容，尽可能完好地保留这些传统村落的文化记忆。具有悠长久远文明历史的中国，就是由无数个这类传统村落的文化记忆组成的。传统村落是研究中国文化记忆的丰沃土壤。不同于世界其他地区文明断裂或消失的经历，中国是唯一将自身的文明延续至今的国度，这使得其文化记忆研究具有极为难得的样本意义。国家的文化记忆，从某种视角来看，其实就是由不同的社会群体、民族、宗族甚至个人的文化记忆构成的总和。国家、社会、族群，往往也和个人一样，会在发育成长的过程中，养成回忆和记忆的能力。说到底，所谓文化记忆，本质上其实就是一个民族或国家的集体记忆。它所要回答的就是"我们是谁"和"我们从哪里来、要到哪里去"的文化认同性问题。文化记忆的内容通常是一个社会群体共同拥有的过去，其中既包括传说中的神话时代，也包括有据可查的信史。它在文化构成的时间上具有绝对性，往往可以一直回溯到远古，而不局限于三四代之内的世代记忆的限制。在文化的构成内容上，其往往又富有原创性和借鉴融合的相对性，理所当然地具有其文化的特质性。特质性代表的往往是民族文化的个性；借鉴与融合，往往能代表文化的主流共性与文化发展的规律性。在交流形式上，文化记忆所依靠的是有组织的、公共性的集体交流，其传承方式可分为"与仪式相关的"和"与文字相关的"两大类别。文化记忆可以让一种文化得到持续发展，传承不衰；而一旦文化记忆消失了，也就意味着文化主体性消亡了。在传统村落文化的传承中，文化记忆起到了重要的功能。各种材质的书面文献、碑文、乡约、家谱、建筑物、仪式和节日等，构成了文化记忆的一系列制度性表征，它是一套可反复使用的文本系统、意象系统和仪式系统。文化记忆对于传统村落社会的存在价值，不仅在于村落原住民集体性探究过去的成果有了更为牢固和精确的储存与记录方式，更在于它对维护传统村落文化的代代传承具有的重要作用。甚至毫不夸张地说，保护和保存这种记忆，是保护和保存了国家的历史文化记忆，因为这是构成国家历史文化的基石。

以此"三记"为基础，我们借助于交叉学科的视野与手段，对具体的传统村落及其文化，展开有广度和深度的系统研究。我们共形成了十部专著，每本皆包含了30万字左右的文字以及100帧以上的图片。从研究手法到记录、记述的形式与内容，可谓各具特色，形态多样。

朱力教授的研究对象是高椅村。他是以广角全息式的视野来审视这个村落的。他不仅对高椅村的建筑、礼仪、信仰、手工艺以及民间艺术等方面有详细描述，更是将高椅村融入中国传统村落研究的大框架中，运用分形的理论，寻找传统与现代的连接点。在研究方法和内容上，他尝试将社会学、文化人类学、民族史学、景观文化分形学、建筑学等诸学科理论结合起来，进行实证叙事和分析，并吸收了传统村落研究的部分研究方法和成果，在更广泛的层面上观照、研究了高椅村，以加深读者对高椅村历史文化现状的认知。最后作者就将来如何运用"村落智慧"来保护中国传统文化这一主题进行了探讨性研究。

刘灿姣教授对勾蓝瑶寨的研究，不仅体现在她长期醉心于这个富有文化特色的古老瑶寨的文化表象上，更反映在她理智严谨的研究中。她融合历史学、文化人类学、宗教学、社会学、民俗学、建筑学、经济学及传播学多个学科的研究方法，以记录、记述、记忆为基础对永州市江永县兰溪瑶族乡勾蓝瑶寨开展了全方位、多视角、深层次的综合研究。她从勾蓝瑶寨的历史沿革、地理环境、迁徙历史、村落布局与建筑、生产与商贸、生活与习俗、组织与治理、文化教育与道德教化、精神信仰、非物质文化遗产和文化遗产遗存等方面，勾勒出了其文化的全景图样。

谢旭斌教授以辰溪县上蒲溪瑶族乡五宝田村落为研究对象，从建筑堪舆、氏族文献、建筑营造、地域文化圈的宗教信仰与遗存、文化传统与精神世界、建筑装饰语言、乡贤文化、民风习俗、经济发展与综合治理等方面进行研究。他主要从艺术学、社会学的角度进行探讨，让传统村落留存的历史、文化艺术景观、传统的那些文化景观因子以一种美的方式呈现在人们的面前，让读者懂得传统村落文化具有独特的历史价值、艺术价值和文化价值，它的内部蕴含着大量值得传承的文化因子。

李哲副教授从宏观层面（自然与文化背景、族源与语言、宗教信仰与精神世界）、中观层面（道德教化与乡贤文化、民俗文化与非物质文化遗产、堪舆规划与村落空间、建筑形式与装饰艺术）及微观层面（局部建筑形式及营建技术、民族文献）等三个层面，全面研究了永顺县大坝乡双凤村这一民族地区传统村落的文化特征，探寻了土家族文化的核心。

王伟副教授以湘西土家族苗族自治州花垣县排碧乡板栗村为调研对象。他及其研究团队对板栗村进行了深入细致的田野调查，在充分掌握第一手材料的基础上，参考和吸收了前人和当代有关村落文化研究的学术著作和研究成果，用科学实证的方法，对板栗村的各个方面进行了比较深入的研究。该书着重论述了板栗村的民俗文化和民俗艺术。在撰写过程中，作者始终强调对板栗村传统村落文化的图像记录、文字记述和文化记忆，并借助交叉学科的视野与手段，对板栗村的传统村落文化展开了有广度和深度的系统研究，兼顾了学术性与可读性的统一。

吴灿博士曾长期驻守于他所研究的怀化市通道侗族自治县坪坦村。通过多学科交叉研究的新手段，他将坪坦村放置到民族文化圈中加以审视，在查阅和研读了大量历史文献的基础上，对该村的建村历史、居住、饮食、服饰、节日、娱乐、信仰、乡约、经济、教育、婚育等多角度的社会文化生活进行了客观真实的全面描述及人类学研究，从而勾画出了一个由各相关要素系统组合起来的侗族传统村落。他希望能从坪坦村具有典型地域与民族文化特色的具体事物与事件出发，放眼民族地区村落发展，运用从局部到整体、小中见大的理论扩展方式，勾勒出传统村落活态的文化样貌。该书没有按照通常的学术论著的方法写作，而是注重它的可读性与普及性，深入浅出，以富有文采的语言传递出深厚的人文历史感。

李方博士将上堡村作为实地田野考察的样本和理论论述的具体例证，试图针对"湖湘传统村落文化"这一宏大主题，做一次既有经验和物证支撑，而又不乏理论性的个案研究，并以此为基础，对"湖湘传统村落文化"所涵盖的主要内容进行概要而不失全面性的理论阐述。该书从上堡村的历史沿革、自然环境、建筑规划、民风民俗、精神信仰、文化艺术、传承保护等方面进行研究。作者是在获得了具有典型区域特色又能很好地反映湖湘文化特征的"湘村"田野考察经验及相关物证之后，再进行相关的理论研究的。理论上的研究基于上堡村，但又不囿于这一个村落。作者希望以"小"见"大"，做到有"点"有"面"、"点""面"结合，试图以这种方式窥探出"湖湘传统村落文化"的基本构成。

杨帆博士研究的对象是具有湘南地域文化特色的大湾村。他通过对湘南桂阳县大湾村的田野调查，结合历史人类学的相关理论，对大湾村夏氏的来源、发展做了长时间的考察。在论述的过程中，不局限于大湾村这个具体村落，而是以更开阔的视野，将其放在更为宽广的区域历史中，去理解村落的发展和变迁。该书对大湾夏氏的迁徙过程、选址建筑、生产习俗、宗族人物、传说故事、文化发展等内容首次做了全面的梳理，并突显了大湾村村落的典型性和普遍性。

陈冠伟博士对大园村的历史、地理、经济、治理、文化教育、风土人情、民族艺术、宗教信仰和神话传说等方方面面进行了详尽的介绍，既有宏观的概括与分析，也有微观的记录与考究。得益于在大园村较长时期的田野考察，作者遍考文献，从历史学、社会学、文化人类学、建筑学等多角度进行考察，研究过程中注重时间与空间上的层次感，既有村落不同时期状貌的比较性分析，也有村落与周边地区联系的考察。在对大园村文化进行图像与文字记述之外，书中也指出了当下大园村发展过程中存在的一些问题，试图为大园村和其他传统村落的文化传承与发展提供参考意见。

王安安在板梁村的研究中付出了巨大的努力。从荣卿公开派立村始，板梁古村落已有六百多年的历史。在"湖湘传统村落文化"这一宏大的主题下，王安安将这一古村落作为实地田野考察的样本和理论论述的个案，进行深入研究。该书分为三部分：初识板梁、进入板梁、发展板梁。由浅入深、由表及里、由感性发现到理性分析、由宏观到微观地对古村落的地域环境、物象表征、历史沿革、建筑规划、宗族社会、土地制度、民风民俗、商业发展、村落建设、文化教育、保护开发等各个方面进行研究分述，构建整体村落的系统性文化理论框架，并由此出发，突破单一村落"点"的限制，将传统村落文化研究扩展至与其类似的地域性村落范围之内。

由于谢旭斌教授及王伟副教授的专著已经先行出版，因此，此次出版的书单中，未再重复刊出。

湖湘传统村落作为社会最基本的聚落单元，孕育了丰富多彩、博大精深的湖湘文化，见证了湖南历史文化的演绎变迁，记录了农耕时代遗留下来的各类历史记忆和劳动创造，承载了我们的乡愁。

我们认为，湖湘传统村落文化是湖湘传统文化的"根"与"源"，是湖湘地区宝贵的物质文化和非物质文化遗产资源，是世界人类文化遗产极其重要的组成部分。对其进行系统研究，是对湖湘传统文化研究领域的新拓展，是乡土文化研究的新需要，因此具有重要的学术意义。对其进行全面深入的研究，不但可以为湖湘文化研究的可持续发展拓展出新的领域，而且可以为传承发扬中华民族优秀文化提供丰富的可供借鉴的经验，使优秀传统文化成为新时代鼓舞人民前进的精神力量，因此更具有深远的历史意义。在现代社会经济高速发展的形势下，特别是湖南省当前处于社会转型期，城镇化建设和社会主义新农村建设进程日益迅猛，对湖湘传统村落文化进行有效保护和深入研究，也是现代城乡规划、旅游规划和开发的需要，因此有着积极的现实意义。

这批以湖湘传统村落为研究对象的著作，都是以扎实的田野考察为基础，首次对湖南的传统村落进行的学术研究，由此构建了一个湖南省传统村落的研究框架及其文化探寻的范式，为今后的深入系统研究奠定了基础。同时，也丰富、完善和拓展了中国传统村落及其文化的保护和实践体系，为当下传统村落保护与发展提供了学术依据；构建了以文字和图像为载体的传播媒介，让社会各界"知爱其土物，乃能爱其乡土、爱其本国"，从而达到唤起社会各界的文化认同以及保护传统村落文化意识的目的。

吾身往之，吾心思之，吾力用之。是为序。

胡彬彬

2018 年 12 月

前　言

　　湖南，因独特的地理及人文环境，孕藏着众多文化浓厚、特征明显、风情各具的传统村落。其中，湘南地区留存着多个珍贵的宗族村落。这些宗族村落以村民的血缘和地缘认同为基础，以族群情感和共同利益为纽带，是一个个有着较强组织性的集体单元。

　　位于湘南莲塘镇境内的大湾村是一座典型的宗族村落。大湾村始建于元朝。夏氏先祖从江西避难迁至此地，大湾村由此发展。至清朝末期，大湾村夏寿田、夏时及多位先人均官至巡抚，家世显赫。在 600 年间，大湾村夏氏修建了多栋规模宏大，装饰讲究的宗族建筑，例如夏氏宗祠、榜眼第、戏台等。此外，大湾村夏氏修制了多部内容详细、人员完整的宗族"宪章"——夏氏族谱。如今，村民依然延续着多项与祭祖相关的宗族习俗。建筑、史书、民俗等文化遗产内容证明了大湾村历史文化价值高，不仅是湘南地区宗族文化发展的重要承载，更是中国十分珍贵的宗族文化遗存。

　　2015 年 4 月，湖南省社会科学基金重大项目"记住乡愁——湖南十村十记"项目将大湾村列入研究对象，并以"湘南宗族村落——大湾村"子课题的形式公开对外招标。我与李红师兄有幸成为了该子课题的负责人。研究期间，我们跟随导师胡彬彬教授多次前往大湾村进行考察与研究。胡彬彬教授指导我们重"记"重"研"、"记""研"并举，纪要整体兼顾，又要突出重点。其中，"记"重在"三记"：图像记录、文字记述和文化记忆。"图像记录"是指把在大湾村中的固态文化及活态文化通过影像的方式保留下来，并作为信息传递给外界，强调记录对象的纪实性、直观性和形象性、唯美性。"文字记述"是对大湾村中原住民的内容丰富的各种文化信息以文字的形式进行记述。"文化记忆"是指对大湾村的文化历史进行追溯，完好保留村落文化记忆。同时，胡彬彬教授提醒我们研究对象涉及面极其广泛，历史、宗族、经济、建筑、习俗等等，几乎包括大湾村一切有形的无形的文化，因此我们必须以"三记"为基础，借助于交叉学科的视野与手段，才能展开有广度和深度的系统研究。

带着使命，我们深入大湾村，身临其境，开始了一场在宗族村落全方位的生活体验与调研。

目　录

第1章
夏氏来源及大湾夏氏

1.1 夏氏之源及南迁

华夏文化源远流长，既有考古文物、万里长城、典籍文献等无以计数的实体文物与载体，又有体现在我们每个炎黄子孙人人身上皆有的姓氏。中华民族的姓氏文化，起源于上古，绵延传续至今，上下数千年，悠久绵长。中国的姓氏文化源远流长，是中国传统村落文化的重要组成部分。俗话说"参天大树，必有其根；怀山之水，必有其源"，一个姓氏的背后是一个个家族的历史和血脉传承。从这种历史和传承当中，人们可以找到个体生命之来源，并寻找前进的力量。中国传统村落或是由单一姓，或是多个姓组成，无论怎样，姓氏文化都是宗族村落的重要组成部分，因为其凝聚着族群认同与文化认同的意义。从姓氏文化中，人们可以认识到自己从哪里来，并从先祖的事迹中寻找精神力量。伟大诗人屈原在《离骚》中就自豪地写道："帝高阳之苗裔兮，朕皇考曰伯庸。"[1]出于对自身姓氏文化的认同与对祖先的崇拜，屈原热烈地爱着自己的国家，并愿意为之粉身碎骨，"虽九死其尤未悔"。大湾村是一个单一姓村落，居民都姓夏。我们就从夏氏文化开始走进大湾村。

《元和姓纂》云："夏后氏之后以国为姓；又陈宣公孙御，亦为夏氏，征舒其后也"。[2] 这就是说，夏姓来源有二：一支来源于夏朝，是采用国名作为姓的。另一支是则是陈侯妫满的后裔以祖字为姓所形成。

《史记·夏本纪》记载，帝尧时期，中原地区洪水滔天，泛滥成灾，人们生活极端困苦，尧帝听从四岳的意见，命鲧治水。鲧采用堵塞的办法，治水九年，但洪水一来，堤坝就被冲垮，人们所受的灾害更加严重。尧帝禅让于舜之后，舜将鲧放逐到羽山，而命鲧之子禹继承父业治水。禹劳神焦思，吸取父亲鲧治水失败的教训，改用疏导的方法治水。在外治水十三年，历经千辛万苦，三过家门而不入，终于平息了水患。舜因其治水之功，将帝位传给禹。禹继承帝位后，国号曰夏，姓姒氏。大禹去世后，他的儿子启继位，建立了夏朝，中原地区从"公天下"转变为"家天下"。夏朝统治的时期大约为公元前二十一世纪到公元前十六世纪，传十三世，共十六王，即启、太康、仲康、相、少康、杼、槐、芒、泄、不降、扃、廑、孔甲、皋、发、履癸（即桀）。到夏桀时，因其暴虐无道，商汤伐桀，

---

① 王国维. 人间词话全鉴[M]. 宋楚明，注. 北京：中国纺织出版社，2016：160.
② 西安碑林博物馆. 碑林集刊（十四）[M]. 上海：上海科学技术出版社，2009：409.

夏朝灭亡。其子孙有一支以国为姓,成为夏后氏(图1-1)。

妫满,也称胡公满,妫姓,满是他的名字,胡公则是他的谥号。因为他是周朝陈国的建国国君,后人又称之为陈胡公。妫满的父亲叫遏父,在周朝做陶正之官,也就是执掌陶器制作的官。由于其管理有方,周武王便将长女嫁给妫满,封于陈,是为陈宣公国。妫满建陈后,等到第16位国君陈宣公的时候,他有个儿子叫少西,字子夏,为陈国大夫。子夏有个儿子叫御叔,继子夏后也为陈国大夫,生征舒。征舒以祖父的字夏为姓,称夏征舒。夏征舒的四世孙夏德子和夏区夫,仍在陈国任大夫;征舒的裔孙夏御寇,在齐国任大夫。

图1-1 夏启

春秋时期的陈国夏氏,起源于妫满的后裔,从征舒以祖父的字为姓为开端。现周口淮阳县陈国故城就是此支夏姓的发源地。

从以上夏氏的历史可以看出,先秦时期夏氏主要分布在今河南和山东省境内。夏无且,是秦始皇的侍医,荆轲刺杀秦王,他以药囊攻击荆轲,使得秦始皇有时间拔出宝剑并杀掉荆轲。夏无且立功,秦始皇赏赐他黄金两百镒,并说:"无且爱我才以药囊投向荆轲。"自此以后,夏氏历代都有名人出现。西汉有才士夏贺良,重平(今河北吴桥县南)人,哀帝时任黄门待诏,曾劝哀帝改元建号。后有学者夏恭,梁国蒙(今河南商丘梁园)人,被刘秀召为郎中。东汉时期,有夏勤,九江郡治(今安徽寿县)人,汉安帝时为司徒。又有名士夏馥,陈留圉(河南开封)人。由此可见,在秦汉时期,夏氏除在北方生息繁衍外,也开始往南迁播。

自从建立夏朝之后,夏氏族人就开始向外迁移,最显著的就是,禹的后裔在先秦曾多次被分封到各地建立诸侯国家。之后,夏氏族人迁徙历代不绝,流向各地。追溯其迁移的原因,既有国家强制性的移民,又有自发性的迁移。在规模上,既有大规模的族群迁移,也有零星的移居。其中,迁徙的次数和人口最多,以及持续时间最长的要数南迁。时至今日,夏姓人口主要集中在江苏、浙江、江西三省。这与中国历史政治、经济和文化的南移有重要的关系。以黄河流域为中心的中原地区开发最早，随着人口的快速增长以及耕地面积的相对减少；以及中原地区一向是政治中心所在，是历代军事争夺的焦点；加之水患、旱灾等自然灾害的威胁与统治阶级的盘剥，自然条件优越以及统治力量较弱的南方自然成为人们理想的避难场所。与北方的情况相反，南方开发较晚，土地广阔，人烟稀少，很多地区没有得到开发，战乱也较少，由此成为中原人迁居的理想地。除以上的大背景外，具体到一个家族，也有不少是因官职迁调、经商、避仇等而留居南方的，其中也包括夏氏族人的南迁。

战国末期到秦国统一中国这段时间内，有一次大规模的向南移民。秦国王翦率60万大军灭楚后，在公元前223年征南越，有几万人被派往岭南，接着又有一支10万人的军队分水陆两路增援，到达今天的广东地区。之后，秦王朝在岭南设置桂林、南海、象郡三个郡，为了充实边疆地区，"发诸尝逋亡人、赘婿、贾人略取陆梁地，为桂林、象郡、南海，以适遣戍"。这一批南迁的中原人大概有60万。之后，有不少犯罪之人被派遣"筑长城及南越地"，其中有不少人在途中没有再向南，而是留在了岭南以北的湖南、江西。

到汉代，中原地区的人又有几次向边疆地区迁移。《汉书·武帝》记载："关东贫民徙陇西、北地、西河、上郡、会稽，凡七十二万五千口。"①会稽，也就是现在江苏苏州。到了东汉末年，董卓之乱后，大量百姓向南迁往彭城（徐州）一带，有的甚至"南渡江"，到了长江以南的地区。西晋末年"八王之乱""永嘉之乱"，大量中原人南迁，到了今福建、安徽、浙江、江西等地。隋唐至五代，中原地区战乱频仍，又发生过多次南迁。唐初，朝廷先后派陈政、陈敏、陈敷三兄弟镇压福建南部的"蛮獠"，去征战的有60多姓，7000多人。唐中期，"安史之乱"（755—763）发生后，中原户口锐减。除了战乱死亡的原因之外，还有一大原因是不少人不堪战乱，逃到江南避乱去了，其中不少人到今安徽、江苏、福建、湖北、湖南等地。唐末至五代，地方势力膨胀，北方各地战乱不断，中原人再次大规模南迁。北宋"靖康之难"（1126）后，皇室南迁，百官及百姓也随行南迁。元朝末年，由于统治者的民族歧视及残暴统治，各地起义军揭竿而起，北方地区又陷于大混乱。为了逃避战乱，就有了元末明初的大移民活动。从总的趋势来看，历代移民都出现过大规模的向南迁徙活动。其中，必定有不少夏氏族人的南迁。

---

① 吉春. 司马迁年谱新编［M］. 西安：三秦出版社，1989：49.

夏氏族人首次南迁，发生在春秋时期的陈国（今河南周口睢阳县）。春秋时期，诸侯争霸，以各种名义干涉别国内政。陈灵公在位时荒淫无道，与大臣经常到御叔的寡妻夏姬家去，被其子夏征舒发现之后，夏征舒将陈灵公杀死。楚庄王知道陈国的内乱后，借口夏征舒弑君之名，发兵陈国，将夏征舒车裂。后又迁夏氏所属地中一些人到楚国。自此以后，夏氏族人开始在楚国生息繁衍。夏人聚居地被称为"夏州"（今湖北夏口）。三国之后，夏姓人物在南方地区出现的频次越来越高。如晋代的夏方、夏统，是永兴（浙江萧山）人。《新集天下姓望氏族谱》就称，越州会稽郡十四姓之首为夏氏。宋代，在今江西、安徽、湖南、湖北、山西等地，都有夏氏族人存在，夏姓人已由黄河流域向长江流域扩散，有的甚至成为当地的望族。如这个时期江州德安（今属江西）人夏竦，曾担任过北宋的副宰相；钱塘（今浙江杭州）人夏圭，是南宋著名画家。

1.2 "江西填湖广"与桂阳大湾夏氏

据大湾《夏氏宗谱》记载，夏氏来源于江西。这与元末明初的"江西填湖广"大移民的背景相关。元朝末年，由于天灾人祸不断，各地抗元斗争风起云涌。陈友谅与朱元璋是两支力量强大的义军，他们在江西、湖南、湖北地区进行长期的拉锯战，长江中游一带社会经济的发展遭到严重的破坏。连年的战乱给当地民众带来了深重的灾难，再加上水旱灾害连接不断，湖广地区（湖南、湖北）户口急剧减少、田地荒芜、荆棘丛生。据《明太祖实录》记载，"自兵兴以来，民无宁居，连年饥馑，田地荒芜，耕桑之地变为草莽，道路榛塞，人烟断绝。"[①]可以想见当时在兵争之地的湖广地区是怎样一种情形了。直到现在，湖南民间都流传着一种说法：朱元璋灭掉元朝后，在南京登基。各路人马为了向他表示朝拜和庆贺，纷纷带领军队入京。但是，如果这些人马一下子都涌入京城，不但会造成拥挤，而且令人担心会发生兵变。于是朱元璋命令各路人马按序进京。其中有一路人马已经到达长沙府，朱元璋命令他们"在长沙歇息三天，然后听旨进京"。没想到，手下人误将"歇息"听成是"血洗"，"在长沙歇息三天"变成了"在长沙血洗三天"，于是在长沙府进行了一场大屠杀，杀得长沙十室九空，血流成河[②]。这个传说虽然离奇古怪，颇不可信，但是，结合明初的情况，却也能够从

---

① 白寿彝，王毓铨.中国通史：中古时代（明时期上册）[M].上海：上海人民出版社，2015：464.

② 顾庆丰.长沙的传说——民间记忆中的历史与文化[M].北京：中国工人出版社，2009：174.

一个侧面反映出当时湖南地区因战乱、灾害所造成的大量人口死亡和逃亡的现实。

江西与湖南相比，战事则较为缓和。虽然也发生过鄱阳湖大战，但是战争时间短，而且是一战而定，江西全省几乎传檄而下，没有像湖南那样发生反复的拉锯战，所以战祸对江西的危害要小一些。而且，江西比湖南开发早，人口一向比湖南地区多，人口密度也高于湖南地区。到明初，尽管江西也经历了多次战乱，但人口仍然是湖广地区的数倍。"江西填湖广"不仅是出于客观的要求，而且，还有政府的强制推行。《明太祖实录》记载："（洪武三十年）常德府武陵县民言，武陵等十县自丙申兵兴，人民逃散，虽或复业，而土旷人稀，耕种者少，荒芜者多。临近江西州县多有无田失业之人，乞敕江西量迁贫民开种，庶农尽其力，地尽其利。上悦其言，命户部遣官于江西，分丁多人民及无产业者，于其地耕种。"①曹树基先生在《中国移民史》②（第五卷）估计，洪武时期湖南全区在籍人口278.7万，移民人口73.1万，占当时全区人口的26.2%；而其中江西移民在数量上占有绝对优势，达到移民总数的78.5%。大湾夏氏就是在"江西填湖广"的背景下从江西迁往湖南桂阳大湾村的。

夏时在《溯夏氏于江西》记载：

桂阳大湾夏氏，旧谱创自乾隆四十八年十六世族汝龙公。其谱序称，始祖秀严公讳国照，于元季自江西泰和县鹅颈邱徙居桂阳郡北大湾，而鹅颈邱以前世次久莫得而知焉。近阅江西新建《夏氏家乘》始祖光庭公传略，公讳远，字光庭，为浙江会稽人。唐开元十八年庚午十一月初一日子时生，肃宗上元间举进士，授秘书郎，宝应元年出宰洪州武宁，永泰元年召为集贤殿待制。辞不赴，遂居武宁三头坪。元和二年丁亥十二月初一日子时殁，葬宁州高乡黄田里蟹形壬山丙向。明季兵乱，墓失扫，村人犹呼为夏知县墓。旋有农人发得古碑，誌铭漫灭，题额仅存大篆，曰"唐武宁知县夏公光远暨万孺人墓"。宁州族人于嘉庆乙亥同治辛未两次重修新建谱载葬汤山，又载配周孺人。夏氏世系断自光庭公为始祖。今世及四十，支分数百，吴楚间具有显达，莫不本始于公，则公之积累至厚，信有由来矣！谨按：秀严公是否为光庭公之后，谱无明文，未敢率断，惟光庭公传略有世为会稽人，今散居吴楚之间者莫不本始于公，爰载以备考。

---

① 《明太祖实录》.卷50.

② 曹树基.中国移民史(明时期)[M].福州：福建人民出版社.1997：125－126.

夏时在《夏氏考》中又说到：

近世江西夏氏谱祖唐夏，远称世为会稽人。唐永泰间为武宁令，因家焉。桂阳夏氏元季自江西泰和而来，是由会稽而江西，由江西而湖南。迁居之祖世系虽不相属，其为一族所分当属可信。

在夏时看来，桂阳大湾夏氏的始迁祖是国照，字秀严，于元代末年从江西泰和县鹅颈邱迁往桂阳郡北部大湾村。但是，夏时对于在秀严公之前的世次又未敢确信。于是他参考了江西新建的《夏氏家乘》，得知他们的始祖是夏远，字光庭，为浙江会稽人，而浙江会稽是中原夏氏南迁的主要聚居地之一。光庭公在唐肃宗上元年间中进士，授秘书郎，宝应元年（762）出宰洪州武宁县（在今江西境内）。到清光绪年间，已经经历了四十多代，分支数百，吴楚间的夏姓显贵，都是出自夏远。于是夏时推测，大湾夏氏之始迁祖很有可能就是夏远一族之后。所以，桂阳大湾夏氏，由北而南到会稽（浙江绍兴一带），又由会稽而到江西泰和，然后在"江西填湖广"的背景下，于元末迁往湖南南部桂阳州大湾村。对于始迁祖国照，《夏氏宗谱·世次纪》记载（图1-2）：

一世，始迁大湾。国照，字秀严，生于元泰定元年甲子三月十六日，始自江西泰和县鹅颈邱，徙居湖南桂阳直隶州大湾。殁于明洪武二十六年癸酉八月初三日，享年七十，葬距大湾东四里之犀牛望月形，坐西北朝东南。配吴氏，闺名瑞凤，生于元至治元年辛酉四月初十日，殁于明洪武二十七年甲戌六月二十日，享年七十四，葬距大湾西南二里之虎形山，坐南向北，生四子，长景和，次景祥，三景源，四景渊。

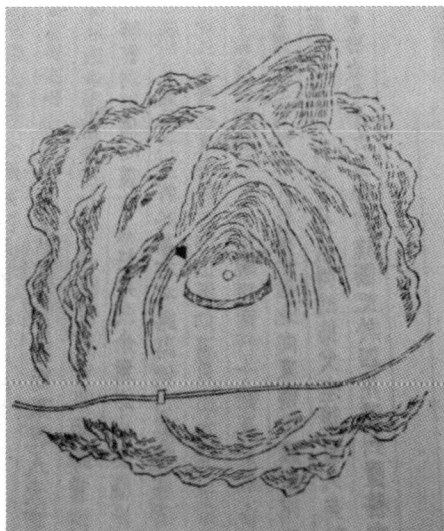

图1-2 秀岩公墓图

桂阳大湾夏氏始迁祖夏国照，生于元泰定元年（1324），于元代末年从江西泰和鹅颈邱迁往湖南桂阳直隶州大湾村，洪武二十六年（1393）去世，享年70岁，生景和、景祥、景源、景源四子。夏氏自此在桂阳大湾村生息繁衍，逐渐壮大。

1.3 夏氏的崛起

大湾夏氏自元末从江西迁来，经历有明一朝，到清道光年间，已经有四五百年的历史，这个家族已经发展至十九代。经过多年的人文积累，夏氏到此时出现了一位叫夏时的族人。

夏时，辈名佑简，字书命，号菽轩，生于道光十七年(1837)，殁于光绪三十二年(1906)。清咸丰十一年(1861)，夏时补辛酉科举人。同治四年(1865)，会试后调任知县，改主事签分工部缮清吏司，以道员被分发到四川，候补委办机器总办。同治十二年(1873)，授五品衔工部营缮主事加三级，一年后，五品衔工部营缮主事加四级。光绪九年(1883)，任川滇黔边计盐务，统领安定水陆全军，后特旨补授川东兵备道，赏给花翎头品顶戴，晋授四川按察使司按察使，署四川布政使司布政使。补授陕西布政使司布政使，署江西巡抚部院兼提督军门，后调陕西巡抚部、兵部侍郎，都察院右副都御史。御赐一品封典，诰封光禄大夫建威将军。夏时给夏氏家族带来了巨大的荣耀。夏时之祖父母、父母、伯父母先后受到封赐。同治四年九月二十八日朝廷诰命曰：

奉天承运，皇帝制曰，沛酬庸之庆典，懋对皇麻；敷锡类之殊恩，曲成臣孝。尔夏万遂廼工部主事加二级夏峕(时)之祖父，箕裘绍绪，诗礼垂声，贻厥孙谋，树芳规于珂里；绳其祖武，奏茂绩于彤庭。兹以覃恩貤赠尔为奉政大夫，锡之诰命。於戏，开堂构以培基，德钟家庆沛丝纶，而锡命光曜泉台。

制曰：德门衍庆，渊源早裕。夫孙谋盛世，推恩纶绋，载扬夫母范。尔彭氏乃工部主事加二级夏峕之祖母，高门毓德，华阀传芳，有谷贻孙，赖同心于内助。自天申命，表异数于中闱。兹以覃恩貤赠尔为宜人。於戏！光生褕翟，常昭彤管之辉，德媲珩璜，久著徽章之色。

奉天承运，皇帝制曰，考绩疏庸，特重推恩之典，服官资敬，聿推式穀之功。尔夏廷魁乃工部主事加二级夏峕之父，世擅清门，代传素业，家风淳厚。垂弓冶之良模，庭训方严，启诗书之令绪，兹以覃恩封尔为奉政大夫，锡之诰命。於戏！薄籁金而示诲，世泽常延，锡鞶带以加荣，天麻弗替。

制曰：宦学方成，读父书而继业，爱劳交备。禀母训以扬名，尔陈氏乃工部主事加二级夏峕之母，克树芳型，尤多慈教。著承筐之雅范，早知率礼无愆，寓徙宅之深心，果见克家有子。兹以覃恩封尔为宜人。於戏！彤豪洒润，爰推顾复之恩，彩翟流芳，久荷宠绥之典。

同治十年十月初九日朝廷诰命曰：

奉天承运，皇帝制曰，考绩疏庸，特重推恩之典，服官资敬，聿推式毅之功。尔夏廷魁乃五品衔工部营缮司主事加三级夏旹之父，世擅清门，代传素业，家风淳厚。垂弓冶之良模，庭训方严，启诗书之令绪，兹以覃恩封尔为朝议大夫，锡之诰命。於戏！薄籯金而示诲，世泽常延，锡肇带以加荣，天麻弗替。

制曰：宦学方成，读父书而继业，爱劳交备。禀母训以扬名，尔陈氏乃五品衔工部营缮司主事加三级夏旹之母，克树芳型，尤多慈教。著承筐之雅范，早知率礼无愆，寓徙宅之深心，果见克家有子。兹以覃恩封尔为恭人。於戏！彤豪洒润，爰推顾复之恩，彩翟流芳，弥振贤明之誉。

奉天承运，皇帝制曰，友笃靖共，入宫必资于敬，功归诲迪犹子，亦教以忠，爰沛国恩用扬家训。尔夏世祚乃五品衔工部营缮司主事加三级夏旹之伯父，躬修士行，代启儒风，抱璞自珍，可发圭璋之秀，储材足用，聿昭杞梓之良。兹以覃恩驰赠尔为朝议大夫，赐之诰命。於戏！诏令闻于经籍，书贻刻鹄，佩徽章于册府，宠贲迴鸾，茂典丕承，荣名益劭。

制曰：家有孝慈之范美，以相济而成国。崇褒锡之文，恩以并推而厚。尔龙田氏乃五品衔工部营缮司主事加三级夏旹之伯母，德可相夫，教能启后，一堂环佩，和音克著。其慈祥五夜，机丝内治，聿昭其柔顺。兹覃恩驰赠尔为恭人。於戏！普一体之荣，施鸾章焕采，表同心于训迪，象服分光。

以上可知，同治四年，夏时为工部主事加二级，朝廷封赐夏时祖父夏万逵、父亲夏廷魁为奉政大夫，夏时祖母彭氏、母亲陈氏为宜人。同治十年，夏时为五品衔工部营缮司主事加三级，朝廷封赐夏时之父夏廷魁、伯父夏世祚为朝议大夫，夏时之母陈氏、伯母龙田氏为恭人。过了两年，即同治十二年，夏时为工部主事加四级，朝廷封其父亲、伯父为中宪大夫，其嫂何氏为恭人。光绪元年，夏时为工部主事加五级，夏时父母再被赐诰命。诰命中一再强调朝廷重视推恩之令，表彰夏时祖父母、父母、伯父母等品行端正、治家有方。

夏时之子夏寿田，字午诒，生于清同治九年（1870）。夏寿田自小家境丰厚，但是也不忘刻苦学习，初为州学优廪生，后到衡州船山书院拜著名学者王闿运为师。光绪十五年（1889）中举人。十八年会试取誊录，官刑部郎中。二十四年中榜眼，授翰林院编修，学部图书馆总纂。宣统三年（1911），供职翰林。夏寿田中榜眼后，大湾夏氏再一次大放异彩，现在大湾村之榜眼第仍在。关于夏寿田，在后文中会单独专列，此不赘述。

第2章

村落灵秀山水

2.1 村落历史地理及山水

大湾村现在隶属于湖南省郴州市桂阳县莲塘镇。桂阳汉代隶属于桂阳郡郴县地，中间多有变动，到清代雍正十三年（1735），桂阳州升为直隶州，下辖临武、蓝山、嘉禾三个县。到民国二年（1913），桂阳直隶州改为桂阳县，隶属于衡永郴桂道。1949年，桂阳县解放，桂阳县人民政府成立。明代嘉靖六年（1527），桂阳本州设东、南、西北乡，大湾村位于北乡。清代，桂阳州设立笃信都、由义都、深智都、崇礼都、居仁都五都，每都下辖若干里，桂阳州总共51里。莲塘镇位于桂阳县西北部，东接桥市乡、欧阳海乡，南邻泗洲乡，西与光明乡相接，北靠常宁市庙前镇。据2013版《湖南年鉴》记载："莲塘镇辖内共有21个行政村，土地面积95.47平方公里，耕地面积1.03千公顷，2012年末总人口28315人。"①莲塘镇"主要农作物为烤烟、水稻及尾参、苦参、百合等药材，特产是黄花菜。种植苦参、玉竹、百合规模万亩以上，是名副其实的药材强镇。主要矿藏有铁、锡、铅、水晶石、大理石等，高纯度碳酸钙储量大。2014年全镇完成国内生产总值37604万元，同比增长12.5%，完成社会固定资产投资28444万元，同比增长30%，完成财政收入644万元，同比增长16%，人民生活明显改善，各项经济指标实现预期目标。"②

湖南省桂阳县人民政府门户网站公布了大湾村基本地理信息："大湾村位于莲塘镇中南部，东与欧阳海乡相邻，南与南岭村接界，西与田木村毗邻，北与两路村接壤，距镇政府2公里。辖石灰冲、燕冲、李子坪、大湾、特里冲、欧菜塘、鸡烟塘、人字路、水浸坪9个自然村17个村民小组。2011年末，全村510户1815人，总面积4.6平方公里，耕地面积1006亩，其中水田560亩，旱土446亩，第人平均0.55亩；林地面积3604亩。"③

大湾村先人夏时曾在《大湾夏氏族居图》记载（图2-1）：

大湾在桂阳州治北百里大富乡沙桥里三甲，自元末秀岩公由江西泰和县鹅颈丘徙居于此，以布衣起家，世业农耕，黄壤清泉，田瘠赋重，力劝才足自给，以故家无巨富，而亦少情游，读书无显者。然俗故恂谨，邻多大族，处之怡如，

---

① 湖南年鉴社编辑.湖南年鉴（2013）[M].长沙：湖南年鉴社，2013：524.

② http：//www.hngy.gov.cn/7559/7562/content_1442924.html

③ http：//www.hngy.gov.cn/sitepublish/site1/zwgk/ztbd/gydmw/dmqh/content_34743.html

不构讼，人多寿者。生齿叠有盛衰，洎今男女约若千人。其地自州北白阜山起，冲天木星南行十余里，至大字山。北向起大金星，右落平冈，转与大字山对，白阜山适在其后。凭结村落，即大湾也。左梅枝岭，颇峭秀，右鸢山，则圆而稍低。中有田数千亩，藉泉水灌注，村南至潭尤清美可爱。近修镜潭书院于其侧，即朝夕饮此，子若孙当知祖宗创守之艰，与山川结聚之不偶。思所以缵承而光大之，而时忝承余荫，附列朝籍，尤不禁懔懔焉。十九世时谨记。

在此，夏时以简练精到的文笔，描述了夏氏迁居大湾村后的发展历程，以及村落的地理山水。由此，我们可以知道，大湾夏氏自元末秀岩公由江西泰和县鹅颈丘迁来后，在开始时，并没有显赫的家室，布衣起家，世代农耕，家族里并没有巨富之家，到他之前，也没有因读书而显著的人物出现。但是，夏氏族人很少是偷懒游玩的，他们勤勤恳恳，力耕以自足；与其他族姓和睦相处，没有什么争端，人也都很长寿。各房有盛有衰，到夏时作谱时，大湾夏氏已经传到第十九代，包括男女在内的族人达到千人以上(图2-1)。

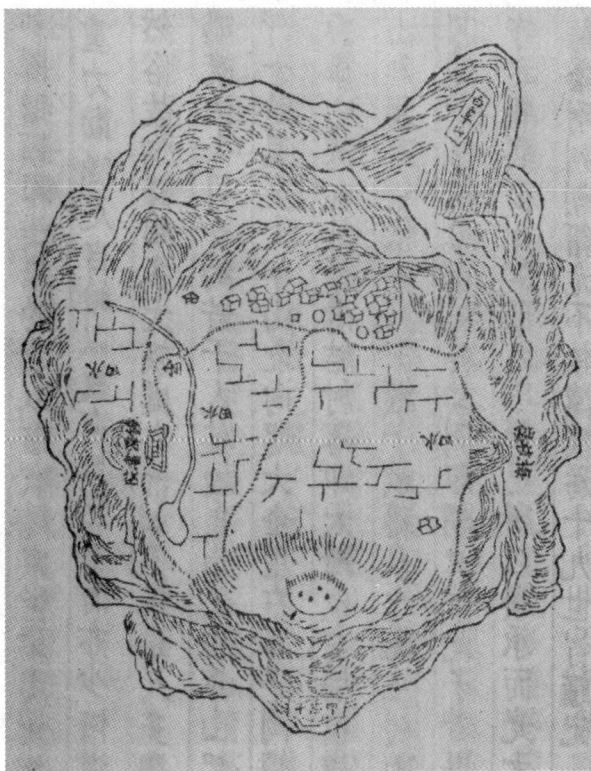

图2-1 《大湾夏氏族居图》

从大湾村向北望，是白阜山（图2-2）。白阜山山脉连绵，就像屏障一样，守着大湾村的北边。关于白阜山，有大湾村"八景诗"中的"白阜开云"为证。

图2-2　白阜山

白阜山往南，贯穿村落，"冲天木星南行十余里"，就是大字山（图2-3）。

图2-3　大字山

相对于白阜山的远离大湾村,大字山则近在大湾村的眼前。关于大字山,有一个传说,据村民夏海盛说,大字山原属于一户尹姓人家所有,有一年闹荒灾,尹姓无粮可食,由是以一斗米的价格将大字山转让给了夏姓。这个传说反映了夏氏迁居大湾村后,随着时间的推移,大湾夏氏渐渐在地方上站住脚跟,并且逐渐发展的客观现实。

村落的东边是陡峭俊秀的梅枝岭(图2-4),而西面是鸾山,较为低矮,即《大湾夏氏族居图》所说的:"左梅枝岭,颇峭秀,右鸾山,则圆而稍低。"

图2-4 梅枝岭

正如《大湾夏氏族居图》所绘,大湾村四周青山环绕,中间则是农田及居住地。四山之中,有数千亩良田。而灌溉这千亩良田的,就是村南的水潭(图2-5)。

水潭清澈翠绿,鱼游浅底,天光云影,草木与水潭互相交映。盛夏之时,清凉之至。水从水沟中潺潺流出,灌溉着千亩良田。

在水潭之侧,旧时是一个书院,叫作"镜潭书院"(图2-6),这就是夏氏的家族书院,现在已经改成大湾小学了(图2-7)。

图2-5 村南水潭

图2-6 镜潭书院图

村里人流传一种说法：镜潭书院是大湾人求学之地，其旁的水潭则被视为砚台，潭水清澈，这就是墨；而对面的大山，则是笔架。这个说法，寄托了大湾人的文化理想。大湾村到清末的时候人文蔚起，在此可以找到一些线索(图2-7)。

图2-7 大湾小学

对于村落的山水，夏时僚友也有些记载。如贵州清镇人文天骏，字云衢，清同治丁卯年(1867)举于乡。后北上，以赀为郎。光绪丁丑年(1877)丁文成公督蜀，奏请以部郎襄办教案，在蜀始终盐务十多年。大概就是在这段时间文天骏与在蜀为官的夏时相识，后来夏时之子夏寿田拜其为师。

题桂郡大湾夏氏族居图(清镇 文天骏)

白阜耸青霄，近分九嶷秀。下有太古田，一湾绕清溜。

智人此卜居，深远超凡漏。但冀子孙蕃，不嫌塍壤瘦。

于今六百年，邦族称华胄。食德士横经，服畴农秉耨。

诒谋启达人，善气多眉寿。带甲满东南，园林免盗寇.

桃源岂避秦，仁里邀天祐。素只闻依稀，今乃画图观。

岭抱梅枝芬，山听鸢音奏。汪汪镜潭澂，大月圆当岫。

旁搆读书堂，盈阶桃李茂。人文正峥嵘，先业倍益厚。

博陵不美崔，燕山何云窦。将与颍川陈，后先耀宇宙。

我惭门祚单，还湘计未就。三世客黔中，土风敢忘旧。

揽此振乡怀，面壁永清昼。思寻缩地方，安得壶公授。

藕舟(浏阳 徐寿铭)

十年远隔湘南路，快觌湘南绘茧素。衡峰七二碧云遮，白阜一山天半露。

山下人家邹鲁风，礼耕义种异纨绔。梅枝香古岭上春，镜潭水清书中趣。

朝市屡迁此不迁，淑里疑有神呵护。椒蕃恨我识难尽，独见庭森三珠树。

夏氏族人对大湾充满了感情，第二十三世孙夏本忠在2002年《六修族谱序》中自豪地写道：

物以类聚，人以群分，天地交感，人为万物之灵……，吾族夏氏，承先祖丰功厚德，曾有后嗣高中榜眼及第，有被朝廷圣命，重任省都府台之高职，可谓文曲国栋，名震中华载史册，谱册由此，吾小辈深感骄傲和自豪。吾大湾夏氏宗族，地得山清水秀，人盛财旺，以当代为最，先祖基开湘南桂北，人杰地灵，瓜蔓中华大地，天涯海角有宗亲，仁观晚辈有望，树凌云壮志，为振兴吾族显雄风。每当户外闲暇漫步，见其村落宅院，叶叠花蕃，香果累累，陶人欲醉，景色迷人……

2.2 村落八景文化

中国古代各府州县一般都有八景，这就是所谓的八景文化。大湾村虽小，在大湾村文人的塑造下，也有了大湾村八景。这八景分别是：白阜开云、碧潭印月、鸾山暮雨、梅岭朝暾、竹林风笛、石磅烟樵、平畴秋稼、曲涧春泉（图2-8、图2-9，图2-10）。族人夏寿钧对大湾八景有详细的说明：

白阜开云：白阜蟠基岭峤之北，村其阳也，冈峦沓复，巽支同斡。阜乃最尊上，有盘古庙，罔识所始。方夏水涸土圻，则致祷焉有龠而兴寸，遂合变幻窜条莫测，其倪谚曰：苍山若鼓，白阜如旗。村距阜十里，望之缥缈不虚矣。

碧潭印月：镜潭在大字山下，地穴潜通寒泉，臒沸纡回成潭中，若含虚。潭下多石穴，鱼所藏息，巨者竿折不能引之。大字山，村南山也。

鸾山暮雨：鸾山居村西，童童然，若灵。雨欲来，含雾含烟，令人生绵邈之思。

梅岭朝暾：梅岭在村东，古老相传，岭故有梅千株，舒萼如霞，落英点石皆满。初日照之，光艳殊丽，今梅已无复见。岩之石犹印屐齿而已。

竹林风笛：大字山崖嶝百寻，绿竹蓊蔚，自巅至麓，无有杂树，细笋登庖，奴视珍脍。自哲人褰裳，山东西二百里中，垂蕤结实，枝柯继槁，君子以为征，所谓菁华已谢者也。

石磅烟樵：石磅者，大字山之西南路，上有雷泉，感春震而盈，应冬蛰而隐，故名也。

平畴秋稼：环村皆山，周遭隐伏，遥瞩莫见，近入乃豁然。数千亩阡陌峋连，引泻泉于澄源，润九里而非远。

曲涧春泉：涧导源镜潭西北，流文荇清浦，历乱交映，清澈见底，下视游鱼，百丈之间，洄溯无穷。

从夏时开始，夏氏族人及其亲友陆续为大湾"八景"作诗词，从这些诗词中，我们可以看到一个风景如画、充满生机的村落，这里有青山绿水，有稻田池塘，有山涧曲径，寄托了村落人们的美好向往和高雅情趣。从作诗词之人的辈分来看，有世、佑、启三个辈分，分别属于大湾夏氏的第十八、十九、二十世，时间跨越道光、咸丰、同治、光绪四个年号（1821—1908）。因资料难得，兹不惮烦琐，将其全录于下。

图2-8　白阜开云

夏时《八景诗》：

放眼曾从五岳回，数椽茅屋傍山开。

眼看白阜间于我，云淡云浓任去来。（白阜开云）

记得前身是月无，一潭澄澈证今吾。

书齐夜永多良捂，莫向溪头问老夫。（碧潭印月）

多少农人望雨心，晚来一洒即甘霖。

鸢山远眺天如洗，村后村前水巳深。（鸢山暮雨）

猛听鲸儿浪沸腾，海天遥指气如陵。

雄心不为闻鸡舞，梅岭看云捧日升。（梅岭朝暾）

牧子骑牛去欲仙，间依修竹未成眠。

数声短笛凭谁和，借得长风入远天。（竹林风笛）

圆峤方壶采药难，济人空想炼金丹。

如何石磅还家近，日与山樵趁夕餐。（石磅烟樵）

笑说余家本世农，植苗去莠敢疏慵。

而今幸得秋风熟。还向心田辟草茸。（平畴秋稼）

源头活水抚村行，万里朝宗海若迎。

寄语饮泉人莫负，出山须比在山清。（曲涧春泉）

图 2-9　曲涧春泉

又有文天骏作《八景诗》：

元气苍茫接九嶷，入山寻胜出山迟。

画图自在深深处，不待云开始见奇。（白阜开云）

万籁无声夜气沈，月华圆印碧潭深。

波澜不起光明定，谁识幽人径寸心。（碧潭印月）

暮雨跳珠白石栏，读书声歇卷帘看。

前山缥缈烟云里，疑有青童跨素鸾。（鸾山暮雨）

村南村北积雪堆，朝暾射彩上楼台。

岭头旧种梅千树，占得阳和花早开。（梅岭朝暾）

十里修篁夕照阴，红尘断隔绿云深。

湾头钓罢人归去，铁笛一声风在林。（竹林风笛）

樵居石磅古烟萝，不向仙人借斧柯。

兴到欲沽山下酒，一肩担去白云多。（石磅烟樵）

如云秋稼尽垂肩，亚旅吹幽永大田。

我有先畴三十亩，归耕虚愿已年年。（平畴秋稼）

花明曲涧小蓬壶，雨助春泉泻贯珠。

愿得徐黄绘声手，临流为画辋川图。（曲涧春泉）

又徐寿铭《八景诗》：

久客峨眉西，湘云劳梦想。图看白阜峰，欣作泰山仰。（白阜开云）

空潭有老龙，深藏人未识。皓月悬太虚，相印情无积。（碧潭印月）

岁旱望霖雨，屺无怨来暮。沛然夏鸾山，农争颂嘉澍。（鸾山暮雨）

鹤子司殷勤，山梅香不断。调羹问消息，晓日扶桑灿。（梅岭朝暾）

知音遨中郎，柯庭响久寂。杳霭竹林中，有人评风笛。（竹林风笛）

志士蛰山林，喜闻樵斧响。有事询刍荛，斜阳登石磅。（石磅烟樵）

服畴望月秋，课农如课读。惟愿执经人，价重荒年谷。（平畴秋稼）

在涧有硕人，枕流清肺腑。更望混混泉，天下被泽溥。（曲涧春泉）

又族人夏世质《八景诗》：

白阜巍然峙，群峰一望低。云根开巽境，我族合幽栖。（白阜开云）

天心月皎皎，潭底月如如。空色知谁是，吾将问太虚。（碧潭印月）

待泽时方久，滂沱慰众心。鸾山凭眺望，田水一犁深。（鸾山暮雨）

小雪融梅岭，朝暾正上林。枝头花数点，已见天地心。（梅岭朝暾）

散步出门庭，修篁满眼青。长风和短笛，有客静中听。（竹林风笛）
披襟登石磅，四顾意悠然，世莫斧柯假，樵歌听暮天。（石磅烟樵）
稼穑承先业，平畴望岁收。黄云铺万顷，乐事在于秋。（平畴秋稼）
原泉何混混，入涧绕村流。更涨春宵雨，鳞塍灌溉周。（曲涧春泉）

图2-10　白阜开云

又有族人夏启象，在十五岁时也作《八景诗》：
白阜何时间气钟，偶看云影荡心胸。
寻山胜境原无尽，为问深深翠几重。（白阜开云）
一潭一月妙无端，俯仰窥人夜未阑。
悟到从头无我相，何曾强作画图看。（碧潭印月）
好雨甘如道味腴，心田润溢万家苏。
鸾山侧望祈私及，小草何妨向晚濡。（鸾山暮雨）
最爱梅花第一枝，伊谁陟岭趁朝曦。
怜余索笑偏迟暮，古榦横斜带雪奇。（梅岭朝曦）
修竹何来鸾凤音，多年手植自成林。

有人弄笛如相和，天籁齐鸣入远岑。（竹林风笛）

一登石磴路三叉，淡淡烟横绿树遮。

莫向仙人问棋局，樵归须趁夕阳斜。（石磴烟樵）

剩有先畴未力耕，良苗何日望怀新。

须知灌溉原无负，秋至齐闻获稻声。（平畴秋稼）

涧底清泉活泼流，悠然曲入涧平畴。

一村共饮应知味，和气天怀万物游。（曲涧春泉）

又族人夏启敏作《八景诗》：

晓色微茫白阜巅，树身宛在蔚蓝边。

天风浩荡吹云散，化作湘江几点烟。（白阜开云）

谁似寒潭一色深，碧波淡定碧天沉。

月华独角幽人意，印入清泠证素心。（碧潭印月）

衡岳飞来一片云，鸢山日暮雨纷纷。

须臾慰满丁男望，齐色明朝播种勤奋。（鸢山暮雨）

巡檐遥望岭头梅，鹤梦初惊旭日来。

一树定知先得气，南枝免放北枝开。（梅岭朝暾）

市尘不到竹林中，潇洒贤于二阮风。

行乐有时吹短笛，万竿凉籁起虚空。（竹林风笛）

石磴春深草树芳，烟岑正对读书堂。

昼长吟罢窗前立，每听樵歌送夕阳。（石磴烟樵）

罢亚千畦庆有秋，几经辛苦易平畴。

我今谋道如谋食，敢任心田莫不锄。（平畴秋稼）

源泉混混出山阿，春涨桃花锦浪多。

曲涧定知留不住，终归大海助恩波。（曲涧春泉）

又族人夏启中，时年十五题"八景"：

九嶷蜿蜒天际来，峥嵘冠日排云开。瀺然一落千万丈，蛟龙伏走失青嶂。

天惜桂城少奇峰，绵延直至东山东。中起一峰撑苍穹，呼吸云雨呵丰隆。

虽有绝顶谁能穷，奇境不能久隐没。长风阵阵扫蟓蚁，基然霹雳空中过。

木魅奔跳山精踷，有熊破散蚩尤务。直恃正气消群魔，群魔消，皎日出，

乾乾坤，万万古，白阜明如雪。（白阜开云）

碧潭之水清且洁，晶莹冰镜照毛发。渊然中含太极图，乃是青天万古之明

月。羲皇以来数万劫，水月不改双清绝。千人饮之未尝减，盈虚如彼何消

歇。只期此心如太虚，自教终古不磨灭。（碧潭印月）

鸾山大如拳，赋气亦不薄。晚来酿为天上云，降泽何曾亚方岳。

我家卜居山之隈，朴然风俗去雕斩。

传严霖雨就寂寞，勿让古人独卓卓。（鸾山暮雨）

梅岭千寻何则劳，虬爪挐云瘦蛟立。真气盘郁无人知，空欢枯枝少颜色。

繁英一枝破空来，冻裂水崖雷轰轰。十寒一暴未可得，千花万叶行自摧。

此时梅花气烈烈，银云齐迸香清绝。须史果日升自东，一转温风扫残雪。

岁寒谁抱捧日心，会须仗此冰霜节。（梅岭朝暾）

角谷截竹肇律吕，黄钟飞灰争累黍。九韶依永赓歌祖，下逮南幽犹近古。

天假善鸣使之鸣，宫商角徵随吞吐。自后大雅久不作，正声微茫难再睹。

王公贵人喜滥竽，百家亦自相簧鼓。乐工守器固足羞，腐儒定律究何补。

阮咸呢呢心淫荡，琵琶切切气酸楚。凤凰噤口不能声，乌乌何堪屈指数。

闻道夏王有宝笛，年深代久藏故府。安得林下临风吹，一洗凡响空万古。

（竹林风笛）

士不知大道，空谈儒与墨。

岂如采樵人，犹自食其力。

石磴烟霞深复深，茅屋高歌心自得。

木石与居麋鹿友，胸襟浩荡孰能测。

君不见，光信先生一樵夫，上下千古卓独立。

（石磴烟樵）

君不见，秦皇汉武喜多事，防河营田功不已。

膏腴万顷无人耕，下湿高原生荆杞。

又不见，郑侠呈御流民图，鬻妻卖子声呜呜。

黄苗已还青苗债，秋来园中无斗储。

我生幸际升平时，天为斯民俾戬谷。

平畴十里铺黄云，家家饔头有余粟。

不是天子重农桑，安得年年享清福。（平畴秋稼）

黄河一曲九千里，长波浩浩无涯矣。

涧泉一曲数十步，微澜亦复相逦也。

远近洪织虽自殊，天一润下总如此。

只是源头活水来，亘古流泽永无已。（曲涧春泉）

又有族人夏健入题"八景诗"：

白阜浓云泼墨深，染来巨笔写天心。

书成净洗留余瀋，沾溉文人锦万寻。（白阜开云）

皎洁当空皓月孤，澄潭一碧水平铺。

间看上下遥相印，悟彻冰心在玉壶。（碧潭印月）

蕉窗竹屋傍山横，昼永帘垂一榻清。

静听雨声犹未了，晚来闲送读书声。（鸾山暮雨）

立志原须趁早春，稍逾朝气即因循。

平生不励冰霜操，空被梅花冷笑人。（梅岭朝暾）

空际传来玉笛声，一林修竹带风清。

枝头若许添鸣凤，雅韵何殊解谷笙。（竹林风笛）

石榜天开锁暮烟，樵夫得得度岩前。

有人默领闲中趣，疑是蟾宫伐桂仙。（石榜烟樵）

服田力穑本良图，秋至黄云币地铺。

莫笑农家无远志，阿衡事业亦耕夫。（平畴秋稼）

听得春泉谷口喧，飞来曲涧绕芳村。

墨池润沺清如许，欲向心头问水源。（曲涧春泉）

《续修八景题咏》又有族人夏寿恭题《八景诗》：

凌空奇气总悠悠，形胜东南据上游。晚岁功名归故国，浮云西北按神州。

九巉近见峰腰断，五岳遥观燕尾收。我自倚天抚长剑，问谁同上万峰头。

（白阜开云）

恻恻轻寒小院东，清波圆形与心同。客来凉夜碛初断，月满闲潭曲未终。

几处楼台山色里，万家鸡犬水声中。鼎湖龙去偏多事，独美严陵是钓翁。

（碧潭印月）

暮色清凉簟色寒，几重苍翠隐青鸾。九州景物皆能润，一夕旌旗尚未干。

沧海横流消息断，蓬莱犹作画图看。凤词珠苑鸦争树，公子相思澧有兰。

（鸾山暮雨）

扶桑日出万花开，满眼晴光玉作堆。醉引神仙齐笑傲，喜教妻子共徘徊。

何人捧出初升景，有客金残始放梅。冷入罗浮金换骨，一枝香雪梦初回。

（梅岭朝暾）

朝闻丝管答泉声，春到园林万木荣。十里平芜嘶野马，数竿修竹唤娇莺。
闲看动处发清响，静听吹来生远情。莫问玉关三弄笛，终君无计请长缨。

（竹林风笛）

斩尽蓁荆大道旁，只凭柯斧吐光芒。侧身天地诗如画，涸迹烟尘鬓欲霜。
三径碧苔横断碣，一肩黄叶听修篁。英雄多少兴亡事，不及渔樵话夕阳。

（石榜烟樵）

晓行溪畔咽幽蝉，秋露如珠颗颗圆。自有薄田才十顷，平居臣里已三年。
一蓑细雨桥边路，双笠斜风洞里天。好似渊明归去后，离离禾黍故宫前。

（平畴秋稼）

阴阴柳色掩千门，曾识前村复后村。芳草有情萦曲涧，桃花何意傍仙源。
几回辗转犹知冷，一世浮沉不觉温。正忆吴江莼味好，卖鱼沽酒易黄昏。

（曲涧春泉）

又有族人夏寿衡题"八景诗"：

白阜极天末，巍然凌碧空。云随石高下，影逐树西东。
龙蟠隐复见，鸟道断还通。舒卷有奇态，登临无俗踪。
之子若可见，应在此山中。（白阜开云）
幽人住山北，皓月上山南。何须问隐处，故潭君自谙。
渊鱼答空磬，厂树倒斜参。水清玉壶澈，沙平明镜涵。
俗尘净十斛，禅心舒彩昙。（碧潭印月）
人家既萋萋，鸾巘亦阴阴。落叶下危石，跳珠惊宿禽。
晕湿牧童笠，寒入女郎砧。层岚暗空谷，长虹明远浔。
何用作霖雨，出岫本无心。（鸾山暮雨）
怪石耸千仞，危峰无四聆。雪冷肯逾瘦，梅枯名自存。
妆忆寿阳额，光移羲仲轮。岂殊碣石观，讵减上林春。
相欢承爱景，寸阴宜共珍。（梅岭朝暾）
贞干拂云峻，翠叶贯霜寒。风来声断续，雨渍泪斑斓。
引凤丹穴畔，化龙葛陂干。羞入伶伦管，耻上班女纨。
哲人亦已萎，何谢药崇峦。（竹林风笛）
结宇石榜下，行行北山垂。薄俸仰薇蕨，生涯偕麋鹿。
露湿觉肩重，云米疑路歧。披裘金讵拾，观基柯易糜。

寄言朝市客，烟霞予素期。（石榜烟樵）

崇山四周伏，良田万顷陈。儿童竞击缶，乌雀争噪困。

水绿荷衣旧，云黄稻粳新。故国慨离黍，秋风思细莼。

讵异桃源地，聊为怀葛民。（平畴秋稼）

曲涧碧新雨，山花红故楼。借彼今春涨，涤此去年愁。

藻散妾鱼聚，云沉宾雁浮。弱草漾无力，寒泉咽不流。

清浊何须辨，沧浪聊自讴。（曲涧春泉）

又有族人夏寿钧作词：

八声甘州　白阜开云

是何人、散发沐阳阿，卷舒自无端。我尘中遥见，五云开阖，三两峰峦。却忆绿瀛风雨，鲛背露秋寒。杳霭碧城曲，乍引遍还。

试向朝阳揽袂，有纷驰玉驷，素盖飞翻。更灵旗仿佛，松磴舞青烟。欲乘风、上呼阊阖，望九嶷、山水共娟娟。徘徊处，纵留瑶简，谁检予看。

百字令　碧潭印月

碧峦深处，有绿潭缟月，莹莹双镜。云脚斜悬光欲断，看尽柳眠花螟。草树迷离，山河破碎。依约当年影。明珠藏后，石跟轻泻秋泠。

遥想太液池头，朱颜娇姹，慵向雕阑凭。新恨句沉帘不卷，旧恨轮飞谁省。独倚灵奎，萧疏华发。翠袖神孤映。夜沉鱼跃，忧然声答空磬。

一萼红　鸢山暮雨

卷帘旌，望西山雨气，初起最朋曾。远借风斜，近和烟湿，人家千树青青。上金铺、苔痕日晕，看碧丝、三尺漾虚明。雷隐遥峰，虹横古涧，水满新塍。

唤起鸢笙谁和，只朱唇脂淡，织指寒生。一角危阑，月华激滟，花稍微带疏星。片阴飞、珠荷声碎，倚屏山，还向醉中听。待得梦归鸡塞螺吉云平（似有脱句）。

水调歌头　梅岭朝暾

雪意渐疏嫩，日映石华空。绿云天□幡开，是弟一番风。长记画堂东畔，小立露深衣薄，双频晕轻红。情密那能见，香凝暗相通。

花飞后，江南指，不相逢。怕他春恨，如今瘦却绿蛾中。细认脂融粉褪，料是镜波羞照，长倩玉尘封。峭壁半棱月，还与去年同。

金缕曲　竹林风笛

林下萧然寄，问青山，可能藏得，出尘奇气。根底蛰龙浑欲化，惊起轻雷腊尾。又风雨、飞来何意。漫倚薜萝吹尺八，怕空声、低落洞庭水，霜叶下，暗波沸。

碧鸾一去云无际，但千严，织尘碾雪，小珠悬翠。老矣柯亭谁俊赏，落叶柴门拥彗。休更忆，露凝烟。曳帝子、未归苍梧，还玉绡难染相思泪。秋思满，尽憔悴。

永遇乐　石榜烟樵

莫入山深，基声飞不，绿莹莹处。拍手双童，青柯三尺，向汝腰间腐。适从东海，如今又见，万顷尽成桑土。此山头，宠从怪石，曾是化龙还往。

茅茨不见，鸡鸣高树，知有人家何许。语度松风，薪遗野径，落日间凝宁。半肩红叶，断霞千片，此去不殊仙侣。凭谁问，行歌老父，破裘在否？

买陂塘　平畴秋稼

正轻阴、稻香天气，西风吹满芳甸。南山雾杜双渠在，料是旅生都篇。君不见，禾黍裏，颓垣废井前朝苑，蝉鸣又晚。看十里平塍，舒黄似锦，卷入暮云远。

人间事，击缶鸣呼未半。耳热酒酣谁管，求田问舍刘郎笑，龌龊自非吾愿。秋意嫩，应讶我，鲈鱼专菜归何缓。啸歌自遗。有八百株桑，一千树橘，负郭岂长贱。

水龙吟　曲涧春泉

燕飞尾掠晴波，新痕分绿还同皱。厂根暗涨，桥平石隐，寒声疑吼。久染芳尘，杏衫谁浣，影和人瘦。想竿悬月魄，丝萦花梦，移情是，鱼肥后。

何事惊湍未定，逐间云、远辞灵岫。一林桃树，缤纷红雨，把春迤逗。寄语山中，好将烟锁，清溪飞溜。怕鱼人去了，细寻踪迹，向东风又。

又有宥斋陈孟韩"八景诗"：

挂杖峰头与日齐，褰衣不觉五云低。
闲行八胜花清馥，应是高人旧日楼。（白阜开云）
皓皓临空一镜明，寒潭遥映碧波平。
俗尘洗净禅心寂，静听渊鱼读月声。（碧潭印月）
山拥飞云暮色寒，轻雷隐隐雨慢慢。
跳珠艳翠楼鸾湿，润溢嘉禾万户欢。（鸾山暮雨）
怪石崔巍耸碧空，危峰葱翠雪初融。
梅花万树空留影，晓景初衔一点红。（梅岭朝暾）
缓步登临望远森，万竿修竹绿阴阴。

遥闻短笛凭谁和，愿借风吹入翠岑。（竹林风笛）

石榜阴阴起幕烟，野花啼鸟意悠然。

观棋不觉樵柯腐，倦倚松枝石上绵。（石榜烟樵）

鸠呼春雨一犁轻，布谷声声也勤耕。

待得嘉苗九秋熟，家家争颂稻禾盈。（平畴秋稼）

清辉碧水绕村旁，浪逐桃花曲涧香。

借问春泉何处似，白圭桥下一潇湘。（曲涧春泉）

又有族人夏相，时年十五岁，作"八景诗"：

遥岫既亏蔽，曲径复宛转。不知山远近，惟见云舒卷。

入言寿者乐，即趣咸自展。（白阜开云）

晚景看潭月，花枝映水然。波动玉轮碎，平沙银镜圆。

愿以潺溪水，清君心上禅。（碧潭印月）

鸢山生晚凉，花雨何芬芳。既洒五柳宅，复集春草塘。

耳目暂勿扰，情绪自悠扬。（鸢山暮雨）

日出东岭巅，高卧南轩下。披衣就清盥，秉笔情难写。

借问此何时，世上滔滔者。（梅岭朝暾）

濯濯空山竹，潇潇聊自吟。凌冬不易节，拂汉本无心。

因持蔗君子，临风惠好音。（竹林风笛）

晓辞朝阙荣，暮领林泉乐。雨湿藓苔滑，鸟散藤花落。

携手采青归，沽酒聊自酌。（石榜烟樵）

业农本子素，处世亦当然。阡陌忌兼并，沧桑无变迁。

何须问南亩，努力辟心田。（平畴秋稼）

黝黝桑柘繁，泛泛藻荇盛。涧狭意舒偏，流急心不竞。

沧浪孺子歌，乐天庶知命。（曲涧春泉）

又有族人夏杞，时年十四，作"八景诗"：

召尧白阜竦，微云卷复舒。只言郾蜓状，合有高人居。（白阜开云）

一潭一月净，清气激毛发。欲识前身侬，寒潭见明月。（碧潭印月）

鸢山一片云，暮雨何纷纷。沾润东南亩，村畔有人耘。（鸢山暮雨）

积雪满村南，朝暾映石烂。梅岭闻鸡舞，还看古木残。（梅岭朝暾）

竹生空谷上，其实何离离。无人制长笛，徒见威凤仪。（竹林风笛）

石榜烟霞阔，云开草树芳。登临望棋局，樵歌送夕阳。（石榜烟樵）

业农何等乐，春犁叱黄犊。夏耪秋稼熟，仓庾足微禄。（平畴秋稼）

源水自悠悠，春泉石上流。曲波清似锦，骚人咏以游。（曲涧春泉）

又有少秋室丁湘璇作"八景诗"：

连山亘百里，白阜何金金。手把太阿剑，拨云见天心。

摄生贵处顺，愿为梁父吟。（白阜开云）

明月何皎皎，寒潭无一尘。渡流不濡轨，照水似重轮。

此夜临清景，相对悟前身。（碧潭印月）

挥扇荡炎气，入暮渐流清。阴阴云乍合，暧暧雨初生。

须臾遍宇宙，东亩庆霢盈。（鸢山暮雨）

旭日出山东，微云掩复通。怪石有新色，残梅无故蘉。

沧桑复如此，是地感余衷。（梅岭朝暾）

峭壁千竿竹，清风拂翠条。草芳舞蝶倦，林幽歌鸟娇。

谁人弄玉笛，清响入云霄。（竹林风笛）

石磅碧嵯峨，烟云薄似罗。树摇幽鸟梦，风送采樵歌。

斧柯今莫假，徒手奈薪何。（石磅烟樵）

间行阡陌畔，彼黍何油油。黄云覆绿水，碧云润青畴。

嘉种盈膏壤，击缶庆登秋。（平畴秋稼）

坳堂覆杯水，微波浮芥舟。香同草异色，涓分源合流。

小言致独乐，延年寿千秋。（曲涧春泉）

第 3 章

村落生产与集市

大湾村与中国传统村落的生产方式一样，主要以农业生产为主，即所谓"辟田种谷曰农"。农业生产的基本特征概括起来有三个：第一，土地是农业生产中最基础的生产资料和要素。中国传统村落的农业生产，土地是一个重要的因素。土地决定着中国传统农业生产的方式和技术。第二，包括气候、地形、土壤、植被等在内的自然条件对村落的农业生产有极大的影响。第三，农业生产具有周期性和季节性。大湾村所处的湘南地区属亚热带季风湿润气候，阳光充足，雨量充沛，四季分明，热量丰富。在村民的辛勤劳作下，大湾村农作物丰富，产量稳定，村民基本可以维持自给自足的生活。2011年末，"大湾村农业总产值972万元，人均纯收入7232元。农业以种植业为主"①。

3.1　主要农作物

湘南属于丘陵地带，以水稻种植为主。大湾村传统习惯是"力农于田"，耕作精细，复种套种，一年四季都没有空闲的土地。大湾村农业种植作物品种较多，其中田地以水稻为主，旱地以玉米、红薯、烤烟为主，各种豆类为附属。也有部分村民会在田地里种马铃薯、豆类、高粱、花生、瓜类等农作物。一般来说，大块田地种植水稻，田埂种豆，地边种瓜果，围园种菜，池塘养鱼，庭院放养鸡鸭。在推行双季稻之后，人们更是抢时间，及时收割和耕种，这就是所谓的"双抢"。此外，大湾村村民还从事于林、牧、渔、手工、商贸。长期以来，大湾村村民"日出而作，日落而归"，通过勤劳的劳作，生活得到了基本的保障。

水稻　大湾村种植最多的农作物是水稻。大湾村有着悠久的稻谷栽培史。清明播种，大暑成熟，比之前的稻种成熟期要早一些。这一品种成为自宋至民国时普遍种植的稻种。后又自番国输入番子。这种稻种晚于常稻，夏至播种，早禾割后插秧，寒露成熟。自此民间始有早稻和晚稻，一年两熟。传统时期的湘南地区地少人多，为了更好地利用好土地，早稻和晚稻的耕种也就成为必然了。大湾村的水稻种植也不例外，分为早稻和晚稻。如今，村中大量田地稻禾长势良好，在秋季呈现出一片丰收的景象（图3-1）。

彭德馨老人提供了一则大湾村流传的传说——《稻米是怎样来的》：

---

① http://www.hngy.gov.cn/sitepublish/site1/zwgk/ztbd/gydmw/dmqh/content_34743.html

图 3 - 1　大湾村稻田

　　很久很久以前，地上还没有稻谷。一个叫神农的仙人看到老百姓只靠摘野果子度日，心里很不好过。他带着老百姓去拜天老爷，请求玉皇大帝赐给一些稻种。玉帝说："稻谷是仙人吃的粮食，怎么能传到地上来呢？"老百姓多次去求玉帝，玉帝都不答应。神农没办法，找了几个人商量了一下，决定去偷稻种。但是，天庭看守得很严，神农根本没办法接近晒谷的禾场，尝试着偷了几次，都有没得手。

　　过了些日子，神农终于想出了一条妙计。他找来一条狗，把它带到天上，要狗到晒着稻谷的禾场去打了一个滚，等到沾满了一身谷子时，就赶忙回到地上来。狗依着神农的意思去做了。可是，在狗沾了一身谷子打转的时候，天兵天将发现了，朝狗追来。狗见了追兵，拼命地跑起来冲出天门，来到天河边，眼见追兵马上就要追到，前面又有天河挡路，没法子，赶忙跳进天河把尾巴翘得高高的，向着对河游去了。游着，游着，满身的谷子都被河水洗刷干净了，就剩下尾巴上的几粒被带到了地上。从此以后，人间便有了香喷喷的稻米；所以，稻穗总是弯着的，像狗尾巴一样。

红薯　红薯，又叫红苕、地瓜、番薯，通称甘薯，是我国主要杂粮作物之一。红薯皮为朱红色，薯肉常为黄色。红薯生熟均可食用，而且种植产量高。在大湾村，村民栽种红薯很普遍，它是除水稻之外的主要食物。现在还有一些年纪大的村民做红薯饭吃（大米和甘薯混煮）。大湾村人除了生吃鲜红薯外，也把它蒸熟了吃，还用来晒红薯干和红薯丝。一些村民会将红薯叶清炒食用。

马铃薯　马铃薯还有土豆、洋芋、香芋、山药蛋等称呼。马铃薯因对种植环境有广泛的适应性，并且具有较高的产量，所以在中国的乡村被广泛地种植。在大湾村，村民并未将马铃薯作为主食，更多是将其作成一些可口菜肴食用，因此村民仅会在一些闲地种植马铃薯。

豆类　大湾村的豆类主要有大豆、豌豆等。在大湾村，豆类只种在田头路边或田埂上，很少在正地种植。大湾村村民在日常生活中，经常煮豆饭，烧豆秸，也有部分村民会将大豆做成其他食品加以食用。

玉米　玉米是大湾村主要旱作物之一，种植量仅次于红薯。玉米俗称苞谷，适合旱地栽种，各地皆有。在大湾村它不是主粮，村民只在它嫩时吃点玉米棒调剂口味，老熟后的玉米用多来喂牲口或蒸酒。当玉米成熟，村民会将玉米晾晒，再打磨成玉米粉对外销售（图3-2）。

高粱　大湾山区旱地种有一些高粱。大湾村只有少数农户种植高粱。一些村民以古法用高粱酿造白酒。高粱白酒色、香、味俱全，展现了大湾村酒文化的深厚底蕴（图3-3）。

图3-2　村民晒玉米　　　　　　　图3-3　村民晒高粱

花生　大湾村有不少居民种植过花生。花生，又叫落花生，以其开花落地后结实而得名。

瓜类　大湾村村民常种的瓜类有苦瓜、冬瓜、南瓜、丝瓜、香瓜、西瓜，都是供自己食用，很少将其作为一种商品去集市卖。

笋　桂阳县县内有许多竹林，其中毛竹林盛产冬笋。大湾村村民除开春之时食新鲜冬笋之外，也常在家中备一些干冬笋。冬笋是毛竹在冬季生长出的嫩笋，颜色洁白、肉质细嫩、鲜脆爽口且营养丰富。大湾村流传有两则与冬笋相关的传说。

传说一：《冬笋是怎么来的》

听老辈子人说，以前冬天是不长笋子的，现在的冬笋是一个叫梦冬的孝子哭出来的。

有一年冬天，梦冬的老娘得了重病，病得快要死了，什么都不想吃，只想吃新鲜笋子。但眼下是冬天，哪来的新鲜笋子呀？孝子一听老娘想吃笋，急得他跑到竹山里，抱着竹子就哭，边哭边摇着竹子，说："竹呀竹，你为什么不马上长出笋来给我老娘吃？难道要我背个不孝之名吗？"他天天来竹山哭，哭声惊动了山神土地。山神土地好同情他呦！等他哭累了，睡着了，土地佬就给他托了一个梦。梦里，一个白胡子老头站在竹子尖上，对他说："你要新鲜笋，就往竹子的南面去找吧！"孝子听说竹子南面有新鲜笋，欢喜得很。天一亮，他就进了竹山，往山的南边找去。只见南边竹根上有笋在拱土呢！孝子赶忙用锄头挖了出来，果然是鲜笋。他选了个又大又嫩的鲜笋，煮了给老娘喝了，老娘的病就慢慢好起来了。

从此以后，冬天的竹山也长出笋了，笋子多半长在南面的竹根上。据说，冬笋本来是要长出土的，只怪孝子太性急了，挖早了，所以如今的冬笋都是没有出土的。

传说二：《笋的故事》

听老辈子人讲，以前的竹子是先打花，后结籽，籽再生出笋、长成竹的。如今的竹笋为什么会直接从土里长出来，笋壳上还有斑点呢？

相传有一个村子，住着婆媳俩，以种竹为生，互相体贴，相依为命，和和气气地过着日子。这年阳春三月，满山竹子开着一串串好看的花。一天，婆媳俩大清早就进竹山掊土铲草，要把竹籽种进土里去。哪晓得，忽然下了一场大雨，把婆媳俩淋得全身湿透，像是在水里捞出来的。婆婆大把年纪，又淋了一场雨，受了凉，回到家就病倒了，急得媳妇到处请医生，总不见效。婆婆的病一天比一天重，眼看就要归阴。这天，婆婆躺在床上，昏昏沉沉，想起那片山竹子，忽然想起要吃新鲜的笋来。天哪，这个时候竹子才打花，哪来的新鲜的笋呢？这可把媳妇难住了。媳妇想，要是不能满婆婆的心愿，怎么对得起婆婆呢？媳妇就一个人跪到后山竹林哭起来。哭呀哭呀，哭声惊动了这方的山神土地。土地变成一个白胡子老人前来打问，媳妇流着泪讲了自己的难处，请老人帮忙。土地很佩服媳妇的孝心，就指点媳妇说："只要你哭三天三夜，竹子就能长出笋。"说完了，就不见了。媳妇又惊又喜，她想："莫非今天遇上了仙人？白胡子老人说，哭三天三夜，就能长出笋，要真是这样，我就哭三年也要得。"媳妇想着就抱住竹子痛哭起来。她哭呀哭，声音哭哑了，眼泪哭干了，哭的竹子掉叶了，落花了，等到第三天夜晚，就昏倒在竹子下。

第四天早上，媳妇醒来了，看见竹林里密密麻麻地长着一个个竹笋，好不欢喜呀！她扯脱掉一个个竹笋，拿在手上看了又看，发现这竹笋和以前的竹笋不同，竹笋壳上有斑斑点点的黑斑，好像泪斑。媳妇赶忙挖了一箩筐回家，选了一个嫩的煮好给婆婆吃了个饱，婆婆就带着笑，断了气。

从此，竹子都不开花结籽，一到春天就从土里的竹根上长出笋来。据说，竹笋壳上的黑斑就是那媳妇的泪斑哩。

烟草　大湾村所处的桂阳县是湘南地区烟草种植最多的县份之一。2004年，桂阳县成为全国替代进口烟叶生产基地、优质烟生产示范基地县。近至长沙烟厂，远至红塔集团、上海烟草集团、广二烟厂等20余家全国知名烟草企业都从桂阳县收购烟草。在2004年，桂阳烤烟已是全省唯一单个产业产值过3亿元的行业。

烟草是大湾村的重要经济作物，为村民带来了一定经济效益。大湾村村民在每年春季便播种育苗，大约在农历三月份将育苗栽入烟田。立夏时节，村民开始采摘烟叶。采摘后，村民会在村中空地晒烟草，通过晒、晾使烟草鲜叶干燥、定色。部分村民在村中修建了烤烟房。烤烟房一般由土砖建成，多为坡顶或平顶。整座烤烟房呈直立的长方体形。烘烤后，村民则将烟草分类整理成卷烟原，再向烟草公司出售。村中一些老人会留一部分，直接用薄纸卷吸用。

中草药 近几年以来，大湾村以中药材种植为村主导产业，玉竹种植加工得到蓬勃发展。玉竹在《本草纲目》中被称为上品，它有极高的营养价值和药理作用。如今，玉竹已经发展成为大湾村村民致富的"新药方"。在微信天下桂阳公众号刊登有一篇名为《桂阳魅力新村——莲塘镇大湾村：让玉竹成为群众致富的"新药方"》①的文章。该文对大湾村村民近年来种植玉竹、销售玉竹的相关信息进行了记录。内容如下（略有改动）：

据了解，玉竹为多年生草本植物，一般两到三年一产，秋季开挖，根茎可药用，中药名亦为玉竹。大湾村玉竹每年每亩纯利润可达 2 万多元，玉竹种植让当地村民尝到了实实在在的甜头，越来越多的村民加入种植玉竹的队伍中来。

采访当天，几位村民正在进行一场趣味十足的"切玉竹片"比赛，这也是大家闲暇时的一项趣味活动。

十分钟的比赛很快结束了，在裁判彭海利的见证下，参赛选手一一将自己切好的成品放上秤台进行称重，最终选手夏爱玲获得切玉竹比赛第一名。

切好的玉竹片，并不能直接拿去烘干，还需要人工进行挑选，而烘干后的玉竹片则是初成品，可以进行打包装填了。

这场比赛的裁判彭海利是大湾村的玉竹种植大户，2012 年，他不忍村里土地抛荒，回到家乡开始种植中药材玉竹。最开始种植玉竹时，彭海利遇到了玉竹产量不高、数量不足，无法出精品等难题。彭海利通过自主外出学习，与玉竹种植户们进行经验交流，更换玉竹品种。经过几年的摸索，玉竹的产量、质量得到了逐年提高。直到 2015 年，彭海利和本村的 5 个合伙人共同成立了桂阳县金利源种养专业合作社，开始规模化种植玉竹，如今，大湾村彭海利的合作社已成功开发出一个面积超过 100 亩的玉竹种植基地。初步形成了"种植基地＋收购＋初加工＋销售"一条龙服务生产线，通过自己初加工玉竹，已有原片、小条等多个品种，每年都有着可观的收入。

而对于未来，彭海利除了想扩大自己的玉竹种植规模，还准备开发脐橙、冰糖橙等水果种植。

---

① https://mp.weixin.qq.com/s/oMKB8EMwkX0qRa3jt_3IJw

莲塘镇大湾村种植大户彭海利说："下一步我准备继续扩大种植面积，带动村民共同致富，打响大湾玉竹品牌。"

中药材种植产业的美好发展前景，让村民罗家庆看到了一条新的致富道路。2010年，罗家庆利用家里的几亩地开始试种苦参，由于技术不够成熟，第一年种植的苦参最终只是勉强保住成本。但这也给后来他种植玉竹积累了经验，经过几年的努力，罗家庆在大湾村流转了70多亩土地，成为当地有名的玉竹种植能手。

在罗家庆家里，一包包的玉竹片整装待发，每包玉竹片重达20公斤，这次装车运往广东的货达260多包，直接销售额可达10万元。说起这几年玉竹的销量，罗家庆喜笑颜开。

莲塘镇玉竹种植大户罗家庆说："玉竹片销售很好，销售到广州、东莞、深圳、中山，原片销售到安徽、永州那边。"

从种药到制成初品，再到卖药，村里的荒田成药田，村民变药农。在大湾村，不少乡亲都将自家的田地改种上了药材。通过土地流转，发展因地制宜的药材行业，实现的是产业融合，更改变了大湾村传统的种植思维，让沉睡的土地焕发了新的生机。对于今后如何进一步发展玉竹产业，大湾村委主任夏吉英有着他自己的规划。

莲塘镇大湾村委主任夏吉英说："我们大湾村的玉竹药材，由专业户、种植大户带动种植，经济收入比较可观。现在我们村支两委设想，把剩余的土地利用起来，发展村民种植玉竹。我们将为他们提供多方面的支持，比如种植技术培训、玉竹加工培训，成立农民专业合作社，对他们一条龙服务，把我们大湾的玉竹品牌打出去，使全国人民都知道我们大湾的药材玉竹，让玉竹这个药材产业能够带动村民致富，把生活水平进一步提高。"

莲塘镇大湾村只是我县发展中药材产业的一个缩影。近年来，我县坚持绿水青山就是金山银山的发展理念，紧紧围绕农业供给侧结构性改革主线，积极调整产业结构，发展中药材等绿色生态产业，引导群众因地制宜发现特色经济作物，助推乡村振兴。目前全县玉竹种植面积达两万一千余亩，成为村民们发家致富的一条新路子。

3.2　农业生产程序

开垦土地　农业生产的前提条件是要有适合耕种的土地。农业生产的第一步就是开垦适合农作物生产的耕地(图3-4)。村民进行农业生产时，首先需要寻找一块适宜农耕的土地，然后通过运用生产工具、投入劳力进行农业生产，这样才有可能获得生活所需要的物资。村民最初一般采用"刀耕火种"的方式进行耕种，将土地用过之后，就"抛荒轮耕"。随着村民经验的积累，他们学会了在一块土地上精耕细作。

现在大湾村里的田地，主要以在平坦地势上为主。这部分田地水源充足、日照充分，都是在这个地方的先民们开垦出来的。此外，在一些山间，也开垦了一些梯田。山间的田地土地并不肥沃，土壤薄且混合着泥石，并不适合种植。

播种　远古时期，人们并不开垦耕地，而是在烧山后播种。这种原始的播种方法，使得谷物的生产量极低。后来，人们用石铲、骨铲、石锄等农业工具，把土块挖松敲碎，将草木荆棘的根拔掉，再挖洞点种。播种方法的改进，使得谷种能够正常地生根发芽。

在大湾村，随着生产经验的积累以及生产工具的改进，村民保留了许多优良的播种方式。常见的是一人双手持农具将土地挖开，另一人则播种并埋土。也有部分村民使用传统铁农具，通过人与畜混合进行的"牛耕"进行播种。

图3-4　垦荒

图3-5　除草松土

种植管理　农作物播种之后，需要人力的照顾，才有可能得到比较满意的收成。为了取得较好的收成，大湾村村民自播种之后直到收成结束，都要对农作物的生长进行管理，管理大致有除草松土(图3-5)、施肥和灌溉等项。农作物的生长需要雨水的滋润。遇到"风调雨顺"固然好，反之，则会影响农作物的生长。所以，为了防范天灾，保证农作物的正常生长，需要开凿沟渠以排泄多余的雨水，或者在干旱的时候从江河引水灌溉田地。

施肥　大湾村村民普遍种植水稻，孟子就曾说："耕者之所获，一夫百亩；百亩之粪，上农夫食九人，上次食八人；中食七人，中次食六人；下食五人。"[1]很明显，这里的"粪"不仅包括人类及动物的粪便，还包括腐化的杂草树叶等，所以荀子说："树落则粪本。"在当时，一般把割下的野草、树叶焚烧或浸泡在泥土中，使其腐烂而成为肥料。随着村民种植方式的改变，一些村民也会购买一些化肥对土地进行施肥。

防治虫害　农业生产是一项复杂的活动。要想获得好的收成，除了需要精耕细作以及施肥改善土壤外，防治虫害也是一个重要的环节。村民回忆，先人利用虫类喜欢接近亮光的特性，使用火烧的办法诱杀害虫。现在，大湾村村民防治虫害一般采用农药，虽然高效，但是却会对环境造成一定的污染，残留在农作物上的农药对人体也有害。

图3-6　劳作

---

[1]　符少辉，刘纯阳.湖南农业史[M].长沙：湖南人民出版社，2012：13.

收割、加工 农作物的生产有一个复杂的程序，从开垦耕地、播种农作物，中间经过灌溉、排涝、防治虫害等过程，到成熟后再收割、晾晒、脱粒、去壳，最后才能供人食用。在远古时候，一般使用石、蚌壳制作的刀、镰收割庄稼。战国时期，随着铁器的发明，铁制的镰刀开始用于收割。大湾村对农作物的加工不仅保留了上述传统的方法，同时也购买了一些打谷机等机械收割设备，提高了工作效率（图3–6）。

3.3 农业生产工具

大湾水稻及其他粮食和农作物的生产，其程序大致可以分为耕种、管理、收获、储藏、称量、加工等，每个程序都要用到不同的工具。耕种工具主要包括耕地工具——犁，整地工具——耙、锸、镢、铲、锄等。

俗话说"锄头挖一天，当不得下犁一兜烟"，犁在大湾村村民的农业生产中是一种重要且高效的耕地农具。在大湾村，牛耕的推广和铁制犁的出现，对种植经济起到了非常重要的作用。牛轭是在牛犁田的时候架设在牛脖子上的木头，有很多是以天然曲木制成，也有将两段木头相接，用于长期的使用。

锄是一种锄地农具，《释名》："锄，助也，去秽助苗长也。"锄根据需要有大小之别，大锄一般用于挖土，小锄则用来松土锄草。如今村民的锄体积小，便于携带，是村民常用的除草或播种农具。也有一种尖锄，小巧玲珑，便于用来清除菜园中的杂草，疏松土壤（图3–7）。

大湾村常见的传统翻土工具还有镐、镢、锨（铲）等。镐，又叫镬，长方形，是一种深挖的工具，既可以用来开垦荒地，也可以用来挖掘农作物或树木的根株，是农家的主要耕地农具之一。镢也是一种深挖的农具，其与镐的区别在于镢有齿。铲是一种直插式的整地农具。现在农村里的铲一般较宽而扁平，刃口处较平直，或微呈弧形。铁铲一直

图3–7 锄头

是主要的挖土工具之一，在宋元时期称其为铁锹或铁枚。其他用于农作中的施肥、排灌等工具还有粪耙、粪桶、簸箕、粪勺、竹畚箕、水桶、戽斗等。中耕除草是田间管理的一项重要内容，其工具大体上可分为锄类和除草器两种。稻田除草一般以手拔、脚踩为主，旱地除草则要根据不同情况选取不同型号的锄头。

排水或灌溉是农事活动中的重要内容，一般来说，排水是较为简易的事，只要放开沟渠放水就可以了。但是，灌溉就稍微麻烦一些了。特别是需要将水从下方运至上方的时候，专门的灌溉农具也就不可缺少了。大湾村水源丰富，稻田中有许多水槽水井，谓之天池，以灌田稻。

用于收获的工具有镰刀、柴刀、箩筐、打谷机、谷耙、围席、竹耙、连枷、簸箩、筛子、风扇车，等等。一般说来，这些工具都是配合着用。就如稻谷收获，先要用镰刀将稻穗割下，垛成堆，用打谷机脱粒，然后晾晒；晾晒过程中需要用到竹耙、筛子等，晾晒干后，再用风扇车将稻谷中的泥土、瘪谷、稻叶等吹出，最后再将清洁、干燥的稻谷送入仓库储存。

自古至今，大湾村村民常用镰刀收割。镰刀的外形变化基本不大，都由木把和带有小锯齿的刀片组成，它是在收获季节用来收割庄稼的主要工具。此外还有一种呈半圆形的草镰，主要用于割草。

传统的脱粒工具有稻桶、稻床与连枷等。稻桶以甩打谷穗使其脱粒。其实，稻桶本身不能打稻脱粒，还是需要农民手握稻把，把稻穗重重甩击在稻桶上。当然，为了防止谷粒溅出，还需要在稻桶的另外三边围上一张竹簟，以便把谷粒挡住。

收割之后的稻谷需要晾晒后才能将其存入仓库。晾晒的场所称为晒谷场。在没有用水泥建筑的晒谷场之前，为了不让尘粒掺入，一般要在地面上放一张将稻谷和地面隔离的晒簟。晒簟一般用竹篾编织而成，大致呈长方形，宽窄不一，一般长3~5米，也有更大的。使用的时候，将晒簟摊开在开阔的地方，然后将稻谷倒入晒簟，将其分拨开来，以便接受阳光。晒簟两端一般会设置卷轴，这样在用完之后方便收藏。

风车，又称风扇车、扇车、风谷车，古代称"飏扇"，是一种用来扬弃谷物、水稻等农作物籽粒中掺杂的瘪粒、秸秆屑杂物、灰尘等的传统清洁农具。相比其他传统农具，风车的构造较为复杂。风车的前端为圆鼓形的木箱，箱中安置有4到6块由薄木板制成的风扇。在清洁谷物时，操作者用手朝顺时针方向摇风扇轮轴外的曲柄，这样扇轮就转动起来了，转动的速度越快，风速就越大。风车顶部有一个倒梯形状的入料口，将谷物从入料口中装入后，谷物再顺着斗口中的狭缝慢慢漏下。村民转动风轮形成风流，可将较轻的杂物、灰尘吹出风车尾部的出口，较重的谷粒则落在车底，顺着槽子进入放在下面的竹篓中。

除了风车之外，还有簸箕、筛子等小型净粮工具，它们一般都是用竹篾制成的。簸箕外形像梯形，一面敞口，三边为壁。在使用的时候，将谷物盛入其中，上下或左右扬动，瘪谷、草籽、碎叶等杂物就会浮到谷物上面，于是很容易就将其扬去了。筛子一般用篾片编织而成，篾片之间较疏朗，并形成了孔，以便谷物从中漏出来，而其他毛草则留在筛子中。筛子四边是用较粗厚的竹篾固定的，这有利于抓握。

村里的储藏工具用仓、柜、桶等。称量工具有斛、斗、升，以及盘秤、戥子、钩子秤等。斛在外形上看来呈上小下大的桶状，所以又称之为"斛桶"。升为正方形，内分三格。升也是常用的量具。斗外形类似桶和升。其间的换算单位是十升一斗，二斗半为一斛。

秤是用来称量物体重量的工具。根据文献的记载，春秋时期，楚国就已经有称量物体重量的木衡和铜环权了，后来其发展成了现在的杆秤。杆秤是以有刻度的杆为主体，配合着秤砣来用，而杆秤又可以分为钩子秤、盘子秤和戥子三种。从外形上来看，钩子秤是杆秤中最大的，其秤杆长 1 米左右。盘子秤又称盘秤，比钩子秤要小很多。戥子最小，是一种微型称量器，精确度较前两者高，一般用来称较为贵重的物品和药品。

除了粮食之外，村里还种植油菜、黄豆、花生油料作物，因此也需要榨油的工具。榨油机的机身一般由数块硬木组成，机身下有导引油的凹槽。在使用的时候，先将油菜籽、黄豆、花生等倒入铁锅，将其炒到半焦，再用石磨碾成粉状后蒸熟，然后将蒸熟的油菜籽压成饼状，并放进榨油机的腔内，最后用油锤击打楔子，油就被挤榨出来了。

3.4　养殖及副业营生工具

大湾村传统养殖业以养猪、养鸡、养鸭、养鱼等最为常见。除了肉用，大湾村村民养猪的另一个目的是积肥，现在农村中还流传着"养猪不赚钱，回头看看田"的农谚。大湾村村民养猪方式大多还是以圈养为主。一些村民在家中建立独立式猪圈、各种与厕所相连的猪圈和与住房相连的猪圈，其目的都是为了积肥。如今，猪肉已经成为日常生活中的重要部分，在喂养过程中，所使用的养猪工具主要有猪食桶、猪槽、铡刀或菜刀等。大湾村还有几处小的池塘用来养鱼，捕鱼的时候需要用渔网。此外，还有竹制渔笼、渔筛、铁制渔叉等各种捕鱼工具。养鸡养鸭的工具则有鸡笼鸭笼，用竹篾编成；也有像养猪一样，给鸡鸭一个休息的房舍，平常则放养在田或土地中。

当下，许多大湾村村民通过传统养殖业脱贫致富。华声在线的《桂阳莲塘镇：贫困户自力更生"摘穷帽"》①一文中记载了大湾村村民在地方政府的帮扶下通过养猪脱贫致富的情况，内容如下：

华声在线9月12日讯（通讯员 周芳）：付相林家的新养猪场终于建成了！这是村里最大的养猪场，占地面积达600平方米以上，水电设施一应俱全。"过年之前，沼气池也可以建好了，既解决了猪粪的问题，又解决了猪场的供电问题，一举两得。"付相林心满意足地说道。

付相林是桂阳县莲塘镇大湾村的贫困户，2006年妻子因脑膜炎引起骨髓结核，在花费了近7万元之后仍然遗憾地离开了人世，丢下两个年幼的女儿。当时，最小的女儿只有1岁。看着两个年幼的女儿，以及家里因治病欠下的巨债，一时间付相林压力陡增，为此他开始背井离乡，四处打散工。由于身体不好，不能从事重体力劳动，文化不高，没有技术，辛辛苦苦工作一年也没赚到多少钱。

2016年，付相林回到了自己的家乡，瞅准养猪这个商机，准备发展养猪产业。说干就干！付相林开始每天起早贪黑地围着猪场转。为了经营好养猪场，他常常跑到镇畜牧站向技术人员请教养猪知识，自己也在网上查阅相关资料。慢慢地，付相林的生猪养殖逐渐步入了正轨。去年，猪场的一头猪眼看就不行了，他看准了症状，上网查阅相关资料，最后硬是把它给救活了。现在猪场的猪遇到感冒或一些其他的小问题，付相林基本上都能自己解决，俨然成了一个养猪的"专家"。

功夫不负有心人，当年付相林共养殖生猪26头，其中母猪6头。母猪产了小猪仔后，付相林卖掉了其中的15只，偿还了之前赊账购买的饲料费。慢慢地，猪场的运营开始走向一个好的发展方向。

今年，在镇驻村干部和村干部的帮助下，付相林到银行贷了5万元的小额无息贷款，加上向亲戚朋友们借来的钱，共筹借款17万元。资金充足了，付相林

---

① https://baijiahao.baidu.com/s? id＝1578316345341012494&wfr＝spider&for＝pc

也更有干劲了，他在脑海中盘算了很久的新猪场也终于可以动工了。

　　"年底我就脱贫，摘了这个'穷帽'！"付相林言语中满是自豪。"现在村里人一提到付相林都要竖起大拇指，他勤劳肯干、不等不靠、自力更生的精神感染了我们，也让大家对他更加尊敬，"同村的彭海英说，"我们都要学习他的这种精神，身处逆境不放弃，自力更生谋脱贫。"

3.5　集市

　　大湾村人们的生活范围并不总是在村落之内。正如美国人类学家施坚雅在《中国的农村市场和社会结构》中所指出的，对农民社会的研究，应该以基层市场为范围。[①] 我国的集市名称繁多，不同的时期、不同的地方有不同的叫法，如南北朝后，北方一些农村称草市，南方农村则称墟市，西南地区如四川叫场镇，还有一些地方称山市、村市、庙市、草墟、庄店、草店，等等，不一而足。人们定期赶集，或称赶场。名称虽然不同，但是，集市是村民售卖自己生产的产品与购买商品的集中地的性质则是相同的（图3-8，图3-9）。

图3-8　集市（一）　　　　　　　　图3-9　集市（二）

　　集市最早始于井边贸易。市场向前发展，形成了定期市集，一般说来，有四种类型：第一是综合性市集；第二是专业性市集；第三是批发性市集；第四是节令性市集。农村一般是草市，农民有剩余的农作物或家禽等都会拿到市场上去交易，以换取需要的物品。

---

① 施坚雅.中国农村的市场和社会结构[M].史建云，徐秀丽，等译.北京：中国社会科学出版社，1998.

大湾村的集市就是现在的莲塘镇。莲塘镇原来是莲塘村，后来由于其交通较其他地方方便，于是逐渐成为邻近村庄买卖的场所。在清代咸丰元年（1851），莲塘正式成为周围村庄的集市。1992年投入60余万元扩建，市场总占地面积4812平方米，建筑面积1008平方米，有门面21个、摊位210个。莲塘市场历来为边境区物资交易集散地，主要经营粮油、肉食、水产、家禽、蔬菜、水果、副食品、成衣、小百货、五金家电、日用百货等十几个行业。黄花菜为该地特产，颇负盛名，经久不衰。市场上市商品达1500余种，逢公历2、5、8日赶集，日上市人数近万人次。当问到大湾村人到莲塘镇有多长的路时，他们一般都说只要走大概半个小时就到了，而现在交通方便，交通工具发达，一般坐车不到十分钟就到了，很是方便。

第4章
村落建筑

大湾村是一个典型的血缘组织与地缘组织相结合的宗族文化村落。自夏氏始迁祖夏国照元代末年创建大湾村以来，经明、清两代祖孙二十一代人不断地营建拓展，形成了布局讲究、整齐规划、错落有序及细节精美的面貌(图4-1)。

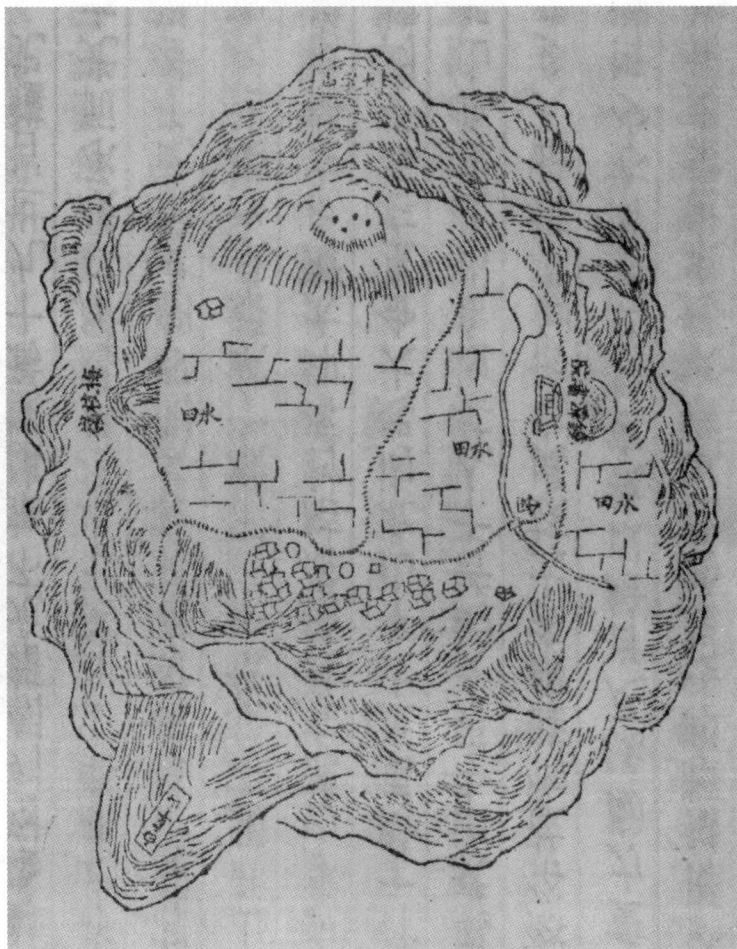

图4-1　大湾村夏氏族居图

4.1 大湾村选址及建筑布局

4.1.1 选址

大湾村的选址是经过多种因素之间复杂的相互作用和影响而产生的结果，包括风水、宗族、经济及防御等多方面的考虑。

先民在建村时，首先要观察此地是否符合传统风水观念的要求，包括寻龙、观水及朝向等。《龙法》云："龙者何，山脉也。山脉何以龙名，盖因龙妖娇活泼，变化莫测，忽隐忽现，忽大忽小，忽东忽西，山脉之结穴，亦犹龙之得明珠，二者无一不相类似，是以龙定名，山脉直呼之曰龙脉，遂为万古不易之美称。"①大湾村"其地自州北白阜山起，冲天木星南行十余里，至大字山。北向起大金星，右落平冈，转与大字山对，白阜山适在其后。"②先祖在诸多山岭中选择来路最长，山势最为雄伟的白阜山（海拔 1003 米）作为夏氏祖祠的背山。白阜山"形必秀润、特达、端庄"③，高大、深远、蜿蜒曲折、气势磅礴、高耸入云、巍然屹立。"冲天木星南行十余里"突起数峰，如"青龙""白虎"环抱围护，另一支以东向连绵的梅枝岭为屏障，"左梅枝岭，颇峭秀，右鸾山，则圆而稍低。"④山脉连绵，形成"后有托的，有送的；旁有护的，有缠的。托多，护多，缠多，龙神大贵。"⑤借白阜山为靠山，满足了夏氏祖先风水上的理想期望，同时按现代科学的观点，其可以挡住冬季来自北方的寒风，构成一个温暖且相对安全、封闭的环境（图 4-2）。

观水是风水中的重要内容，夏氏先祖研究风水认为：吉地不可无水。又曰："有山无水休寻地。"⑥所以"寻龙择地须仔细，先须观水势"⑦。正如《水龙经》所言："水积如山脉之住，水流如山脉之动。水流动则气脉分，水环流则气脉凝聚。大河类干龙之形，小河乃支龙之体。后有河兜，荣华之宅；前逢池沼，富贵

---

① 龙法.

② 大湾夏氏族居图.

③ 梅漪老人.阳宅辟谬（辨八宅）.

④ 大湾夏氏族居图.

⑤ 黄妙应.博山篇（论龙）.

⑥ 肖汇洋.解读周易风水理论与实践[M].北京：中国商业出版社，2011：271.

⑦ 肖汇洋.解读周易风水理论与实践[M].北京：中国商业出版社，2011：271.

图4-2 视野开阔

家。左右环抱有情，堆金积玉。"①大湾村村前有一条三米来宽的小溪紧贴着村南面缓缓流过。小溪源自梅枝岭山脉（图4-3），形状蜿蜒曲折，溪水流速平缓、清澈见底，流入村西南镜潭湖。水潭清澈翠绿，鱼游浅底，天光云影，草木与水潭互相交映。因其形状与位置，镜潭湖常被比作砚台，与南面山脉形成的"笔架"交相辉映。水自身也是富有灵气的景观，能够满足村民们赏心悦目的精神需求。

　　朝向指建筑基址垂直相对的方向，先民们讲究阴阳平衡，视野开阔，其中涉及地理纬度、地理环境以及与其相应的日照、气流、气温等自然因素，它是建筑基址选择和布局中的一个重要参数。大湾村大致朝向为坐北朝南，但正面略朝东转三分。"阳宅（即人居住的地方）需带三分阴，阴宅（即墓地）需有三分阳"，所以，夏季下午2点太阳直射时，房屋正好被太阳直射，但朝东转三分则可以让房屋略带阴。同时，大湾村建筑正面以大字山为朝，前留有农田及溪水，不但视

---

① 蒋平阶.水龙经(卷四"统论").

图 4 - 3　梅枝岭

野开阔，还能陶冶情操。此外，大湾村位于亚热带季风区，冬季为偏北风(西北风)，夏季为偏南风，大湾村坐北朝南正好避开该地主导风向，减少了恶风的侵袭。

为了确保日后的生活丰衣足食，先民必须充分考虑此地是否生态平衡、山多林多、土地肥沃、气候适宜及是否有稳定的水系。所谓"山厚人肥，山瘦人饥"，大湾村三面环山，植被茂盛，有着丰富的森林资源(图 4 - 4，图 4 - 5)。其中白阜山海拔 1003 米，山上的多种木材和其他原材料，能够为村民们的经济生活

图 4 - 4　丰富的植被

提供建筑材料、燃烧材料等多种物品。同时，梅枝岭及大字山林产品丰富，如野果、野兽及药材等，能满足村民们基本的生活、生产需要。大字山东侧有石林，可供建房及铺路使用。同时，此地有稳定的水系，为大湾村民的生活和生产提供了丰富的水源，灌溉着千亩良田。水资源虽然丰富但水量并不大，夏季雨季并不会造成洪水，也不会影响到农作物的生长。大湾村土地肥沃，气候适宜，有适合南方植物生长的养分。此外，大湾村周边为起伏变化的丘陵地形，有效地阻碍着入侵者的长驱直入；若所修建筑以山为屏，则具有很强的隐蔽性和防御性。

图4-5　山脉和森林

4.1.2　布局

大湾村的建筑布局并非根据地势自然形成，而是经过一定的人文策划，有组织、有等级地排列形成的。

清咸丰十一年（1861），大湾村"第一科举人"夏时中榜。此后，他秉承"笃实好学、白首穷经"的大湾村之风，谦虚、谨慎、表里如一于官场之中，官运一路亨通，先后任四川布政使司布政使、陕西巡抚部、兵部侍郎、都察院右副都御史，最后御赐一品封典，诰封光禄大夫建威将军。自朝廷退休后，他同当时其他文人贤士一样带着落叶归根的情怀回到生养自己的大湾村，并修建了官厅——"巡抚第"。光绪二十四年（1898），夏时之子夏寿田中进士第八名，殿试榜眼及第，取得清代湘南地区科举之最好成绩。夏时借此机会兴修建筑，包括主体建筑"榜眼第"及附带的花园、中丞第、翰林坊、书房、厨房等。整组建筑总占地面积1万余平方米，建房面积6570平方米，呈"一"字形分布，坐北朝南，依山傍水，是大湾村的核心（图4-6，图4-7）。

图4-6 榜眼第（一）

图4-7 榜眼第（二）

"巡抚第"及"榜眼第"后方为夏时亲系建筑群，此类建筑为"一明二暗"的独栋式形态。中间为堂屋，堂屋后方用木板隔出一间"接堂背"，设有上二层阁楼的楼梯。

桂阳县文化精英彭德馨在一篇名为《文物解说连载09：榜眼第》的文章中对"榜眼第"的基本信息进行了整理，内容如下：

榜眼第在今湖南省桂阳县莲塘镇大湾村南面，与古村仅2丈之隔。系夏时、夏寿田父子生前之故居，于清光绪后期父子二人同心建造。因夏寿田为清末榜眼，故称榜眼第。

夏氏父子，在清代中晚期，是显赫于全国的高官，夏时在清咸丰十一年（1861）中举后，任职过知县，旋即主事签分工部营缮清吏司加二级、三级、四级，后来官运亨通，任川滇黔边计盐务，统领安定水陆全军，特旨补授川东兵备道，按察使署，布政使，江西巡抚部院兼提都军门、乡试监考官，江西巡抚、陕西巡抚，皇帝御赐他福寿字蟒袍、如意春茶、绸缎等三件代一品封典。诰授光禄大夫、建威将军。其子夏寿田，自幼十分聪明。七岁时祖父曾指着屋后的白阜岭要他作一首诗，他不到三步就吟出了"九嶷蜿蜒天际来，峥嵘冠日排云开，颓然一落千万丈，蛟龙伏走失青崖"的诗，使祖父大为惊讶。九岁时到县城应童子试时，县令问他居何处，他不卑不亢地回答说白阜岭下，县令即吟出上联"白阜当前峰独秀"要他作对，夏寿田不假思索地答道"黄榜在右甲联珠"。对仗之工整，意境之深远，使在座的人大吃一惊。光绪十五年（1889）夏寿田考中举人，任过刑部郎中、行走。光绪二十四年朝考中榜眼，满朝文武官员见寿田仪表俊逸、才华出众、为人谦恭，莫不美仰，为他祝贺。夏寿田的高中也为桂阳人争得荣誉，添光增彩，乡人无不畅怀。寿田即着被授翰林院编修，学部图书总纂。光绪二十九年，皇帝见材，调任他作侍读。但他对官场的勾心斗角、卑劣行径，很为厌恶。光绪三十二年（1906），北京为八国联军控制，夏寿田随皇帝迁往西安，心怀民族耻辱，痛骂外敌卑鄙可恶。光绪皇帝死后，夏寿田离朝做过袁世凯、曹锟的秘书。宣统三年（1911）夏寿田诚心帮助孙中山消灭造反叛徒陈炯明。民国十六年（1927），在上海认识伍豪（即周恩来），受伍豪的启导，夏寿田拥护共产党的主张，他利用自己在上海要界的名望，尽心掩护上海共产党的地下活动。共产党组织召开上海第三次工人暴动筹委会和另一次重要会议，难以选择安全会址，夏寿田借用哈同花园会厅（犹太人的）设宴，让共产党人士充当杂役，掩护开会成功。后来多次护送共产党要员离开上海，共产党人非常感激夏寿田的帮助。1932年日本强盗侵略中国时，夏寿田义愤填膺，毅然卖掉全家财产，支援抗日，得到共产党和广大人民的赞扬，周恩来高度评价地说："夏寿田是清末时代的著名人物，无意仕途，更无党政之争，对开展党内革命活动，能起到掩护作用。"

夏时夏寿田父子为人品行如此高尚，他们要回乡建造官厅，便得到村人的拥戴。村人把村前的一块空地转让给他们建官厅。

这处官厅从北朝南，砖木结构。两层楼房总面积10000余平方米，总建面积6570平方米。房建群体有榜眼第、巡抚居、中丞第、翰林坊、家祠、书房、客厅、厨房、杂屋。建筑采用湘南传统的四合院式、宫殿式相结合的形制，造型奇异，结构严谨。

榜眼第是这群房建中最为宽广讲究的一栋大屋。它整个外形呈倒∩字形，东西宽33米，南北长34米，两层楼房，建筑面积2276平方米。四面青砖砌墙，飞檐翘角，非常威严。硬山式顶，后栋屋一脊正中，有双龙戏珠，显得壮观。整栋楼房砖木结构，外墙用砖经过打磨，砌砖不用泥浆河砂，而采用豆浆、桐油、细灰等混合物，线缝很细，故房子至今坚固牢实。

沿着两米宽的巷道，向南进行，拐向东行几米，只见榜眼第南大门敞开，在笑迎宾客。这扇大门约2米多宽，两边置有长方形磨光青砖石墩，上槛安装两个门簪辟邪迎吉，一段磨光长条石为下槛。跨入门槛，你会顿时走进一个新世界。抬头前望，一条6米宽的通道，上盖过楼笔直通到北端的门槛上。两边竖着圆木方，直通到屋顶，上以悬山式盖上瓦片，远远望去，好像自己在宫殿的道上行进，去朝见高官，那么威严。这条通道，两边都建有房舍，每隔一层屋子，置有花圃，计有五间五进。一进两层一圃，乡人初见，真有点见到金龙殿那样惊奇。进到最后一层，房间、门前是一条通往东西边巷道的长廊，实在叫人又有点不忍离去。只可惜通道过楼已经崩塌，厨房倒没、天花板脱落、花圃条石损坏，均急需修缮。

从西门走出榜眼第，隔巷是巡抚居、中丞第、翰林坊，这些房舍比榜眼第小，1950年土地改革时，都已分给贫下中农居住，虽然至今尚未毁坏，但人多复杂，很不安宁。有待以后做好工作，进行修整，给游客多些娱乐场所。

西边最后一栋是家祠，前有一扇槽门，中有大花园，里面有一株高大挺拔的桂花树。每到七、八月间，桂花吐艳，香满全村。穿过花园，便是夏氏家祠，祠内宽阔，厅中4根大柏圆柱，撑至屋梁，上盖悬山式屋面。屋内设有几堂神龛，有天神、地神、家神。雇有专人日夜看管，还有园丁敲钟击鼓敬奉香火。室内还收藏很多古籍资料供人查阅，是一处深藏中国古文化的难得场所。1950年以后家祠被封闭。后经多次运动，神龛、神像、古籍精香，均已毁掉。桂树被砍、槽门被拆，残存家祠空室，实在可惜。现正在返古修复之中。

官厅前面平整宽坪，坪前设有三口水塘，塘边建有石栏栅，水清如镜，种有莲藕，养有鱼虾，可供村民洗涮，还可以防止村内火灾，现已全面修复，给榜眼第增加一道景观。

2013年，湖南省人民政府已公布大湾古村的榜眼第为省级文物保护单位。

明清时期，国家放宽禁令，开始鼓励和推崇民间宗族文化，并允许五品以上的官人和非官僚的士绅设立家庙，用于祭祀五世祖。借此，夏时恭读《钦定大清会典》，全权负责家庙策划及营建，并将家庙与家族其他建筑共建一排，形成整体，以显恢宏之气势。届此，夏时家族建筑群功能基本完整，如同一张荣誉的勋章而遍布整个大湾乡村。此外，为了保证村民农闲之余能享受一定的休闲娱乐，夏时与族内长者商讨，在家庙后方组织修成夏氏宗祠。夏氏宗族供族内议事磋商决策、族人社交宴客娱乐、族众举办冠礼、婚礼、丧礼等日常仪式。

村内其他村民有计划、有规矩、自觉地遵循着族内建筑的修建制度和规范要求，在夏时家族建筑群后方成簇状扩张修建住宅，村民根据自己所住的位置及建筑形态形成上层和下层的等级地位，保证乡村系统内部尊卑贵贱的差别秩序，最终形成了一个完整的、严密的、等级化的和谐宗族聚落体系（图4-8，图4-9）。

图4-8 共建一排

图4-9 宗族聚落

大湾村的一些文教建筑，分布在村落周边。此地远峰若屏，地甚隐秀，最宜办学。在《夏氏族谱》中，夏时绘有一副"镜潭书院图"，并作《镜潭书院记》。《镜潭书院记》上记载："吾乡望族如陈氏、颜氏、彭氏，皆设有义学。独余族阙而未举。先大夫梅心公常歉然念之，一日命尝曰：'村西南镜潭之侧余购田一所，前后山水颇秀美，可作书院，子曷图之。'"于是夏时与族中同辈和长辈商量，"遗业各得制钱二十万。先大夫亦如其数，不足则概由时等筹备，诹吉于庚辰四月十六日兴工，而先大夫适于前一日弃养，越数月始成。先大夫竟未及见也。董其役者佑仚与佑典两兄，颜曰'镜潭书院'。"镜潭书院规模并不算大，布局端正平直，中规中矩，为合院庭院布局模式。书院为砖木结构，地面青砖铺设，硬山式屋顶，飞檐翘角。大门于正墙右侧，并未正对讲堂。庭院内，简单地分为教学区、藏书区、游息区。其中以主体讲堂为代表的教学区位于中心位置，同为简单四合构成，中轴对称，庭院天井组合，布局严整，宏伟宽敞。讲堂后方为藏书及游息区，右侧有一独栋房屋供于藏书，布局严谨，房舍宽敞。左侧为休息区，种有不同品种树木，创造了幽雅、宁静的环境空间。整个书院选址精心、布局巧妙，工艺精良，幽寂清净，古朴宏伟、文秀洋溢，安静舒适。书院一侧是开阔田园，粮稻丰茂、菜花溢香。另一侧树木环抱，日闻鸟鸣，夜闻蛙声，书院建筑与周边美景完美融合，学子诵读其间，可涤虑洗心，精纳教益，造就有道之才。同时，为时刻提示村民尊重知识，以学为重，夏时在村内修建了几座焚烧字纸的惜字炉。在仓颉创造文字之前，中国先民的记事都是以结绳为主。在世界上大多数文字迷离在历史的迷雾之中逐渐消亡之后，汉字初次显露了它顽强的生命力，文字经过古人上下五千年的不断摸索和改进趋于稳定，使中国千年的文化得以传播和继承。经历了多种文字类型的变化和朝代更迭后人们意识到了文字的重要性。大湾村的村民们尊师重教，立下规矩严禁后人随意丢弃字纸，更严禁后人踩踏字纸，建立了惜字炉，命专人收集和焚化文字以示对文字的尊重。大湾村惜字炉以石料为主，建成佛塔的形式，为三层楼阁式的砖、石结构，逐层缩小，结构严谨，三层六面，通高约10米，中空至顶，造型古朴，雕刻细致。炉顶盖青瓦，顶端有一个葫芦，在塔身配以图腾和吉祥文字及对联等，底座刻有魁星点斗及北斗七星图案，在炉壁的外围雕刻人物和花鸟等，加之翘角的飞檐，散发出浓郁的文化艺术气息，为大湾村增添了一份古雅的色调和意趣(图4-10)。

图4-10　惜字炉

可见，大湾村先民受独特的地理区位、气候条件、环境地貌和文化多元性的影响，遵守风水规范选址，因地制宜。同时，受宗族文化影响，重视等级礼制。在选址上还考虑到生活、生产、宜耕、交通等因素。最终大湾村在先民的合理规划下，达成乡间生活的理想境界。

4.2　大湾村建筑形态及材料

4.2.1　形态

大湾村的民居建筑形态与湘南传统的建筑形态相差无几，外形大都是四边形，基本为"一明二暗"的独栋式形态。建筑中间为堂屋，正中有神龛，两侧挂匾额，用于会客、祭祀、就餐等。堂屋后方用木板隔出，富贵人家还会设有上二层阁楼的楼梯，一般村民均为一层。堂屋两侧的房间被隔成两间，北边一般为卧室，南边为厨房和杂物间。主体建筑旁边会配有简单的厕所及圈养牲畜的杂间。

为了防御火灾，建筑的四周都是高大的墙体，且四周的墙头均高于屋顶。正屋为两坡面的屋顶，其他的屋顶则是往天井方向斜的单斜面屋顶。此外，在建筑的高处会开设一些小窗户，或方或圆，也有葫芦形和几何形的，依着屋主的喜好开设。墙顶选用青瓦覆盖在外围之处，墙头处往往刷上一层白灰。

大湾村的建筑结构最为常见的是穿斗式结构（图4-11）。穿斗式结构能使墙体避免承重，可以让主人自由划分房屋的格局和空间，起到一种防护和隔离的作用。这种结构上的每个檩子都是由延伸到房屋深处的柱子支撑的，每一个檩子又称为一架。为了使椽条均匀地承受屋面的重量，檩与檩之间的距离基本上是相等的。各檩子之间的连线也基本等坡，这样就造就了建筑形式的多变化，可方便施工，也能提高效率。

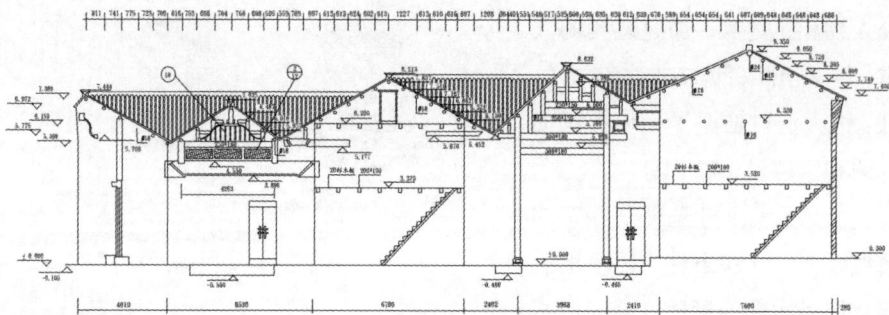

图4-11　穿斗式

大湾村建筑的屋顶多为硬山顶（图4-12）。硬山顶是指屋檐不出山墙，故名硬山。作为传统建筑双坡屋顶的形式之一，硬山顶式屋顶两侧的山墙一般是与屋面齐平或者是稍稍高出屋面一些的，以屋面中间的正脊为分界线，加上四条垂脊构成两坡出水的五脊二坡式的结构，把屋面分成前后两个坡面。左右两边的山墙一般用砖石垒砌，根据需要与屋面齐平或稍稍高于屋面。

图 4 - 12　硬山顶

　　民居内侧则多为坡面屋顶。此类屋顶前后的主体有一个 27 到 30 度之间的斜角，像漏斗一样。这样的结构合围成一个敞顶的空间，既方便采光和通风又"四水归堂"，屋子建好后从远往近看能把屋顶的方方面面都看完整，放眼望去层层叠叠好似中国山水画中的小小色块，屋顶优美的屋面曲线就像杉树树枝一样，这种曲线先陡后缓，既便于屋顶的排雨又使屋顶受力比直坡均匀。曲线也不止限制在屋檐处使用，正脊和檐端也可以是曲线，屋檐的转折处还能做翘起的飞檐。屋顶巨大的体量和优美的曲线给这些建筑抹上一笔安谧的色彩，古朴的气息扑面而来，让人觉得谆朴又不失厚重（图 4 - 13）。

图 4 - 13　坡面屋顶

大湾村建筑的墙头上，均修有马头墙，远远望去马头墙层层叠叠、气势如虹，好似要一飞冲天，整个建筑群显得富有朝气又典雅古朴。马头墙的"马头"主要为了表达主人对读书当官的追求，一般是"金印式"和"朝笏式"。马头墙的尽端通过层层砖叠形成马头，是整个住宅外观最重要的装饰部位，有美化房屋和加深地方特色的作用，具有视觉上的冲击感。马头墙有着夸张的曲线造型，飞动感十足，那些飞檐翘角更是给人一种呼之欲出、直冲云霄的感觉。从高处往低处看，层层叠叠的马头墙在群居建筑中显得朝气蓬勃、动感十足，大有万马奔腾之势，既有美化建筑之意，也有借此隐喻希望家族兴旺发达之意（图4-14，图4-15）。

图4-14　马头墙

图4-15　马头墙

大湾村民居建筑多为垂花门（图4-16）。古人云："大门不出，二门不迈"这"二门"说的便是垂花门。加上古人相当讲究"门当户对"，所以尤为注重门的建筑和装饰。因为"门"代表了屋主家族的尊卑贫富，显贵之家都力求把大门修建得恢宏气派，二门也尽量装饰得精巧美观，借此显示自己的地位。垂花门作为二门，可以连接内、外宅，造型精巧美观。它的结构特殊，是悬山式结构，有彩绘的木构件，四面都不砌墙，屋顶是卷棚式的双坡形，往外探出一部分。在正面檐下是瓦当和椽头，再往下是"垂莲柱"。"垂莲柱"是雕成云头状的"麻叶梁头"

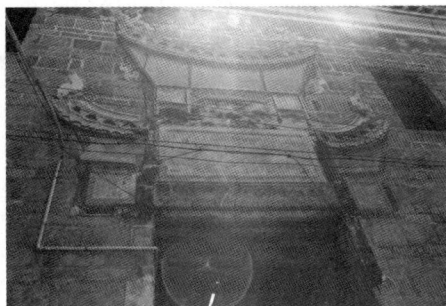

图 4 - 16　垂花门

在伸出的梁头下面垂着的两条短柱，短柱下端是圆或方的雕成花形的构件，这是垂花门特有的构件，也因"垂莲柱"才有了"垂花门"这个名字。

　　窗户在大湾村建筑中的构造或简单或繁复，是根据建筑整体风格和位置而变的。外墙面简洁的普通民居建筑，窗户形制相对简单，一般仅为木材相交构成，为简单的几何纹。夏时等乡绅的建筑中的窗户则相对讲究，通常是与门、墙等共同组合的。功能上，大多采用全透或者半透的形式联系内外，有自然过渡建筑室内外的作用。其形式可谓百花齐放，千变万化，上面常雕刻有各种吉祥图案。梅心宫住所厅堂的窗户有隔扇窗和花窗的形式，变化丰富，自成一景。

　　天井在大湾村村民看来，是一种精神的寄托载体，是古人"天人合一"、崇敬天神的观念产物(图4 - 17)。但它也不是单纯的精神寄托载体，还是具有实用价值的，主要是排水、采光和通风。因为大湾村地处南方，夏季阴雨缠绵，冬季严寒，所以天井的作用就至关重要了。天井的建造要求不高不陷、不长不倚，一方面是审美要求，另一方面是含有些许迷信成分。天井一般会题带有寓意的"步蟾"，旨在告诫后人不能坐井观天成为井底之蛙，也希望后人能用心念书，有朝一日好"蟾宫折桂"，通过科举获取功名。天井作为集通风、排水、集水、采光于一身的功能性建筑，或堆杂物或供休憩乘凉。天井的设置和空间结构及功能要求是密不可分的，但凡在某一处设置了天井，那就一定是有它的道理的。最主要的天井与堂屋一起构成内部建筑的中心，设置在中轴线上成了通风、采光、娱乐、休息的场所。一些规模较大的民居建筑，天井也不止中心位置设置的一个，为了满足通道两旁厢房的通风和采光等需要，还会在通道和正屋之间再开设一处天井，这个位置的天井狭长而又隐秘，因其贴墙而设，不具备活动空间的功能，但它有实用功和美化环境的功能。内部建筑的中心堂屋是建筑中的核心，它同主要天井一样位于中轴线上，对称地分布在天井后方正屋的明间。形式为半敞开式，敞开处面朝天井和主要的出入口，这样便于通风和采光。堂屋的正中间为祖先的神位，两侧有门，设有神龛、香案、桌子、长凳和茶几、座椅及其他家具等。堂屋作为建筑的核心主体，不仅是建筑内部其他空间的主要组织空间，也是路过厨房和卧室的交通要道，其次它还是内部最大的独立空间。堂屋是婚嫁丧娶和祭祀祖先的重要活动场所，也是家族成员议事会客的主要场所。大户人家的堂屋还会在主屋前面再设置一个前厅，这么做是为了拓展堂屋的空间，起到空间缓冲的作用。除却堂屋这个核心主体，周围的房间也都是各有讲究的。比如主卧的安排，严格地按照辈分、尊卑分配，正屋住家庭主要成员，东正屋住长辈，西正房和厢房依次分配其他成员（图4－18）。

图4－17　天井

图4－18　神龛

按严格的等级制度，村中所有的民居数乡绅的住所规模最为宏大、布局最为严谨，是一般村民无法比拟的。其中规模最大为"榜眼第"。"榜眼第"为夏寿田住所，据村中夏时后裔夏杰回忆，夏时为了彰显霸气，以曾在四川任官时所熟知的四合院为参照形态，将榜眼第修为典型的四川三进式四合院。从封建等级关系来看，这种四合院建筑开间多，进处深，最能体现房屋主人的社会地位等级高，这正符合夏时权力外显的需求。不仅如此，墙身表面的砖块还须有序砌筑，采用长身丁头砌。按照四合院风格，榜眼第两侧及后室均为两层，远远高过村内其他建筑。同时，榜眼第正门位于该村南北中轴线上，整个院子沿中轴线由南至北分为门道、前堂、后室，四面围合，与周边住宅严格隔离，形成一个相对封闭的居住单元。其次为夏时住所"巡抚第"，此建筑三进九井布局，青砖黑瓦，高墙深院，规模远远超过村内其他建筑，但现已被破坏（图4-19至图4-23）。

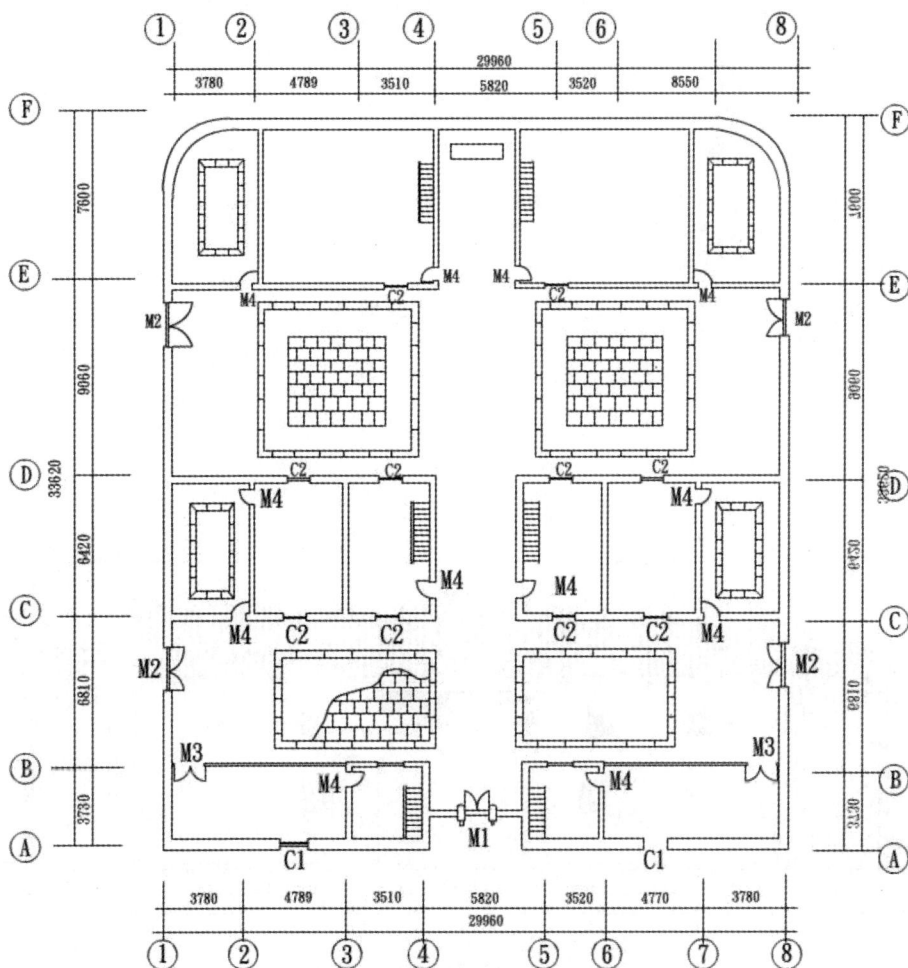

图4-19 榜眼第平面图

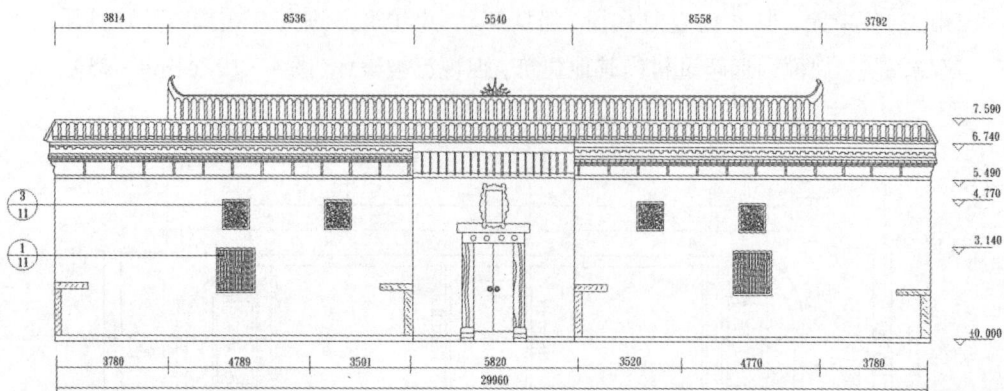

图 4 - 20 榜眼第正面图

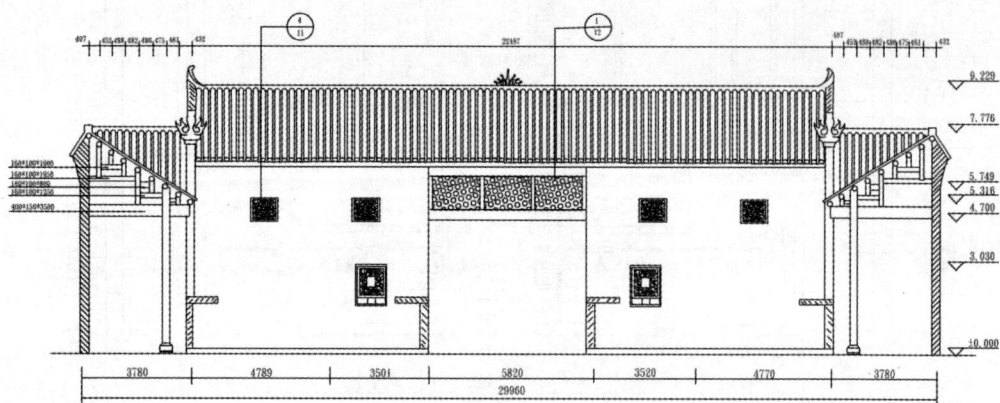

图 4 - 21 榜眼第中厅立面图

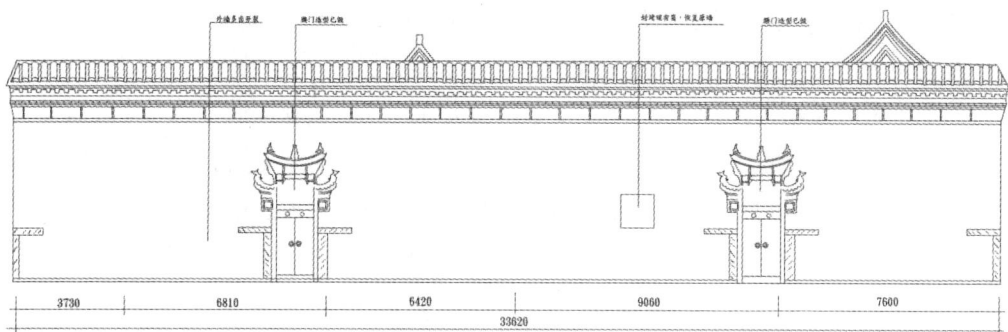

图 4 - 22　榜眼第侧面图

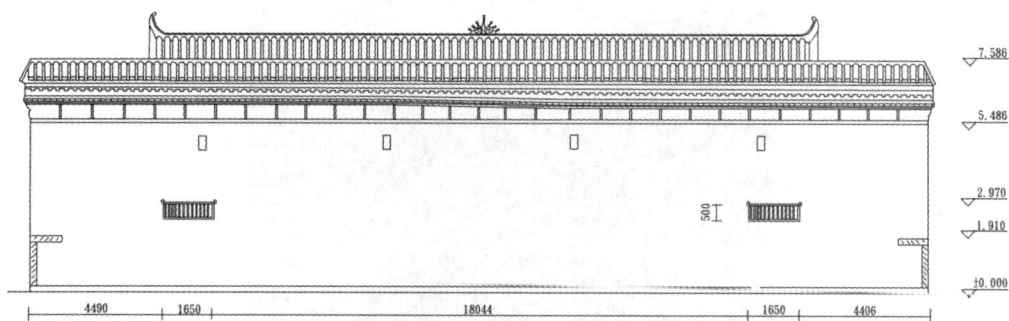

图 4 - 23　榜眼第背面图

家庙、宗祠作为村中的公共性建筑，以供奉祖先和族内议事为主要功能，在村中享有极高地位。夏时在《夏氏宗祠图记》记："恭读《钦定大清会典》，凡品官家祭之礼，于居室之东立家庙，一品至三品官庙五间，中三间为堂，左右各一间，隔以墙。墙北为夹室，南为房，南檐三门房，南檐各一门，阶五级。"完工后的家庙，格局严谨、厅堂高大、雕饰精致、用材上乘，虽为家庙，但后墙却供有夏氏祖先像及神龛，由此也寓意家庙为整个大湾夏氏族人的圣殿和心灵共同栖息的地方。家庙后方的夏氏宗祠，为供村民娱乐所建。祠堂主体建筑为一戏台，规格较高，装饰精美，与祠堂周边墙面上的戏剧壁画交相辉映，营造了喜庆热闹的娱乐氛围。除此之外，祠堂还供族内议事磋商决策、族人进行社交宴客娱乐、族众举办冠礼、婚礼、丧礼等日常仪式（图4-24）。

图4-24 夏氏宗祠

图 4 – 25　涂山聚秀辉甲第

图 4 – 26　白阜钟灵毓人龙

　　夏氏宗祠为典型的四合院式结构。宗祠共设两扇门，正门朝南，侧门朝西。正门两边置有石狮石鼓，上接有红漆木柱。正门上方刻有"夏氏宗祠"四字，两侧书写有对联："涂山聚秀辉甲第，白阜钟灵毓人龙"，结构紧凑、文气秀伟、工艺豪华。步入大门，两边各设上下两层，上层为书斋，下层为走廊。中堂砖墙上有大幅彩色壁画，色彩和谐，线条流畅，表现的内容为戏剧主题，例如《琵琶记》《牡丹亭》《长生殿》《桃花扇》等，但壁画毁于"文革"，仅存余角见图 4 – 25 和图 4 – 26。四合院中间为天井，四面以规整的青条石框边，中铺四方形青石板，以利排水、通风、采光。天井前方为厅堂，设有祖先神台，供奉列祖列宗的灵牌。后方为戏台，戏台以青石条为基础，上为砖木结构。大湾村戏台建于宗祠内部，处于宗祠的前厅和中厅之间，与祭厅相望。戏台的布局是开阔的平面布局，便于观众观看。屋顶的结构是木质桁架结构，有单檐的屋顶也有重檐的屋顶，不过以单檐的四面坡屋顶居多。用细密的小青瓦覆盖屋顶，在正面形成高翘的飞檐，以单面的形式面向观众。在屋顶最上方的屋脊是保护内部结构免受岁月侵蚀的重要结构，因为屋脊处于坡面的交汇处，正好可以分流雨水和保护内部结构。加之屋脊是用砂浆砌上青砖和青瓦筑成的，防水和防火性良好，再配上一些屋脊的饰物，显得高大而朴素。戏台后墙悬"楚国阳春"匾额。围台石雕有各类吉祥图案，两前戏台柱础雕刻有精美游龙，踩云盘绕，向上游动。上部木柱支撑顶棚，连接一雕有双龙的横梁，色彩艳丽，精致美观。戏台两侧有楼梯通往后台，供演员候场化妆。据村中老人回忆，戏台除了有休息娱乐功能之外，还具有祭祀、集会、开展政务议事、设宴酬宾及开馆教学等作用，成为夏氏家族一个凝聚人心的政治、文化、娱乐中心。同时，精美的雕刻、舞台、匾额、楹联等提升了戏台建筑的艺术价值，也增加了戏曲的艺术魅力。夏氏宗祠及戏台见证了宗族世世代代的发展，延续着民族精神和家族伦理，是大湾村聚族而居生活方式的重要证明（图4－27）。

图4－27　戏台

彭德馨老人根据在大湾村所收集的材料，整理了一篇名为《文物解说词连载26：大湾夏氏宗祠戏台》的文章，内容如下：

桂阳大湾夏氏宗祠规模宏大，建制齐备精美，是桂阳望族夏氏子孙智慧的结晶。大湾村位于桂阳城西北90里莲塘镇。夏氏子孙始祖夏国翰、夏国立、夏国照三兄弟于元朝泰定元年（1324），自江西泰和县鹅颈坵徙居桂阳居住，国翰居耒阳高桥，国立居桂阳城，国照居桂阳莲塘大湾。大湾处白阜岭下，这里交通方便，西去州城90里、去莲塘圩5里，东去常宁县60里，有省道1807线傍村北而过，东有衡桂高速公路沿大字山东侧而行。

村周围环境优美，东南北三面是广阔的田野，常年庄稼茂盛。西面大字山脚，一口清亮的山泉，日夜不停地从石洞涌出，形成一条小溪，名为"镜潭"，向北流去，灌溉西面大片农田。村西后山，苍松翠柏，四季常青。

夏国照开村立宅之初人口并不兴旺，从开村起至清代乾隆年间晚期，还是人口稀落，生活贫困，大湾前辈们不服气，认定村子西边空荡无遮，风水不正，便决定在村西的空坪建造一栋公祠，以利族人开会、定计、祭奠祖先，开发文化事业，促进全村勇往直前。清乾隆末年(1799)，村民齐心创业，完成公祠创建。这栋公祠为四合院式，坐北朝南，宽15.6米，进深26米，占地面积400余平方米，宗祠有三进。

第一进为古戏台。公祠大门建在正中，进门两边各置一只雕刻精细的石鼓，上立两块门柱，上面横槛露出两只镂空雕龙头和八卦，谓之门簪，用以避邪迎吉。大门门框有对联："涂山聚秀辉田地，白阜钟灵毓人龙"。进大门有横廊通向左右过道。古戏台座为青条石围砌，高2米。台上前台阔4.6米，后台宽2.2米，前台木柱8根，前台左右各一根，柱下部置石雕座盘，座盘上安放两条精雕细刻的卷龙，向上争跃。龙身高约1.5米，上接雕花木柱伸向顶梁。屏风以4根木柱支撑雕花窗板，中间悬有"楚国阳春"匾额，显得庄重威严。戏台前檐雕刻双龙戏珠，威武欢快，左右檐板雕有二十四孝。整个台上木料均雕有花鸟虫鱼。上端置有雕花覆盆藻井，如一个共鸣箱，使歌曲和舞乐之声向上聚集回旋，圆润了音色，然后声音再向各个方向反射，有"余音绕梁"的效果。其上是歇山顶，飞檐翘角，雄壮威严。后台为厢楼，便于演职员化妆歇宿和观戏。厢楼及屏风后板上书有历代戏班演出的留言及昆曲剧目，这些写在后板的墨迹，见证了明清时期桂阳昆曲文化为中国古代艺术的保留和发展做出的辉煌贡献。娱乐教化曾经是这座古戏台的重要职能，曾经是大湾村民的精神家园，它到底承载着多少大湾村人的悲欢离合？传承着怎样的精神文化信息？慰藉过哪些渴求文化的心灵？恐怕没人能说清楚。我们只能从斑驳的彩绘、风化的木雕和沉积的瓦片中去寻找蛛丝马迹。然而，随着时代的进步，戏台已经淡出人们的视野。如今，戏台已经失去它最初的功能，成为供人们瞻仰的历史遗存。

第二进是天井，四面以青条石围砌，各面修有水沟，有利于通气、采光、排水和方便观众看戏。

第三进是享堂，前有左右有耳门通祠外，享堂中置有神龛，用于祭祀、求神拜佛。堂壁左右绘有彩画，书有对联，堂内文化氛围浓郁，对开会、祭祖、读书、设宴来说均为大雅之堂。

夏氏公祠的建成，缓解了村内狂厉西风的侵袭。全村人口发达，人文蔚起。据大湾人 2002 年重修家谱统计，自元朝末年从江西迁来，到清代乾隆年间建公祠前 400 余年来全村人口只有 400 余人；清乾隆年间修成公祠后，至今只有 230 年，大湾村人口发展到 300 户 1300 余人，更可喜的是建祠以来该村人文蔚起，甲第联芳，到中晚清时期，全村有七品以上官员达 50 余人，活跃于政坛。特别是夏时世家、夏九庚世家更是声振国朝，誉满桂阳。夏时任过江西陕西巡抚，一家三代御赐一品封典，诰授光禄大夫、建威将军。儿子夏寿田，自幼十分聪明，七岁时祖父曾指着屋后的白阜岭要他作一首诗。他不到三步就吟出了"九嶷蜿蜒天际来，峥嵘冠日排云开，赣然一落千万丈，蛟龙伏走失青崖"的诗，使祖父大为惊讶。九岁时到县城应童子试时，县令问他居何处，他不卑不亢地回答说："白阜岭下。"县令即吟出上联"白阜当前峰独秀"要他作对。夏寿田不假思索地答道"黄榜在右甲联珠"。对仗之工整，意境之深远，使在座的人大吃一惊。夏寿田于清光绪二十四年考中榜眼，授翰林院编修，学部图书馆总纂，曾为光绪皇帝的侍读，北伐战争时帮助孙中山击败陈炯明。在上海夏寿田与伍豪（即周恩来）相识后，很赞同共产党的宗旨，他利用自己在上海的名望，尽心掩护共产党的活动，得到伍豪的高度赞扬和亲切评价："夏寿田是清末时代著名人物，无意仕途，更无党派之争，对开展党内革命活动，能起到掩护作用。"1932 年，淞沪会战爆发，日寇侵我中国的气焰非常凶残，夏寿田深恶痛绝，竟把全部家产捐献给前线国军购置装备，并利用自己的声誉动员上海各界捐资抗日，支援上海的工人暴动，几次掩护共产党的领导人安全离开上海，与共产党结下了深情。1935 年他去世后埋在上海。新中国成立后，周总理亲自电令陈毅为夏寿田修坟，以示对夏寿田的敬慕。小小的大湾村，明清时期朝廷封诰不断。至民国年间，大湾村还出了十三个黄埔军校毕业生。村民都认为，这是大湾宗祠的功劳，它的修建有利村中风水。

大湾夏氏宗祠戏台样式美观，仍给后人以美的享受。尤其是那两条前柱上的滚龙，至今保存完美，这在全县戏台中非常少见。整个戏台工艺饱含中国历史优秀传统。2008 年，郴州市人民政府公布该处为市级保护单位。

4.2.2 建筑材料

说到建筑材料，有一句话叫作"靠山吃山靠水吃水"。大湾村的建筑材料大多都是就地取材。因为交通不便，再加上昂贵的运输费用，村里人都根据本地的优势选取随处可见的木材、石材及砖材来建筑。因为材料的限制，不同的材料对应不同的建筑部位。

1. 木材

木材是我们相当熟悉的一种建筑材料。它从参天大树到原木材料，到建筑材料再到家居材料等等，无不服务于大湾村村民生活的方方面面。众所周知，木材是一种环保有机材料，拥有良好的手感，给人舒适的感觉，具有其他材料无法企及的亲和力，属于可再生和可循环利用的资源。在大湾村建筑中，不乏以榉木、杉木等木材料为主的设计，旨在以其特有的亲和力拉近人和建筑之间的关系，这是无可厚非的。木材是建筑材料中最为温和的材料，对建筑文化有着深远的影响，饱含情感价值和深厚的建筑文化底蕴。

大湾村的建筑框架基本上都是以木架结构为主，屋子内部主要受力的地方都是用整块的大木料，房子的承重点是屋内的木头柱子，房子的柱子基本上撑起了屋子的全部重量。在旧时的木结构中，有一种形式是用穿枋、柱子相穿通接斗穿斗式的结构。这种形式的结构不仅抗震性能强而且施工较为方便。不足之处就是采用这种结构难以建成大型的殿阁。所以旧时大湾村都是一些较小的殿台楼阁。在屋内的结构方面，旧时的大湾村人居的屋顶是在柱子的上方搭建横梁，这样的结构便于增添房屋的数量，适合旧时几世同堂的生活方式，还能在发生地震导致剧烈的错位后还原回来。我们现在所居住房屋的大都是实墙，一旦地震的震感强烈墙体就会出现裂缝甚至崩塌，但是木头就不会出现裂缝，所以古人有"墙倒屋不塌"的说法，就是说这种木结构建筑的。古代的木料建筑比石料建筑简单许多，取材也方便许多。因为周边多树，就地取材可以节省很多建筑材料和建筑费用。木材料主要用于加工成房梁和柱子及屋顶的一些结构和小的木构件，像大湾村宗祠的戏台顶层全部都是以木质材料构成的，不仅彰显古朴和大气，更显示出当时建筑技艺的精湛（图4-28，图4-29）。

2. 石材

大湾村的筑基和街道均为石料所制。贯穿大湾村东西的街道就是以青石板铺设的，房舍之间的分割也是由石板路进行隔离的。石材作为传统建筑材料中最为坚固的材料，以其不可超越的坚固性在大湾村建筑里独树一帜，赢得历史

图4-28　木材

图4-29　木材

的眷顾，在历史的洪流中得以保留和延续。

石材拥有防火、耐用和可长久保存的优势，在大湾村传统建筑中凭借着这些优势结合传统建筑的特色另辟蹊径，逐渐在建筑材料中站稳了脚跟。对众多建筑材料来说，最不可避免的就是在漫漫岁月中的磨损和寿命的衰退，而石材却拥有比木材、砖材更为持久的寿命，成为那些建筑中磨损机会较大的部位和承重部位的宠儿。像天井部分的磨光围台就是为了保证耐用而使用的整块的磨光石。戏台券柱下部的柱基也用巨石来承重，还有一些柱和墩也皆是以石料为主造成的石柱和石墩。

石材所具有的永久性不仅延长了大湾村建筑的寿命，更增强了大湾村建筑抵抗自然灾害的能力，保留下当时大湾村建筑文化的重要信息以供后人考究。

大湾村建筑中那些比较坚实的基础部分和关键部分就用青石砖，公共建筑部分和石门槛、石柱础、基石等基本上会用泰山石。墙基用大块的青石或者是碎砖石，便于防潮。正是物尽其用，各骋所长（图4-30，图4-31）。

图 4 - 30　石材(一)

图 4 - 31　石材(二)

3. 砖材

砖材是众多建筑材料之中最为经典的一种。砖在大湾村建筑史上占有重要地位，榜眼第、家庙等建筑均使用了砖材。砖材凝聚着深厚的历史文化底蕴，具有独特的魅力。不仅如此，砖的延续使用时间可谓是建筑材料中最为长久的，在岁月的侵蚀和时间的流逝中，砖建筑不仅保留下其特有的美感，更成为了历史变迁的见证者，向今人娓娓道来那些被历史沉淀的趣事。

砖并不是大湾村传统建筑中的主流，在大湾村最能发挥出它朴素、大气的是宗祠建筑的四面砖墙。虽然它没有木材那么温和的特质，但是它以其独有的廉价、耐用的特质而在大湾村建筑材料中取得一席之地，从而为大湾村建筑文化融进新鲜的血液。大湾村砖石用水磨光，砖缝很细，中间灰泥采用豆浆、桐油、细灰等料混合，不用河沙。在墙基之上是青砖砌成的墙，它的内墙基大概有门槛那么高，屋顶则用的是小青瓦。木结构的民居易着火，用青砖和青瓦是因为它们有很好的吸水性，在雨天可以吸收少量的水又不会湿透墙体，这样可以防御火灾(图 4 - 32，图 4 - 33)。

图 4 - 32　砖材　　　　　　　　　　　　　　图 4 - 33　砖材

露天的地面一般为土面，不做任何铺设。堂屋和主次卧等重要的房间用三合土铺设，便于防水和防潮。这些建筑材料不奢侈也不贵重，正是大湾村的子辈们民风淳朴和勤俭节约的表现。

4.3　大湾村建筑装饰

建筑装饰体现出了建筑的地位和性质，也反映了建筑背后村民的物质生活和精神追求。大湾村建筑基本是以石、木为结构框架体系，石木之上常见建筑装饰，装饰让建筑有了美的外观和深厚的思想内涵。

在大湾村，无论是公共建筑还是民居，村民都喜欢将吉瑞的期望寄托在一些植物、动物、人物、自然现象及神话故事之上，并根据实物造型或图画通过一定的主观处理将其形式表现出来，最后再取其谐音、意象等寓意内心美好的愿望。这些镶嵌在建筑中的传统吉祥图案是"一项能对民俗事象这类活态、非文字文化进行记录和保存的工具"[①]，也是吉祥文化观念的物化形象。它们源于村民们平凡的生活，也反映着大湾村村民的风俗习惯、文化面貌、吉祥愿望和审美情趣。

在大湾村，富贵人家建筑的门窗、墙上、天花和梁柱上，云集着具有极大的研究和保护价值的木雕和木刻，包含着深厚的建筑历史文化底蕴。那些别出心裁的雕刻和雕刻家精湛的技艺无不诉说着大湾村建筑文化的博大精深和这个伟

---

① 　杨帆，胡彬彬. 从科学工具到主观情感——民俗摄影的本体探索［J］. 美术观察，2015（10）.

大家族的智慧。此类图案雕刻精美，主题明确，如以下几种。

1. 喜上梅梢

古人认为喜鹊是"喜"的象征，认为它们能给人带来喜运和喜事，所以又称喜鹊为"报喜鸟"。古代有很多铜镜和织锦、陶瓷等就用了喜鹊题材的纹样来作为装饰。两只喜鹊就是双喜之意，三只喜鹊就是三喜之意。喜鹊登上梅花的枝头就是"喜上梅梢"。因为"梅"与"眉"同音，"喜上梅梢"又叫"喜上眉梢"，顾名思义，就是眉眼上洋溢着喜悦，描述了人逢喜事精神爽的心情和喜悦的样子。喜鹊、梅花和爆竹在一起又构成了"喜报春先"，寓意着春天即将到来，喜事也即将到来。在大湾村，喜上梅梢被喻为喜庆的事情。最令人喜闻乐见的喜庆图形就是"喜鹊登梅"，因为有这样一句话："喜鹊登梅幸福来。"见图4-34。

2. 凤穿牡丹

凤穿牡丹是传统的祥瑞图样。凤凰在人们心中是瑞鸟，象征着天下太平，有至高至大的伟意。牡丹在人们心中是富贵和雍雅的代名词，早在唐代，牡丹就被誉为"国色天香"。在古老而神秘的传说中，凤凰是百鸟之王，牡丹是百花之王，凤凰和牡丹的结合象征着幸福与美好，象征着光明与富贵。民间经常把凤凰和牡丹为主题的纹样看作是祥

图4-34　喜上眉梢

端、富贵、美好的象征，这在大湾村也不例外。

3. 双凤朝阳

双凤，顾名思义是一对凤凰。双凤朝阳中，两只凤凰围绕着太阳盘旋，周围漂浮着云朵，寓意国泰民安的太平盛世，预示着吉兆。在古时，若是凤凰和太阳同时出现的话则预示着太平盛世的到来。凤凰还暗喻有才华的人，双凤则暗喻两位才德出众的人。双凤朝阳表达了人们对祥和、美好生活的向往和对太平盛世的渴望。同时，双凤朝阳，一是说为风水宝地，是五行相生的福地，可生阴阳；二是说为命格，八字为：丁酉、乙巳及丙辰的可称双凤朝阳（图4-35，图4-36）。

图 4 - 35　双凤朝阳(一)

图 4 - 36　双凤朝阳(二)

4.双兔望月

兔子在中国古时被人们视为瑞兽，寓意吉祥。兔子作为十二生肖之一，再加上生性温顺，比较温和、可爱，所以深受人们的喜爱。兔子也是民间工艺中最为人们喜闻乐见、最受欢迎的形象之一。民间工艺中的兔子题材丰富多彩，形象一般都是生动可爱，俏皮活泼的，极富活力。在平凡的手艺人不平凡的技艺中，兔子的形象丰富且多变，把民间工艺的生活化、创造性和趣味感体现得淋漓尽致。双兔望月通过高超的技艺刻画出两只兔子望着月亮的场面，展现出兔子的生动和鲜活(图 4 - 37)。

图 4 - 37　双兔望月

5.双羊开春

羊，生性温顺易于驯养，被人们视为一种仁义的动物。在崇尚自然的远古年代，因为羊既温顺又能给人们提供毛皮和肉，往往被神化为神物或精灵，被人们寄予美好的想象和神圣的祝愿。羊在中国传统纹饰中应用范围很广，古人的"羊"和"祥"是通用的。羊最初是被当作"祥"来用的，以往的"吉祥"常常被写作"吉羊"。羊是吉祥的象征,双羊开春更是预示着大吉大利、生机勃勃的生活将要到来。双羊开春是大吉的象征,用羊做纹饰就寓意着吉庆和祥瑞。

6.双龙戏珠

宗族戏台后方的横梁,其装饰造型为双龙戏珠,是由一整根木材镂雕而成的。龙是传说中的一种能够施云布雨的神异动物,是万麟之长,龙纹的运用表现出了"天人合一"的宇宙观。双龙戏珠简而言之就是两条龙在游戏或者抢夺一颗火珠。双龙戏珠中的火珠是由月球变化而来的,起源于天文学中的星球运行图。双龙戏珠中的两条龙是上下对角排列的,上面的龙称为降龙,下面的龙称为升龙。也有左右两边各一条龙的。这是根据装饰的面积和形状而定的。若是长条形的,就是上下对角排列,若是方形或圆形的就是左右两边对称排列。不管是上下对称的排列还是左右两边的排列,火珠都是在中间的,目的是为了显示两条龙活泼生动的形象。双龙戏珠是一种喜庆吉祥的图案,大多用于奢华的器皿装饰和一些建筑的彩画。民间是很少用到双龙戏珠的纹饰的,但是双龙戏珠以一种民间舞蹈的形式在一些重大吉庆的日子表演,很受人们喜爱(图4 - 38,图4 - 39)。

图4 - 38　双龙戏珠

图4 - 39　双龙戏珠横梁

7.双狮滚绣球

双狮滚绣球,顾名思义就是两只狮子滚玩绣球。狮子形象威严,常被达官显贵们用来镇宅辟邪。虽然狮子形象威严,但是在民间却是很受欢迎的。双狮滚绣球寓意吉庆、欢乐，民间又称"狮子滚绣球"。双狮滚绣球有踏绣球的雄狮子和左前足踏小狮子的雄狮子。在两只狮子戏耍之时，两只狮子的毛发会纠缠一起滚成一团，然后小狮子便从中产出。其中的绣球是吉祥的象征，也是好运的象征。这种形式淡化了狮子威严的形象，使双狮滚绣球逐渐成了吉庆的象征。

8. 葫芦宝瓶

葫芦宝瓶，因和葫芦外形相像而得名，常用来做陈设摆件。在中国传统文化中，人们认为葫芦是可以给人带来好运和福禄的吉祥之物，葫芦与"福禄"谐音，常被用来表示福禄，寓意增福增禄、多子多孙、繁荣昌盛等。宝瓶在传说中是一种宝物。在风水学中，宝瓶是用来吸纳妖物和邪气的，故有避灾驱邪的作用。因瓶与"平"谐音，所以寓意平平安安、祥瑞和富贵。葫芦宝瓶组合起来就是寓意平安、长寿、增福增禄、多子多孙和繁荣昌盛，是大吉大利之物。又因长相可爱，故深受大湾村老老少少的喜爱（图4-40）。

图4-40　葫芦宝瓶

9. 鸱吻

鸱吻又叫"螭吻""脊吻""吻兽"。传说中龙生九子，鸱吻，便是龙的第三个儿子。鸱吻在大湾村建筑极为常见，是中屋脊两端的一种饰物。古人认为鸱吻能避火灾，所以都会在宫殿等屋脊上安两个相对的鸱吻，用来祈求避火灾、驱魑魅，而且还有美化屋脊的作用。鸱吻最初并不是龙形的，而是鸟形和鱼龙形的，以鱼龙形居多，现在基本上就是龙形的装饰。鸱吻是神话中的动物，形象高大威猛，龙首鱼尾，身上有鱼鳞，形状很像被剪了尾巴的四脚蛇，可以激浪降雨，喜欢吞火，也喜欢在地势险要的地方张望，所以就被安排上了屋脊，做了"脊神"。它的寓意也不仅仅是避火灾，驱魑魅，还有丰衣足食、子孙昌盛等。鸱吻一般在古代大型的建筑屋脊上才会有。

大湾村普通民居的建筑装饰比较简洁，和湘南绝大部分地区的建筑没有什么大的差别，基本上都是青砖灰瓦，制作工艺简单。大湾民居基本以黑、白、青等素色为主，如白色花岗岩、青砖、黑色木构架等，但脊饰的色彩却异常丰富。

随处可见的是青石板和少量的麻石板及清水墙。颜色从外观来看一般是灰色，

里面的构件也大多是灰色，其间点缀些许白色和少量的彩。大湾村民居的建筑对灰色情有独钟，一是岁月的洗礼和雨水的冲刷会逐渐破败鲜艳的颜色，最后统归于灰色或棕灰色，二是灰色给人以庄重、严肃感，正符合中国传统的审美。单看青砖，作为基础屋角的构件，在经受岁月和雨水的侵蚀后会逐渐变为青灰色，就连脚底下踩的青石板也会在岁月这个巨人的脚底下逐渐被踩磨至变色(图4-41)。

图4-41　灰色装饰

在纹样方面，部分民居外墙绘制卷草构成带状花纹，凌空飞舞，极富动感，精巧的斗拱设计除有科学的力学结构外，还通过排列组合形成对称而有规律的图案，颇具匠心。

常见的图案如：缠枝纹(图4-42，图4-43)。它是建筑上最常见的纹样，又被称为"缠枝花"和"万寿藤"，是中国传统纹饰之一。缠枝纹是以植物的枝茎作藤蔓状向上下左右延伸或者以圆形、波浪形、回旋形、蜗旋形等形状的扭转缠绕、变化无穷再配以叶了或花朵、果实来表现的，有生生不息和常青的吉祥寓意。缠枝纹是以花朵、果实为主叶片为辅的一种纹饰，缠枝的花朵不同名称也不同。比如若是以牡丹花作为花头的称作"缠枝牡丹"，以莲花作为花头的则称作"缠枝莲"，以牡丹、莲花和其他种类的花一起作为花头的则称作"缠枝四季花"。它在本土发

图4-42　缠枝纹

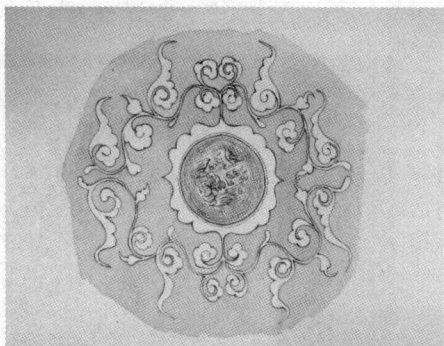

图 4 - 43　缠枝纹

展的同时还融入了来自异域的风格，在后面的发展中又逐渐融入了民族传统文化，使缠枝纹得以继续传承和发扬。缠枝纹的纹样很受大湾村人的欢迎。此外还有连理枝。连理枝是两棵树的树枝在后期的生长中长在了一起，在自然界中是十分罕见的。连理枝又被称为"相思树""夫妻树"。用来比喻夫妻之间的恩爱。众所周知，《长恨歌》中有这样一句："在天愿为比翼鸟，在地愿为连理枝"，是描写唐玄宗和杨玉环的爱情故事的。贵妃香消玉殒，玄宗不胜悲痛，"在地愿为连理枝"写出了二人的夫妻情深。连理枝的几个传说都是以悲剧结尾的。相爱的人阴阳相隔，生前不能在一起，死后埋葬在一起，长出两棵树，成为连理枝来表达对爱情的忠贞和矢志不渝。在树的树皮和木质部之间的形成层有分裂作用，能分裂出新的细胞使树干变粗。其实连理枝就是在恶劣的天气中两棵相邻的树的树枝相互摩擦把树皮磨掉后挨近，形成层接触后分别长出新的细胞长在一起而形成的。

一般在村民家常见的装饰吉祥物为"蝙蝠"。蝙蝠的"蝠"与"福"同音，在中国传统文化中蝙蝠寓意着好运和幸福，还寓意着福禄寿喜等。"蝙蝠"又与"遍福"谐音，又寓意幸福和如意延绵无边。在大湾村，旧时婚嫁或者是寿诞等喜庆的日子妇女头上都会戴有蝙蝠图形的装饰，因为蝙蝠象征着福气。民间有"五福临门"这一说法。"五福临门"即是画五只蝙蝠作为吉祥图案，五只蝙蝠分别表示五个吉祥的祝福，一是恭喜发财，二是品德高尚，三是寿比南山，四是善始善终，五是健康安宁。

此外，在大湾村家庙及书院等建筑内，装饰相对简洁庄严。家庙是一个大湾村夏氏聚集、祭祀、议事的活动场，需要肃穆庄重的气氛。所以其建筑并无太多装饰，内容严肃，格局严谨、用材上乘，气势磅礴，庄严巍峨。大湾家庙为传统的合院建筑，前为大门，中为大厅，后为神位殿堂，加上左右的廊庑构成封闭的建筑组群。大厅为进行祭祖仪式的场所。神位殿堂奉历代祖先牌位。建筑屋顶覆盖了青瓦。墙大体呈灰色。建筑木构架施红漆，祠堂的墙壁上刷白灰，与红色的柱子形成对比，朴实淡雅。柱础位于木柱下，不同于其他民居，家庙柱础仅为四面几何形简单装饰。家庙窗户上也无精细木刻，仅为简单几何图案：曲线以及圆形、三角形、方形、菱形、卐字纹、拐子龙纹、回字纹、工子纹等。其中最具特色的是冰裂纹。冰裂纹是一种不规整的图案，它象征的是寒冰出现裂纹后开始消融，预示着春天将近、将迎来万物复苏后生机勃勃的场面。一切不快乐、不如意和不顺心的事情都将过去，即将迎来的是美好、幸福和一切如愿。冰裂纹因自身图案的不规则形成一种独特的美，这种千变万化的自然裂纹赋予了它特有的韵味，使得它具有了一种天然美。"冰裂纹窗棂"在大湾村极为常见，它寓意着寒窗和"冰冻三尺非一日之寒"，是古代私塾用来激励学子们要耐得住十年寒窗苦读的寂寞和艰苦的一种方式。正是这种默默无闻的装饰使万千学子们抬头就能见，这种窗棂文化熏陶、激励着他们，让我们看到了古人对后辈们教育的用心良苦(图4-44，图4-45)。

图4-44　冰裂纹

图4-45　几何纹

　　书院开支靠"学田"来维持，不讲究装修奢华。所以镜潭书院整体外部显露其清水白墙，灰白相间，虚实对比，格外清新明快，内部显露其清水构架，一般装修简洁，更显素雅大方，创造了庄严肃穆、端庄凝重、平和宁静的文化空间。据村中老人回忆，书院砖雕材料为青砖，和墙体材料相同，色调和施工技术相似统一，能和建筑融为一体但又独特醒目，还能营造出雅致深蕴的人文环境。书院主体建筑中匾额高悬，对学子们有强烈的教化作用。书院主体建筑墙上多嵌碑刻，文化气息浓厚，形成一种修习教化的文化环境。为了提高书院人文氛围，书院庭院中种植富有特殊寓意的植物。通过夏氏家谱书院图可知镜潭书院种植的植物至少超过三种，有着丰富的人文色彩。虽然书院现已不在，但大湾祖先文人思想均反映在书院的建筑上，简单朴实，庄重、朴素而又典雅，不追求华丽的装饰，仅以立碑石、命名题额增强教化色彩，给予书院师生耳濡目染的熏陶。

不仅乡绅们注重对后辈的教育，一般的村民也很注重教育。现在还有部分民居雕刻有许多以高中金榜为主体的装饰图案及文字。具体图案如下。

1. 一路连科

一路连科，又叫喜得连科，是大湾村的古人祝贺科举制度下的学子们连连取得应试好成绩的祝福语。在旧时的科举考试中，连续考中即被称为连科。一路连科原是瓷器上的一种装饰纹样，即在瓷器器身上描绘鹭鸶、莲花和芦苇，取"鹭"与"路"谐音，"莲"与"连"谐音，芦苇都是生长一片所以称"连科"，意为祝愿学子们科举仕途顺利。古代科举制度下的学子为了求取功名，特别喜欢一路连科这类装饰品。除此之外，描绘鹭鸶和芙蓉的话即寓意"一路荣华"，描绘鹭鸶和花瓶的话即寓意"一路平安"，因为"蓉"与"荣"谐音，"瓶"与"平"谐音。一路连科这个成语可见大湾村的古人希望后辈们人才辈出的美好愿望和对后辈们所寄予的殷切厚望(图4-46)。

2. 魁星点斗

魁星点斗，"魁"有"第一"的意思，也有"首"的意思。古代的科举考试中考中状元即称为"魁首"，也叫"魁甲"。在乡试中举人的第一名也称为"魁解"，都有第一的意思。古代的魁星很受读书人的崇拜，因为魁星掌纹运，主宰科举考试。传说他的笔专门用来钦点科举考生的名字，一旦谁的名字被点中谁就会文运和官运集于一身。考中第一名的状元要进皇宫站在正殿之下迎皇榜，在正殿的台阶石板上雕刻的有龙和鳌的图像，只有考中第一名的状元郎才有资格站在鳌头之上，所以也有"魁星点斗，独占鳌头"这一说法。在《俨山外集》中有记载学子们争相购买魁星图和魁星相的事迹，说明大家都希望自己能够"魁星点斗，独占鳌头"，能够"金榜题名"(图4-47)。

图 4 – 46　一路连科

图 4 – 47　魁星点斗

3. 麒麟献书

麒麟献书的故事是说，早期的孔子学问并不是很深，虽然他四处求学但是没有什么效果。有一天深夜孔子在迷糊之中看到一股烟蒸腾而起，觉得是有圣贤指引自己，连忙起身跟着那股烟寻了过去。天快亮的时候孔子在小河边看到一个小孩在用石子打麒麟，等他走过去的时候小孩子把麒麟藏在了干草堆里，孔子扒开草堆看到麒麟气息奄奄地躺在那向他发出求救，孔子于心不忍就脱下自己的衣服盖在了麒麟的身上，还为它包扎伤口，麒麟舔了舔孔子的手吐出天书后就跳河里不见了，孔子恍然大悟，原来自己救的麒麟是神麒麟，上天看自己仁爱，所以赐了自己天书。孔子得天书后苦苦钻研，潜心学习，终于修成了伟大的圣人。这个故事在《名山藏》里有所记载（图 4 – 48）。

图 4 – 48　麒麟献书

除图案装饰外，部分建筑也以文字作装饰。梅心公为夏时父亲，其住所入口大门正立面门罩旁边两侧石墙上刻有对联：人文蔚起，科甲蝉联；丁增粮盛，富贵双全。

大湾村建筑因地制宜，遵守风水选址，以湘南独特的自然条件为基础进行聚居地的整体布局和建设。同时，村落建筑也类型多样，不仅有居住建筑，还包括祠堂、宫庙、书院、戏台等公共建筑。村落建筑的装饰种类丰富，有砖雕、木雕、石雕和彩绘等，题材多种多样，有大量追求富贵吉祥的图案，还包括传达积极价值观的寓意图案。

大湾村的建筑无疑是中国传统宗族文化的传承和发扬，深厚的文化底蕴使这个静谧又美好的村落显得沉稳又别具韵味。"任何一个族群都有独特的文化渊源、思维方式、信仰追求及价值取向，他们通过象征符号对其进行保存与传承，进而保持和维护族群的特殊性质。"①这些建筑古朴和深厚的建筑文化正是大湾村弥足珍贵的象征符号，在一代又一代的夏氏子孙手里不断地得到传承和发扬。时至今日，我们仍能看到那些岁月留下的痕迹和回忆，在大湾村的土地上默默地生长，在建筑历史里安静地绽放。

---

① 杨帆.象征、符号与权力——基于马颈坳镇烧龙仪式的田野考察[J].装饰，2016(08).

第5章
宗族文化与教育

5.1 中国传统社会的宗族组织发展

自元末明初夏氏定居大湾以来，大湾村人们经过生息繁衍，形成了一个血缘组织与地缘组织的结合体——宗族村落。人类社会最早产生的社会组织是氏族公社之类的血缘群体，但还不能称之为宗族，不过却可以视之为宗族的萌芽状态。几千年的时间孕育了宗族文化。殷商时代，宗族诞生。周代，宗族组织开始完善。宗族是我国最古老的社会组织。在不同的历史时期，宗族呈现出不同的形态。中国传统社会的宗族组织发展变化大致可以划分为四个阶段。

第一阶段，贵族宗族。由西周至春秋初期，世袭领主制占据统治地位，"宗法制与分封制相结合，天子既是国家首脑又是宗教领袖——宗子，使宗统与君统合一。在王族之外，从诸侯到卿、大夫、士各级贵族有其各自的宗族。个别的平民家族也有宗族组织，但在社会上没有地位。"①这一时期的宗族可以称之为贵族宗族时代。这一时期的宗族制最突出的特点是"家国一体，国是家的扩大，家亦即国的缩小。周天子在政治上是天下共主，在血缘上是天下大宗。小宗拱卫大宗，诸侯效忠君主，整个社会以血缘、政治二重原则相连接，构成典型的宗法国家。"这一时期的宗族可以称之为贵族宗族时代。

第二阶段，士族、世族宗族。战国时期，社会大变革破坏了原来的宗法制，后经两汉时期的恢复，"东汉后期，豪门世家，把持朝政。至魏晋南北朝时期逐渐形成一批世代相传的世族地主"②，同时他们操纵各级政权，形成所谓"公门有公，卿门有卿""上品无寒门，下品无势族"的政治格局。"西汉末年，宦室贵族权势滋长，至东汉后期，朝政已由豪门世家把持，至魏晋南北朝时期逐渐形成了一批世代相传的世族地主。"③，并有政府的九品中正制与定姓族制度的保障。士族宗族有接近于世袭贵族的某些特权，是特权宗族的一种形态。这时豪强宗族亦有较大发展，他们虽在地方上有一定的势力，但是没有政治权力。所以士族宗族是这一时期宗族制的代表。

第三阶段，官僚宗族。宋元时期，"随着科举官僚制的发展，官僚建立起自身的宗族，并以建设义庄、祀田、族学来巩固宗族组织，成为同时并存的各种类

---

① 岳庆平.家国结构与中国人[M].北京：中华书局，1989：78－80.

② 张晋藩.中国法制通史(第八卷清)[M].北京：法律出版社，1999：246.

③ 朱林方."家"的法律构造——以范氏义庄为中心的考察[D].重庆：西南政法大学，2012.

型宗族的代表。"①其中最为著名的就是范仲淹进行的宗族建设。范仲淹出身贫寒，由科举仕途进入官僚阶层。他晚年在故乡创设义庄，周济宗族贫困者。他自述原因："皇祐占初，某来守钱塘，与府君议，置上田十顷于里中，以岁给宗族。虽至贫者，不复有寒馁之忧。"范仲淹又亲自定《义庄规矩》，对诸房宗族供给衣食及婚嫁丧葬之用的发放标准、范围、数量等具体事宜，都做了明确规定。范氏义庄的建立，为宋代的宗族组织树立了典范，得到了朝廷的褒奖，各地官员纷纷效仿。如北宋后期官员何执中、吴奎等出钱买田或割己田宅为"义庄宅"，以供祭祀，赡养族党子弟。这样的例子不胜枚举。

第四阶段，士绅、庶民宗族。随着国家对民间宗族的鼓励和推崇，加之士绅阶层的扩大，宗族组织在明清时期达到鼎盛。这一时期的政府放宽了禁令，允许民间祭祀五世祖，允许非官僚的士绅设立家庙，平民不仅有了祭高曾祖先的权利，事实上还在祭祀始祖、始迁祖。所以宗族组织在民间社会获得了极大的发展，与之前的贵族、士族宗族形成了鲜明的对比。庶民宗族勃然兴起，中国传统乡村社会的宗族组织由此得到蓬勃发展。

修谱、宗祠、祭祖等都是宗族文化的重要内容。

5.2　修谱文化

孙中山说过："中华民族由宗族的团结扩充到国家民族的团结，这是中国人才有的良好传统观念，应妥加运用。"②毛泽东也曾说："搜集宗谱、家谱加以研究，可以知道人类社会发展的规律，也可以为人文地理，聚落地理提供宝贵的资料。"③那么，什么是家谱呢？"有夫有妇，然后为家"④，又"家，谓一门之内"⑤，从狭义上说，家谱是一直系血缘内的本家之谱。汉代以前称之为谱牒，一般只有王侯大夫及对当时社会重大影响的人物和家庭才有，如司马迁《史记》中记载的鲁周公世家、孔子世家、陈涉世家等。到汉代，称作"世本"，用来记录一些大族的姓氏、世系、居、作等。到了隋代，属谱牒的名称多了起来，如家传、家史、

---

① 宁稼雨.华夏文化大观(古代卷)[M].天津：百花文艺出版社，2007：142.

② 穆升凡著.修谱宝典[M].北京：中国文联出版社，2010：1.

③ 穆升凡著.修谱宝典[M].北京：中国文联出版社，2010：1.

④ 周礼·小司徒

⑤ 诗·周南·桃夭

世系、家纪、家记等。《隋书》有"杨氏家谱状并墓记"的记载。《新唐书》中，以"家谱"冠名的谱牒多了起来，如"谢氏家谱""颜氏家谱"等，但此时的家谱之类，都只存在于世家大族，这与士族宗族的发展阶段是一致的。隋唐时期，随着九品中正制度的废除和科举制度的推行，魏晋南北朝以来世家大族衰落，普通出身的读书人也有机会跻身上流社会，他们也有建立自己的宗族，修撰宗谱的权利了，这一点到宋代之后变得明显起来。如宋代欧阳修的《欧阳氏谱图》、苏洵的《苏氏族谱》，曾肇的《曾氏谱图》，朱熹的《茶院朱氏族谱》等。其中最为著名的当属欧阳修和苏洵的族谱，他们创立了族谱的编修体例，对后世影响很大，被称为"欧苏谱例"。欧苏谱例的特点是，上自高祖，下至玄孙，每图只谱五世。随着宗族组织的发展，这种五世则迁的图谱对收族的作用是一种限制。到了明代，为了突破"欧苏谱例"的束缚，超越五代的大宗谱普遍起来，这无疑有利于达到"尊祖收族"的作用。

编修家谱有三个功能：第一，促进宗族团结；第二，激发宗族活力；第三，维护宗族秩序。宗族团结主要依据的是血缘关系，一个族姓出自同一始祖，族谱中不断强调这一点，有利于加深族人对同一宗族纵向关系和横向关系的认同。在族谱中，一般通过对祖先的祭祀，与坟墓相关的墓记、墓图、祠记、祠规、祭仪、祭法，族人之间的世系、宗派、迁居、辈行等来彰显。激发宗族的活力主要表现在族人基于始于同一祖先的血缘意识，促进族人之间相互帮助，并且提高族人维护宗族的社会声望、不负祖先名节的意识。族谱中记载着祖先的荣誉、功业、节烈、耆寿、德行、学问、文艺等，这些都激励着宗族人员。维护宗族秩序主要表现在与宗族规约相关的家训族规里，一般规定宗族内部的尊卑贵贱，什么该做，什么不该做。从大湾《夏氏族谱》的序文中，我们可以清楚地看到族谱所具有的功能和作用（图5-1）。

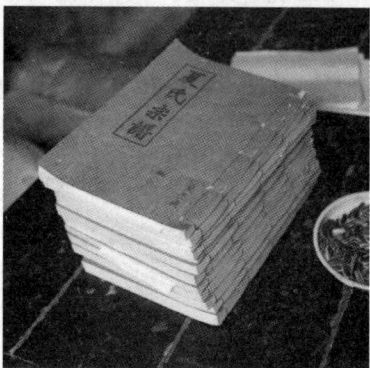

图5-1 夏氏族谱

从现在能看到的资料来看，夏氏最早的族谱记录是在康熙五十一年（1712）。夏氏十三世孙、桂阳州庠生夏朝义于康熙五十一年作《夏氏宗谱序》：

家之有谱犹国之有史，国无史则国之历数无由而稽，家无谱则家之昭穆无由而序。是史与谱其关于国家者诚重且切矣。国自洪荒以来，其中圣帝明王治乱兴衰载在史册，炳若日星。至于家则祖宗之源流端委，世系之亲疏远近，宁令混淆莫序，湮没无闻也乎？

　　余溯吾氏派由涂山脉，出会稽禹后，因以国号为氏，夏氏之称于是方也，若始祖之根由，有兄昌言序，源委具载，不复重赘。独至我四祖讳永斌，携孙思滔卜宅河东聂锡，地脉清奇，背倚秀岭，面对华峰。北路有诸金笃产，下关有石桥。自生斯，亦天造地设以待吉人者也。公欣然价买，开立鸿基，生公昆季、文洪、文尧、文潮，友恭克让，恍若有张肱家风然。尧、潮二公虽继体各有其人，而传至六世，忽蹈王氏仲宣之故辙，而令魏君汉中之致叹也。即我公文洪当日，年届中旬，油然厥嗣维艰，赖祖婆彭氏大娘者，箕裘之莫绍，思继嗣之乏人，屡劝公复娶，公感盛德，讳言不忍，即纳迢彭氏。婆没，公年益老，常念不孝有三，无后为大，心甚戚戚。遂续娶耒阳黄江铺廖氏婆亥娘，诞育七世祖天宪、天诚、天龙，聿开三房，生齿蕃昌，人文蔚起，皆我公深仁厚泽，贻谋燕翼，克昌厥后也。迄今十有余代，分星罗列，有旧谱递传次第失伦，即后之考妣亦多遗失未序。设不有以纪之，岂有不至以讹传讹者乎？是以余辈思宗纪之失次，爰为清本及源，考真核实，远祖近宗，支分脉别，以及生殁年月、冢土方向，无不记载详悉，则家谱之灿然成列，与国史之彰明较著者，又何多让焉！俾后之览斯谱者，知吾祖开创之艰，发祥之盛，其亦动仁人孝子之心乎？因从而导之曰：凡我族人，务宜勤俭继世，耕读传家，勿游惰而弃正业，勿丧志而蹈匪彝，自必天眷弥隆回，后裔繁昌，则他日之绍书香焚黄表墓者不卜可知，又何容琐琐以赘？是为序。

　　作该谱序的夏朝义属于聂锡一族后裔，他认为自从聂锡开族，到他这一代，已经有十余世了，旧谱次序混乱，有些祖先甚至没有任何记录，如果不作谱记录，将会以讹传讹。为了纪念祖先创业的艰难，鼓励后世子孙奋发向上，夏朝义认为有必要重修族谱，并且劝告族人，要勤俭继世，耕读传家，不要懒惰，更不要不务正业，这样才能使家族后裔昌盛。

　　康熙五十一年(1712)桂阳州进士候铨儒学正堂萧起凤为夏氏作《夏氏宗谱序》：

　　粤自谱引创于明□，而后世睦族联宗者动以族谱为斤斤。虽然，谱之作也，自一本而推及于千枝万派，其势也；由千枝万派而溯归于一本。其理也，势之所推，不得不分；理之所归，不得不合。此其中有天焉，而岂人力之所独为欤？使苟不有以比其合而汇其分，则昭穆之序乖，亲杀之等紊，而报本从出之地茫乎不识所自来，甚至视至亲如路人，而所谓亲爱之节，仁义之厚，几不可问，则是族谱之作而乌可忽乎哉？

溯夏后锡（赐）姓之由肇自神禹，创天地未有之奇迹，河洛安流之盛，子孙食报，代传少康，封季子无余于越以奉宗祀，遂因国号为姓氏，他如黄公之采荣于商山，子乔之度优于相器，皆夏姓之卓卓可称者。其肇以桂郡也，由鼻祖千五公从江西泰和县而来，高桥落叶，而继代后有高祖季五公狭视彼地，规制摒弃，族属迁居广二乡下廊桥于麦冲头，辟基老居，因以名焉，遂定六都一甲。独自曾祖永斌公犹不以此自安，携孙思滔卜居河东聂锡坪，则又支分四都境内新居，于是以著，兼以讳莲号，又青先生者为吾里中先觉。余庠后曾受学一年，其中原委，颇能历指，而顾托词固陋，其可乎？但愚衷耿赣，逢人便警道人之铎，愿人为好人，行好事不无劝勉之词，亦曰谊在则然耳。然郡子与人为善，忠告必再，尤愿从事斯道者，不以一得自矜，不以九仞自废步，百尺之竿头，摩万丛之锦绣，炳炳麟麟，蜚声当代。宁特族谱之光，抑亦四邻之庆。此又区区属望之至念也。夫时清康熙五十一年壬辰仲冬州岁进士候铨儒学正堂萧起凤敬撰。

萧起凤作为地方官员，为夏氏高桥一支作序，其谱序开头也申明修谱的重要性及其功能，认为修谱"自一本而推及于千枝万派"，如果不修谱，很有可能导致"昭穆之序乖，亲杀之等紊，而报本从出之地茫乎不识所自来，甚至视至亲如路人，而所谓亲爱之节，仁义之厚，几不可问"，提出修谱之于宗族的重要性。千五公一支从江西泰和迁桂阳高桥，千五公后代季五公又从高桥又前麦冲头，在行政单位上属于六都一甲，其后代永斌公后又率子孙迁居聂锡坪。支分派别，如果没有宗谱的记载，族人之间的关系以及迁流就缺少了记录。族人之间很有可能见面都不认识，有何谈亲亲之谊呢？

康熙五十一年(1712)，夏氏十三世孙夏朝智作《夏氏宗谱序》：

谱之制，何方也？溯汉则司马之谱，宋则欧阳、苏明允之谱。自三代始创而天下后世遂法焉而勿替者，讵因汉冒刘宗、吕假嬴后已哉！夫人之有祖，犹水之有源、木之有本，虽远近异势，疏密殊形，而要其本原则一。尝见又户内告讦相禅，诟詈时闻，下犯上，智欺愚，众暴寡者，要皆以亲疏不明，尊卑罔识，往往然也。《书》曰："以亲九族。"《礼》曰："尊祖故敬宗，敬宗故睦族。"人欲家兴齿让，户臻仁厚，舍收族以敦世好，修谱以笃本支，断乎有所不能一日者。族长命余等修创穷思，士君子躬列儒林，敢辞其劳瘁耶？于是将历传旧谱，明世系，序长幼，纪生殁，考墓陵，详错配，一一视司马、欧、苏三氏□为准，程录其所可知，阙其所未闻，俾支分派别者肃然整齐冠履，不至于倒置行列，不至于混淆，岂仅一时之光？实万事之庆也。而且令子孙识某房系某祖某血脉，某祖发派于某支，各笃其亲，互相友爱，风俗日进于淳庞，人心日敦于古处。将见根本既厚，则枝叶之茂盛自发，未可量也。爰辑大略，以示凭依。时清康熙五十一年壬辰孟冬月也。

在夏朝智所作序中，其将谱的源头追溯到三代，中经汉代司马谱，然后到宋代的苏欧谱，后世的族谱就已经定型了。他认为，人有祖先就如同水有源头，树有根本，同一宗族之人，虽然亲疏远近不同，但是本源则一。如果不能认识到这一点，本来同一宗族中的人互相攻讦、谩骂，以下犯上，以智欺愚，以多凌寡的现象也会常常出现。其根本原因还是宗族之内尊卑不分、亲疏不明。修谱因此就显得很重要了，就如夏朝智所说的"修谱以笃本支"。族谱于"明世系，序长幼，纪生殁，考墓陵，详错配"具有很重要的记录功能，这样可以使得子孙"识某房系某祖某血脉，某祖发派于某支，各笃其亲，互相友爱"，最后使得风俗淳朴，人心向古。

十三世孙夏朝绍作《夏氏宗谱序》：

尝思谱以正名，名以核实。设不有以征之，不将等家庭于路人乎？矧余族一公三户，分居星罗，不有谱其何以序姓氏之根源，纪历代之久远？本其自出而别其支分，欲其笃亲亲之谊也，难矣！

溯余姓禹后，以国号为氏，夏氏之称于是乎？方明德之后，代有达人，不能殚述。至若我始祖讳千五公，同季弟讳国照公，于元季自江西泰和县鹅颈邱徙居桂阳郡北，一卜居高桥，一卜居大富乡大湾，均地灵人杰，世济其美，颇称望族。我季五公志大谋远，思拓鸿基，由高桥分居廓桥，籍定六都一甲，踵世增华，继生六子，而四、六犹量地势卑狭，远择外境。一房分居耒阳，地名交塘，一房分居常邑，地名田尾，及今俱属子孙众多，人文蔚起。因地远年久，不能溯流，而纪其源委，迨至四世祖斌公，不以老而易其志，欲建不世业，而开万代之基，卜宅河东，始居龙窝头，次居高家塘，后继居老屋图，在三揣择，不能遂其怀。来传至七世，洪公追先世之德而启后代之规，择买虎脑岭下象形，幸眷有德，子嗣繁衍，书香绍美，绅衿蝉联，代不乏人。与祖居逐年秋祭，轮流会食，觥筹交错，喧词畅饮，一以笃宗亲，二以叙人伦，三以睦家谊，讵非敬祖尊宗之念乎？奈世远年湮，不无遗决之恨，设不取谱而修之，其何以志原委，别远近，辨亲疏，而后子若孙将何以知某宗某派乎？余用是恻然动念，思先世积累之功，发今日修辑之志，取前代遗稿，录其次序，后世展卷而知某亲某宗某葬某邱，历历犹指诸掌，不亦可抚末而知本，溯流而得源哉？则是谱也，本始纪焉，世系明焉，尊卑别焉，昭穆叙焉。茔域稽而遗忘志焉，遗行书而履历该焉。尊尊亲亲之道，诚无逾于此矣！使子孙珍藏而守之，由一世以至于万世，亦无不可也。岂不永有余誉哉？余不辞固陋以弁其端云。

夏朝绍追述了夏氏得姓来源，其与夏朝智都属千五公后裔，季五公时由高桥分居廊桥，再过四代到斌公，"卜宅河东，始居龙窝头，次居高家塘，后继居老屋图"，传至七世到洪公，子孙繁衍，人才蔚起。在追叙各代祖先经历的过程中，其实也在强调祖先创业之不易，后世子孙应该坚守勿替，克绍箕裘。而且，在每年秋祭的时候，都会与祖居的族人一块吃饭、饮酒，这样就可以达到"笃宗亲、叙人伦、睦家谊"的目的。

夏氏十六世孙、桂阳州学生夏大宰于乾隆四十八年（1783）作《夏氏宗谱原序》：

国有史，家有乘，由来旧矣。顾史记自司马迁以后，断代为书，史臣相因，若已定为例者。家乘则追叙本支，犹寻河必探宿海，似不可以时地而限。然地既迁，而时屡易，漫无可稽则又不得不断自始迁之祖，以信今而传后，而无庸傅会以失其真。盖犹史阙文之义也。

余族始祖秀岩公讳国照，于元之季自江西泰和县鹅颈邱徙居桂阳郡北大湾，郡后改州，继复改为直隶州。洎今十有七世。鹅颈邱以前世次久莫得而知焉。即大湾迄无谱牒，间有存记，率皆缺略，恐自兹以往，益加散失，将存殁庆忌之罔知，邱垄坟茔之莫辨。祖宗有知，能无怨恫？甚或长幼尊卑罔识爱敬，有泛视为秦越，漠然不加喜于喜戚于心者。余甚憾之，爰与族祖达显，族叔正和，族昆季大珀、大诗、大谋、大宗、大官、大瑶，族侄万钟等纠合族众，创修宗谱。断自秀岩公为始祖，凡以后之生殁岁月，配偶生育，出身履历，葬所方向，一一据实而纪之。其无得而稽者，祇付之夏五郭公之例。而祖宗之遗训与国朝之宪典，儒先之仪节，咸敬录于谱，冀我后嗣子孙相与讲明，而率迪之以敦敬宗睦族之谊，而益成善良之俗，庶不负余等今日修谱之意。而亦太史采风所乐闻而称道者，夫时乾隆四十八年癸卯夏日也。

夏大宰申明家乘犹如国史，其于追叙本支关系重大。他认为，自秀岩公迁大湾后已经到十七世，但是却还没有正式的谱牒，之前虽然有所记载，也散失难寻，导致祖先之存殁庆忌不知，邱垄坟茔也不能辨别。而且，更为严重的是，由于不知辈分，长幼尊卑也难以区分，虽然是同一祖先的后代，但是却如陌生人一样，毫无爱敬之心。于是，他与族中长辈子弟创修族谱。

嘉庆二十四年(1819)乡人程典为夏氏作《夏氏续修宗谱序》：

尝思《易》之为书，由太极而两仪而四象而八卦，递相推衍，而至六十四卦，三百八十四爻，迩不遗而远不御，弥纶六合，充塞两间，恢恢乎莫有穷极，在天道有然也。而吾谓人道亦犹是焉。何则？物本乎天，人本乎祖，有支分之祖，有统宗之祖，而发源则远溯于始祖。祖之有其始，亦《易》之根于太极也。由始祖而下，支分派别，亦《易》之两仪、四象、八卦、六十四卦、三百八十六爻也。使无谱以纪之，则服穷亲尽之后有不等宗族于途人乎？余同里人夏公希贤好善乐施，尤珍重归儒，令德萱从余游，尝谓余曰："余族自鼻祖千五公江西泰和县如来高桥落叶，至季五公卜居于斯，旧有谱牒，虽体制简略，然贞下起元，踵事而增，此固存乎后之善述先事者。"夫源远者流必长，根深者枝益茂。当此而不续修则记载不明，势必昧厥本源，视若秦越，所谓"尊祖敬宗"者安在耶？由是一治祖祢，旁治昆弟，下治子孙，伦理以正，恩谊以笃，是诚苏明允所谓"孝弟之心油然以生"。而以谱续谱亦若司马迁之续修汉帙，百药之续修《齐书》欤？余不敏，间入谱局，随同事参阅，因代述本木以弁其首。敢曰言之有文？以为是借光哉。时清嘉庆二十四年己卯仲冬州岁进士候铨儒学正堂程典敬撰。

程典所作之谱序，从《易》理中阐发天理，然后至于人伦，认为由一祖所派生的子孙，犹如易之由太极而两仪，两仪而四象，四象而八卦、六十四卦，以至于三百八十四爻，如果没有族谱作记载，则在有限的服亲之外，纵然是源于同一祖先，也如同陌生人一样。修谱则"尊祖敬宗"之心生，由是而言，可以上"治祖祢，旁治昆弟，下治子孙，伦理以正，恩谊以笃"，可以使得同宗之人如同苏洵所说的"孝弟之心油然而生"了。在此，程典还将修谱之事比作司马迁修《史记》、李百药修《齐史》，此之谓"家之有谱，如国之有史"也。从以上的内容中还可以知道，修谱是一项巨大的工程，需要设立谱局，分工行事。

夏氏十七世孙夏锦云在道光四年(1824)作《夏氏宗谱原序》：

士君子欲敦宗睦族，则谱牒不容不修。谱牒云者，所以列昭穆、别分支、联亲疏而为一体者也。设不修明而详纪之，有不等于秦越者乎？我祖自福三分以来，相传十余世，旧谱之递传岂无明征？迨康熙五十一年有祖昌言元章夏葛辈大倡族长，逐房考真核实，源源委委，焕然一新，然犹虑其支分星罗，难昭画一，复于乾隆二十三年间就本支永昌公发脉独修谱系，更加厘定，其家谱灿然较先更详且尽矣，又何必重修为然？至今不逮古人远矣，多蠢顽，乏秀颖，以后数十余载，保无不遗失，未序焕温而无纪耶？道光甲申冬，余父禹与房祖晟倡兴此举，命余续修，余曰："此盛举也。"因不敢惮其劳而辞其责，爰取先代遗稿，穷源溯流，一一修明，叙其以往，纪其将来，不过法司马、欧、苏遗训，俾后人随时记录，易于查考，至若椒联繁衍，甲第宏开，而未可量者，是余之厚望也夫。是为序。时清道光四年岁在甲申仲冬月也。

夏锦云追溯了本支在康熙五十一年(1712)和乾隆二十三年(1758)修谱的历史，到道光四年(1824)，中间过了一个甲子年，族人认为有必要重新修谱，以防止遗失。于是，夏锦云参考之前的族谱，效仿司马、欧、苏之法，"穷源溯流，一一修明，叙其以往，纪其将来"，以便后人查询记录。在此，夏锦云也强调族谱"列昭穆、别分支、联亲疏而为一体者"的功能。

夏氏十五世孙夏臣球于道光二十年作《夏氏宗谱原序》：

记有之万物本乎天，人本乎祖。祖也者，子孙所自出也，君子返古复始，不忘其所由生，是知祖之于子孙，犹易之根于太极二生两仪而四象八卦，分而为六十四卦变而为三百六十四爻，相摩相荡，生生不息也。故圣王尊祖敬宗，上治祖祢，下治子孙，旁治昆弟，非特天潢帝胄，下逮簪缨及士庶人罔不借谱以承先启后焉。即《周礼》小宗伯掌三族之法以辨亲疏，有小史之官以辨世系、定昭穆，此物此志也。然则昭穆之叙，非纂修谱牒不为功。余族自鼻祖千五公派衍江西泰和县而来高桥落叶，历今数百余年，未有谱牒。故余舌耕于族不自揣，殷然以纂修为己任，率诸同志寻源溯流，条分缕析，以昭兹来许，亦得为尊祖敬宗之本也。此即君子反古复始不忘其所由生之意，不在是欤？爰赞数语以缀其后云。时清道光二十年庚子仲冬月下浣日谷旦。

夏臣球因《易》《周礼》等儒家经典文献，说明人有祖犹如木有本、水有源，上至天潢贵胄，下到黎民百姓，无不以宗族治国治家。而谱牒之作在治理宗族的过程中起着重要的作用。作者在族中教授童蒙，以本族的文化教育事业文中，所以将纂修族谱当作自己的本分，与同族中人寻源溯流，辨昭穆，分亲疏，以表其尊祖敬宗之意。

夏氏十五世孙夏臣谅于道光二十年(1840)亦作《夏氏宗谱原序》：

尝思禀天地而生曰人，人肇基而出曰祖。祖也者，即人之根源也，根之深者枝自茂，源之远者流自长。余祖自始祖公历代以来，未能合修家乘，所以弗能研究其根源也，是乌得为尊祖敬宗之道乎？然则谱之宜修也，非其彰明较著者乎？今其少长咸集，唱和同声，设局纂修，余不敢推诿，罄其心田，锄异核真，正讹补缺，俾大宗小宗有别，左昭右穆有序，冢土方向记载明白，可为奕冀之仪型。余搁管而乐为之叙。时清道光二十年岁在庚子仲冬月也。

此篇序文较短，重点还是阐述修族谱于记载宗族源流之重要。而且，修谱是族中的大事，需要族人的配合，设置谱局。夏臣谅等纂修族谱之人的责任在于"锄异核真，正讹补缺"，使得大宗小宗、昭穆秩序灿然分别，坟墓方向记载明确。

夏氏十五世孙夏臣育于道光二十年(1840)亦作《夏氏续修宗谱序》：

谱何作乎？所以辨世系，明亲疏，重人伦而敦风教者也。盖家之有谱犹国之有史，史纪得失，作述相承，谱列本支，后先递衍。欧苏谱氏所以垂百世不易耳。夫千里之流，万树之枝必本于根。是知祖宗即子孙之根源，子孙即祖宗之枝流也，明矣。使不循其根而溯厥枝流，记载谱牒，将后世无征，不遗讥于文献不足之故乎？今者幸族兄玉堂氏倡修家谱，一呼即应，命余执笔附骥功成，赘数语以附于谱云。时清道光二十年岁在庚子仲冬月下浣。

夏氏十六世孙夏传字于道光二十年(1840)亦作《夏氏续修宗谱序》：

尝闻宗室之派演于天潢帝胄之谱，名为玉牒，名虽不一，原其义要不越乎大宗正、小宗序，定亲疏而辨昭穆者近是。然则谱之宜修岂帝胄宜然哉？余等士庶当不外是也。念我族始祖千五公开基以来，历有谱牒，但莫为之前，虽美弗彰，莫为之后虽盛弗传，继此而不续修，恐代远年湮，又奚免有数典忘祖之诮乎？今岁春老少咸集，兴怀纂修，同声唱和，命余等入局赞襄其事，兢兢业业，溯源寻流，因端竟委，凡举考妣之名号，生殁葬向无不朗若列眉焉。今当厥功，爰书之以附于谱后之览，是谱者甚勿以吾言之不文为哂也。是为序。清道光二十年岁在庚子仲冬月下浣。

夏传字由千五公一支发展而来，他强调如果不修谱则不免数典忘祖之诮。

夏氏十六世孙夏传祺同样在道光二十年(1840)作《夏氏宗谱原序》：

尝读苏氏之谱曰："始者祖也。"一人之身分，而兄弟则有服，服穷则亲尽，亲尽则情尽，情尽则喜不庆，忧不吊，骨肉也不等诸途人乎？此谱之所以作也明矣。余鼻祖千五公肇基以来，旧传虽有谱，迄今代远年湮，而不为之续修又乌得为肖子贤孙乎？岁庚子幸有玉堂叔师倡兴义举，设局编修，努力同心，淳朴考订，或求之断简残编，或见之藏书故纸，正其讹而补其缺，俾大宗小宗统归于一，则是举也世系明焉，昭穆序焉，长幼别焉。《诗》曰："贻厥孙谋。"《书》曰："垂裕后昆。"意在是欤？是为序。时清道光二十年岁在庚子仲冬月也。

为了修族谱，修谱之人要搜集、考订资料，改正错误的，补正缺漏的。在资料的基础之上，才能把族谱修订好，才不愧为祖先的孝子贤孙。

夏氏十七世孙夏续贤于清咸丰七年（1857）作《夏氏续修宗谱序》：

士君子幸而登名，天府身立明堂显其才华，尚不惮其劳以修国史，矧在续修家谱之事乎？虽然，谱之所关系者伟矣，盖家之有谱犹国之有史，国无史则国之治乱兴衰何以考？家无谱则家之本末源流奚以分？若是乎，则谱之宜续修也不诚为急务哉？丁巳冬，合族少长犹能记忆谱事，惕然动念，义兴此举，因人烟繁多，居分基布难云，若合符节。余等身列儒林者，何敢推诿而辞其责耶？是以与诸公同事而为之执笔，录其次序，核其为真，条分缕析，较著彰明。俾考妣之生殁年月葬所方向悉记载而无遗于斯时也。九族亲焉，尊卑定焉，抚此阳城家声黄公世泽，可预卜之于吾族也。是为序，时清咸丰七年岁在丁巳仲冬月上浣。

夏续贤将家谱与国史相类，认为没有国史，则国家的治乱兴衰没有办法考察，没有家谱，则家族之本末源流不能分别。夏续贤认为，作为族中的知识分子，应该主动承担其修谱的责任，于是与族中同事共同编修族谱。

夏氏十八世孙夏德卒于清咸丰七年（1857）作《夏氏续修宗谱序》：

古者赐姓，实因生而胙土，即命氏姓与氏，固族所由成而所以联一族者，尤不可无谱。盖欲定世系，明昭穆，序长幼，别亲疏，其道舍此无从也。余族太祖季五公卜居蓝桥，维时若昌言公、元章公、夏葛公等倡修此举，各房穷原竟委，朗若日星，不复赘。迨至世祖福三公生子二，长曰永昌，次曰永斌。斌择居东河聂锡，相传十余世，人丁繁衍，书香络绎，称极盛焉。惟我永昌公生子景圣，聿开数大房，守故址，创鸿基，仍居蓝桥麦冲头。厥后子孙众多，丁粮日盛，先后卜宅于半山，虽旧谱递传，历有明征，奈何年湮代远，派别支分，难昭画一，而后之子若孙又何以知其某支某派乎？前于道光四年间，予伯祖启禹与房祖继晟、继略等倡兴谱务，命伯宣贤就本支永昌公一脉所生更加考核，凡昭穆齿序，远近亲疏，以及生殁年月，冢土方向，无不备载，则我谱之灿然呈列者详且尽矣。至今远不及古人之志，力农者多，业儒者少，人居两处，脉实在一支，设不再将谱牒重修之，则次第失伦，即后之考妣亦多遗失未序，不将以谬传谬乎？咸丰丁巳岁，余伯秀贤命余续修，余躬列儒林，颇谙伦理，思先人创业之艰，为今日纂修之举，爰取先代遗稿录其次序，纪其尊卑，无不一一而修举考察，俾后世子孙不忘所自，乃卷丁然，则是谱之修也，世系定焉，昭穆明焉，长幼序焉，亲疏别焉。自一世以至十世百世，岂不了如指掌，灿若列眉？而因以敦宗睦族于无既也哉。夫莫为之前，虽美弗彰，莫为之后，虽盛弗传。则他日之人文蔚起、科甲蝉联又为余所厚望矣。是为序，时清咸丰七年岁在丁巳仲秋月上瀚。

夏德卒在此序中追溯本支历史，季五公先来蓝桥，到福三公时生子长子永昌和次子永斌。后斌公迁居聂锡，相传十几代，人丁繁衍。而永昌公一支，即夏德卒之祖先，仍然居住在蓝桥麦冲头，子孙在此生息繁衍。虽然历代有族谱记载，但是因为年代久远，派别支分，所以也难以整齐划一，如果没有族谱记载，就分别不出支派的来源了。道光四年，夏德卒伯祖启禹和房祖继晟、继略等人倡议修谱，叫宣贤就永昌公一支详加考察，考察的内容有"昭穆齿序，远近亲疏，以及生殁年月，冢土方向"。咸丰年间，夏德卒的伯父秀贤叫其重修族谱，夏德卒也以读书人的身份和家族责任为重，接受了这一家族使命，希望修谱可以达到"敦宗睦族"的效果，并寄托了本族可以人文蔚起、科甲鼎盛的美好愿望。

夏氏十九世孙夏明伦在咸丰七年作《夏氏续修宗谱序》：

盖闻莫为之前虽美弗彰，莫为之后虽盛弗传。凡事类然，况家谱之事乎？余自族鼻祖公讳千五公从江西泰和县而来高桥落叶，二世祖讳季五公卜居廊桥，始创鸿基，子孙繁衍。同州别邑难悉数焉。我三世祖讳福三、福五宅居数处，每岁以笃亲亲之情，则骨肉亦不等乎途人，又何由而议其隙？奈年湮代远，生齿甚繁，使非举谱牒而重新之，不将涣温而无纪耶？丁巳冬，族少长咸集，义兴此举，于是贤者纂修，壮者聚资，迄历月余而功告竣。众命余为序，穷思躬列儒林，编修史册，赞襄殿陛，系文人分内之事。矧家谱敢惮劳而辞其责乎？吾于是为之穷源溯流，脉络分明，有条不紊，使尊卑不致于倒置，亲疏不致于混淆。此非一时之光，实万世之庆也。余不敏，后有述者，愿步其尘以表，世世子孙于勿替。时清咸丰七年岁在丁巳仲冬月上浣。

夏明伦认为宗谱不仅是记录祖先美行的重要载体，而且祖先创业事迹之所以得以流传下来宗谱也发挥着重要的作用。夏明伦追溯了本支族人的发展迁徙历史，又说因年代久远，家族人员越来越多，如果不修谱，族人就如同陌生人一样。咸丰七年，族中贤者开始纂修宗谱，有钱捐钱，有力出力，经过一个多月的时间将谱修成。

除了族人写序外，也会邀请族外人来写序。光绪十年(1884)，中宪大夫刑部郎中黔南文天骏为大湾夏氏写《桂阳大湾夏氏谱序》：

安溪李文贞公尝曰：以父母之心为心，则天下无不友之兄弟；以祖宗之心为心，则天下无不爱之民物。漳浦蔡文勤公读之以为即程子，以为满腔恻隐者也。既书此语于祠堂以勉族人，他日读眉山苏洵族谱引，又感于其后若是乎，士大夫之所以尊祖敬宗收族，而祠以萃之，谱以永之者，皆有不容已于心之故，而非徒以夸世阀，侈听观也。

自秦以后之人，即氏为姓，古制亡，而族类乱不能复，溯其源，于是凡百士夫莫不出自某帝某王以相高异，如新莽之云舜后，陈思之冒姬录，其最著者也。魏晋以九品中正官人，其间之依附华胄而自忘其祖者不可殚数。至于唐而谱牒之学愈重，氏族之紊愈多，崔、卢、李、郑纷纷可鄙，以白太傅之贤，自叙家状以为出于白公胜，楚杀白公，其子奔秦，代为名将，乙丙已降是也。不知乙丙见于僖公三十三年，先白公百有余岁，果为其祖，岂至倒谬若此。呜呼！贤者犹然，其他又何问哉？是故谱系之作，君子慎之，往往断自其可知者，而其不可知者，则从阙如，此其义昉自庐陵欧阳氏。

迨国朝亭林顾氏作谱系考，又益加慎焉。予尤爱湘乡曾文正公序衡阳彭氏谱曰：君子慎度身世，信诸心则蒙大难决大计而不惧，未信诸心则虽坦途而不敢轻试，其于临文亦若是焉可耳。盖彭氏系表以明世，始迁于衡之祖为断，凡前世达人暨同姓异望之显者别为一编，不与本宗相混淆。彭公雪琴素豪宕，而于家谱能致慎如此，故文正称之。然则修谱之体要亦大略可知矣。

光绪壬午秋，桂阳夏菽轩观察奉命治釐泾南，与余共事，暇时出其家谱示余，欲更修之。余观其中为舛颇多，且历年既久，诚有宜续修者。学植荒落，不克助力，方自以为愧恨。而菽轩则旁稽博证，日夜孜孜，期于必成而后已。每纂一篇，必与余商榷，往复至于再四，单辞只字未有惬于心者，必强余改订之。《易》曰：君子虚以受人。又曰：君子以慎辨物居方。殆吾菽轩之谓乎？今谱已告成，余得受而读焉。其首列《夏氏考》也，穷源竟委，可以正《日知录》夏氏出于少西之非。其次《溯夏氏于江西》也，信以传信，使百世子孙可确然识厥本支之始。其次《附考古录》也，疑以传疑，不稍傅会，昭昭然如黑背之分，迥异晋唐以来通谱乱宗之陋习。此三者菽轩皆慎之又慎，积思累月而不敢轻笔诸简者也。其世次、谱世次、纪家乘诸编，固宗谱之恒例而亦必信必慎，无敢意为增损，观其自叙之言，退然如不胜，闇然如无华，矍然如有所思，蔼然如有所见，岂非程子所谓"满腔恻隐者"欤？夫以父母祖宗之心为心者，自无不以天地之心为心，菽轩勉之矣。明德之后，必有达人，横山之阳，正钟间气，亲亲而仁民，仁民而爱物，余盖有求于斯谱之外者矣！时光绪十年甲申孟秋中宪大夫刑部郎中黔南文天骏拜序。

文天骏是夏菽轩（即夏时）在陕西的同事。夏时在工作之余，孜孜于修宗谱，并随时请教文天骏。文天骏在该谱序中申明修谱的目的在于"尊祖敬宗收族"，而不是夸耀祖先和门第，结果是"依附华胄而自忘其祖者不可殚数"。为此，他主张修谱应该实事求是，慎之又慎，对于不明白的地方宁可阙如。并且举出了曾国藩为其将领彭玉麟作的谱序，认为其可为世人效法。文天骏热情赞扬了夏时的道德和学问，以及其作谱的严肃态度，并对夏时修谱的结构略做了介绍。谱序以儒家推崇的观念结束，作谱在于亲亲，然后才可以以此推广，博爱众物。

桂阳人陈士杰为夏时的舅舅，也作《桂阳大湾夏氏谱序》：

夏氏自明初叶来桂郡，居北乡大字山下，历数世而村右地陷数亩，乃迁前山之曲，是名大湾，今二百有余年矣。其十九世孙时余外甥也，以生齿日繁，仿欧阳氏苏氏遗意倡修谱，乘以明世系而笃宗亲，走书求余言。余以树无本则枝叶不茂，人忘本则子孙不蕃。窃悲夫世俗之浇薄成习而不知返也。自今以往，愿夏氏世世子孙念一本之亲，相与敦仁讲让，雍睦成风，而时志意远大，尤当推亲亲之义，使位官所至，人人知亲其亲、长其长，庶几隆平之治复见今日焉，不其懿欤？时勉之。诰授光禄大夫兵部侍郎都察院右副都御史巡抚山东等处地方陈士杰。

陈士杰在此一再强调修谱对于"敦仁讲让，雍睦成风"的效用。

在谱序中，其中最为著名的要数清末名臣丁宝桢于光绪十年（1884）为大湾夏氏所作的《夏氏宗谱序》：

宗谱之作首重姓氏，古者姓可称氏，氏不可称姓，姓统祖宗所自出，亘古不易，氏别子孙所子分，随时而迁。自汉迄唐，谱牒益繁，源流益混，伏虑同音判而为二，共叔段一人氏析为三，马服之马淆于司马，雁门之郭袭于汾阳，姓氏不明故也。

楚有夏氏，夏有菽轩观察，春初因公来成都，出其宗谱示子而命之序，予受而阅之，其考夏氏得姓之由归本夏后，辨以国以字之异，不皆出于少西，卓然有陈一宏姓氏溯源之特识，益诚恐谱系一清，婚姻人道之大或紊宗而陷于不知远嫌而误于弗考者，意至深且远也。今世之人，仰企贵游，拔绝本实，妄意搜讨以联牒系，其中若不啻一脉之续而源流莫辨，有自诬其祖而不知者，抑制何悖也。

且其谱非徒姓氏笏然也，观世次，谱仿《唐书·宰相世系表》及欧阳氏苏氏谱之例，谱载茔墓，据《隋书·经籍志》，载杨氏谱之例子，其图则参用金石例也。失考名存仍欧阳，后裔无考入谱之例，信矣乎家之善志也。余尝欢天下之夸诞而等于玉邑无当者莫如宗谱，或杜撰头衔，而稽诸职志竟无其官，或虚张勋伐而考诸信史竟无其名。沿讹袭谬，习以为常，其何故欤？古来私家之牒皆上之官，齐梁之间不过百家，唐高宗命高俭、岑文本等撰《氏族志》至元和时，林宝因之以为《姓纂》，韦述、萧颖士等撰《宰相·甲族》，言不崇华，事多据实。自五季以来，取士不问家世，婚姻不问阀阅，故其书散佚而其学失传，由来久矣。观察法良吏之裁，附《夏氏考古录》，用昭董劝其系，析其事，橄数白楠之文献悉包举而无遗，斯尤不愧为希古之贤矣。爰乐而为之序。时光绪十年甲申夏四月中瀚。赐进士出身前翰林院编修太子少保头品顶戴兵部尚书都察院右都御史总督四川等处地方兼巡抚事，平原丁宝桢谨撰。

丁宝桢（1820—1886），贵州平远人。咸丰三年（1853年）中进士，改翰林院庶吉士，后任翰林院编修。他是洋务运动的重要成员，曾任四川总督，与夏时为同僚，故与夏时有交往。丁宝桢在序文中认为宗谱最重要的是姓氏明白，而姓和氏又有所区别，姓可称氏，氏不可称姓，姓亘古不变，氏则可随时而迁。他赞扬夏时修谱态度严谨，考证精确，所以愿意为他作序。

夏氏十七世孙夏万宜于光绪十六年（1890）作《夏氏续修宗谱序》：

甚矣，谱牒之修难言也。不独是人浅学者不能尽识，即皓首萤窗静习之士而执笔茫然，往往有之。自有始祖，历传数十世，未经继续之交而偶尔溯其本原，辨之不悉者比比皆然也。今者我三族裔孙，少长咸集，矢口同词，大兴义举，十年睽离之众得以雍睦联属于一旦，厥功不可谓不巨也。用是勿惮烦苦，不揣谫劣，以气率其志，以心鼓其力，亹亹焉，皇皇焉，将各族历遗旧谱详加厘定，一一而更新之，庶几我夏氏一脉先灵含笑于九京，满门后裔受贶于三多矣。是为序。时清光绪十六年碎词庚寅仲秋月上瀚。

夏氏十八世孙夏世位于光绪十六年（1890）作《夏氏续修宗谱序》：

盖闻大宗统百世，小宗统五世，至宗法废弃，而欧苏两先生伤之，是以各著谱引垂绪后世，为作谱之良法也。然而，按例三十年为一世，一世之中陵谷不无变迁，星物几更移换，人凡岂易事凡几更，矧家谱与国史等尔。岂能戴囗伯者所能为，非明目张胆者不能尽悉也。今兹三族长者缅怀一脉支衍万派，若复迟延少待，何以流传？奕冀乎共事等竭厥心力，设局为之修辑，反复参纠，敬慎为之校正。至于作谱词意，人云亦云，才疏不敢妄拧。行见源清流洁，纲领挈明，上以慰祖宗之灵，下以启子孙之盛矣。是为序。时清光绪十六年岁次庚寅仲秋月上瀚。

夏世位认为陵谷变迁，世事更移，国有国史，家有家谱，如果不加记录，则一脉万派之系统不能流传。修谱可以上慰祖宗之灵，下启子孙之盛。

夏氏十七世夏爱贤于光绪十六年（1890）作《夏氏续修宗谱序》：

尝思《典》曰："以亲九族。"《范》曰："彝伦攸叙。"记载昭然，凡有族者莫不宜亲之也明矣。顾不为叙之究何由亲之。此古人所以他务未遑，独□□于族谱也。粤稽我族受氏夏后锡封，世系云遥，泽及后世，虽代有闻人，亦繁而难于博引。即吾鼻祖千五公由江西泰和县而籍桂阳郡，落叶高桥。二世太祖季五公复思鸿基宅，卜下廊桥麦冲头。独至四世祖永斌公犹量地势卑狭勿堪。爰处携孙思滔卜吉河东，开派聂锡创垂。履历前谱亦大备矣。至于七世，我祖文洪公而后历数传，幸选拔承华、子贞二公竭智殚心，旁搜远绍，集数百年之残缺，始辑合族墨谱，传至康熙五十一年，有庠生元章倡言，夏葛诸公虑生殁难稽，两族续修，复行再墨。嗣是而后，即墨谱亦寂然而无绩矣。贤孝者虑事艰巨，欲委其责于后人，谨朴者视为缓图，莫绳其武于先祖，世复一世，遂奄忽而至于今。稽其世则有八传矣，考其年则百有余岁矣。先祖之茔域莫辨其谁为若祖者有之，生齿之庚年次第颠倒而混淆者有之，虽各房有私墨，然未经明者之笔丛错而无章者有之，长幼尊卑之分难明矣，伯叔兄弟之谊将薄矣。如此之由皆类，谱之未修也。岁己丑聚族冬祭，宴饮后谈及谱事，族老之命谆谆，族人之情踊跃，询谋佥同，遂卜吉于今冬之首而始事，季冬之初而告竣。先祖之茔域辨焉，长幼之次第明焉，生齿之年月正焉，功德者传之，散佚者收之，若为大宗，若为小宗，灿然有纪，谁是嫡子，谁是支庶秩然有章，人知尊尊之义，家谕亲亲之风，则斯谱之续修也虽不谓踵事增华、后先辉映，亦无负彝伦攸序，以亲九族云。时清光绪十六年岁次庚寅仲秋月上瀚。

夏爱贤是千五公一支，其族从康熙五十一年（1712）开始修谱，自此之后，有一百多年都没有修谱，祖先的坟墓不认识，谁是谁的祖先也混乱不清了，族人之生殁年月也颠倒不明了，长幼尊卑的秩序不分了，伯叔兄弟的情谊也淡薄了，这些都是由于没有修谱而造成的。己丑年，族人冬祭，宴饮之后谈到修谱事宜，族长要求族人重新修谱，族人也乐意参与，于是在几个月之内修缮工作就完成了。先祖之茔域可以分辨了，长幼的次序也明朗了，族人的生卒年月也更正了。

有功德者的人的事迹得以流传，散失的族人资料也重新收回来了；谁是大宗，谁是小宗，谁是嫡子，谁是支庶，都有明明白白的记载；人人都知道知尊敬长辈，家家都明白爱敬父母。

夏氏二十世孙夏开甲于光绪十六年（1890）作《夏氏续修宗谱序》：

尝思谱之为谱昭昭也，所以辨世系而尤重明姓氏，姓氏者，统祖宗所自出，亘古不易，世系者，别子孙所由分，岁时而迁，迨后世谱牒愈繁而源流益混，甚至婚姻人道之大或紊宗而陷于不知者，大都由文人学士浇薄成习，妄自尊大，恒以铺张浪费扬励夸世阀，听观动谓出自某帝某王某公某侯之后，妄意万讨以联牒，系其中一脉之续置之弗考，是名则尊其祖，而实则自诬其祖者，悖孰甚也。

溯吾夏氏派由涂山脉，本会稽禹为姒姓，其后分封以国为氏，而夏氏之称于是乎？方既不等，马服之马淆于司马，又奚同雁门之郭袭于汾阳，然则姓与世不可不辨而明也昭昭矣。余族鼻祖千五公由江西元末而来，卜居桂北高桥，在传而分居廊桥聂锡半山等处，各公备述不复再赘，至今卜年三百，生齿甚繁，虽各户墨纪修有房谱，从未合三族而通修者，仁人孝子之心所以恻然动念也。书岁冬蒸祭，幸有族祖铭贤、德伟等欲倡此举而有难色，余曰："不然，有志者事竟成。"于是纠合族众，纂修通谱，有若山鸣谷应，殆列祖在天之灵亦未可知耳。余不敏，忝入谱局，赞襄其事，仿欧苏之遗意，正讹补缺，穷源溯流，往往断自其可知者，而其不可知者则从阙如，故言不崇华，事皆据实，纵不敢谓橄数百年之文献悉包举而无遗，以视天下之夸诞或虚张贵胄，竟至数典而忘祖者，实大相径庭也。兹当家乘告竣而后，固非徒姓氏明焉，而世系亦因以辨焉。愿尔辈各亲其亲长其长，互相友爱，雍睦成风，庶几根之深者枝必茂，源之远者流自长。他日人文鹊起，科甲蝉联，不察而可知矣。是为叙，时清光绪十六年岁次庚寅秋月上瀚。

夏开甲在此强调修谱的意义在于辨世系明姓氏，而不少人修族谱的时候却往往攀附帝王将相天潢贵胄以自重，结果是数典忘祖，自己真正的祖先倒忘得干干净净了。其始迁祖千五公自元末明初迁桂阳州高桥，到光绪年间已经有三百多年，人口繁多，各房派虽有墨谱，但是三房从未合谱过，仁人孝子对此不得不动心。在族人铭贤、德伟等的倡议下，族人积极支持，夏开甲也入谱局，赞襄修谱之事。夏开甲一再强调此次修谱应该实事求是，不崇华，不虚构，对于其所不知，宁肯阙如。在序文的最后，夏开甲对后辈子弟谆谆教导，希望他们敬爱长辈，互相友爱，族人雍雍穆穆，则夏氏一族兴旺发达、人文蔚起有望矣。

夏氏十九世孙夏明河于光绪十六年（1890）作《夏氏续修宗谱序》：

今夫人之有祖犹木之有本、水之有源，木无本则枯，水无源则涸，人而无祖几何不至拔绝乎？溯余鼻祖千五厘米派以来，析居数处，虽各户修有房谱，但尔为尔，我为我，萍水相逢，认作他乡之客，骨肉相扳，莫识谁氏之子，倘祖有知，当亦恸恨于地下耳，然则士君子欲敦宗睦族者舍修谱不为功。今幸有族长万宜、铭贤、开甲等纠合三族，倡修通谱，仿欧苏之遗意，联亲疏，序昭穆，辨世系，考真核实，凡大宗小宗莫不了然如指掌焉。余也自愧不文，奉命忝入谱局，欣附骥尾。则是举也，敢谓侈作述之隆以较夫数典而忘祖，视骨肉若途人者不相悬远也哉。爰辑大略，以昭兹来许云尔。是为叙。时清光绪十六年岁次庚寅仲秋月上瀚。

修谱是族中的大事，在千五公后裔族长万宜、铭贤、开甲等人的主持之下，千五公三族仿照欧苏谱，合修族谱，联系亲疏，分清昭穆。

夏氏十七世孙夏铭贤在光绪十六年（1890）作《夏氏续修宗谱序》：

粤稽《尧典》四百余字，首著九族亲睦之文；《大雅》三十一篇，先纪百世本支之训。司徒立教，甚重睦渊，太宰挚氏，必言宗族，诚以人原同气，生本连枝之者。韦韦之棠棣，蕃其枝叶，美绵绵之葛藟，庇厥本根，自古笃亲亲之谊者，莫重于谱牒。明我鼻祖公讳千五，由江西泰和县于元末徙居桂北高桥，肇基于兹。传二世，祖讳壬五，徙居下廊桥。七世祖讳滔，居河东聂锡，祖讳文梁，居半山。各幸天眷，生齿日繁，虽有墨谱可据，遂至近岁回籍祭扫，道途之间，一脉之诸父诸兄有觌面不相识而相侮者。诸父老心焉戚之，己丑冬，二公嗣裔蒸祭于宗祠，族长为贤德伟开甲，率诸族人合修谱牒，仿欧阳氏、苏氏遗意以明世系而笃宗亲，少长乐于从事，此固我祖在天之灵默启其衷而诱其始也。

然我尝见今人之修谱者，攀缘世宦，附会名贤，曰吾祖即某卿之分派，某相之箕裘也。即一脉之中，而源流莫辨，有自诬其祖而不知者，何悖之甚。是欲引为家乘光，而先人且含羞于泉壤矣。不知言，不崇华，多据实，各视其所为，毋远引也。创谱务归诚信，详略互陈，而支脉之昭垂，厘然可考。书既成，付诸剞劂，复商余题词，以弁其首。余谓之曰，识愧庐拘，学同蠡测，言之不文，恧于昭示，来兹敬取。三族前哲，遗稿用昭，敬慎已录者，校正未录者，增修不敢轻易损益，至于九族亲睦，肖子贤孙，志于作谱，亦由今之视昔，后之视今也。是为序。清光绪十六年岁次庚寅仲秋月上瀚。

在此，夏铭贤从经典文献《尧典》《大雅》谈起，认为宗族和睦自古以来就受到重视。一族之人，同本同源，而要维系宗族间的亲亲之谊，谱牒发挥着重要的作用。千五公与大湾村始迁祖秀严公同出一祖，迁居高桥。由于生齿日繁，年代久远，后人多有见面而不能相识者，甚至有相互攻击侮辱者。所以，由族长等人牵头，率领族人合修族谱。族谱样式仿照欧苏体例。希望通过修谱可以达到"明世系而笃宗亲"的目的。夏铭贤在此还强烈反对那种附会古代名人的做法，认为这样是"自诬其祖"的行为，其不但不能使得家谱增光，反而让祖先蒙羞。他倡导修谱应该秉着实事求是的态度，不崇华、不求远，这样才对得起祖先，才能真正起到族谱明世系、笃宗族的作用。

清光绪十六年夏氏亲戚廖贞作《夏氏续修宗谱序》：

夫谱何自方哉？间尝考之《释名》："谱者，布也。"布列见其事也。又尝考之《簿录》："谱者，谱也。"周普无所遗也。至《旧唐书·经籍志》则曰："谱系以纪世族。"而族谱之名以肇知。凡有族者，不可无谱以纪其族，故族有渊源，非谱而渊源何以溯？族有支派，非谱而支派何以稽？前人修于前以诒后，后人尤当修于后以绍前焉。

稽夏氏自鼻祖千五历传至永斌公，宅居聂锡坪，山明水秀，代育文人，采泮芹食，廪饩膴科，岁贡乘不绝书，洵河东一右族也。原有老谱尚从简略，迨今己卯，合族倡议而更新之，上究渊源，下详支派，记载惟明，织微必及，布列之义著焉，周普之意存焉。吾知尊亲由此昭，即爱敬由此笃，所以名则高乎八顾，何止意适烟霞，位且冠乎？群像直符，章称台阁，则斯谱之为功岂浅显乎？又重以列台宠命之寄，于是乎书。时清光绪十六年岁次庚寅仲秋月上瀚息甥岁进士廖贞敬撰。

民国二年（1912）夏氏二十世孙夏健人作有《合修宗谱序》：

余尝考前清名卿巨公、阀阅世家载有同姓合修通谱者，无非怀报本追远之心，敦敬宗睦族之谊，诚盛典也。溯余夏氏自禹王受禅，以国为姓，夏氏之渊源皆系出于涂山明德之后，代有达人史册，流传不能胜述，至唐开元间，有光庭公，世为浙江会稽人，以名进士官于江西武宁，遂家焉，以终老。其后子孙繁衍，支分派别，散居吴楚之间，具有通籍贵显，光增姓字者莫不本于公。即我始祖秀严公与伯祖千五公于元之季，兄弟同时避乱于江西泰和县，徙居桂北，一卜宅高桥，一卜宅大湾，寻流溯源，二公当亦为光庭公后裔无疑。迨两公积德累仁，贻谋燕翼，生齿日繁，人文蔚起，同称为望族焉。然上溯开派始祖，则当年两公迁徙之时，正兵燹之际，天各一方，久则遂忘其所自出。历元明及清，康熙年间，两族始行修谱，相去数百年。前既失考，后人何敢穿凿附会，妄意补载，不得已付之夏五郭公之例，盖慎之也。高桥与吾族葛累椒蕃，本系一脉之亲，向未合谱，虽前人常通来生祗袭，世俗应酬虚文，而同姓之诸父兄有亲秦越而不相识者。余生日晚，常以从前未联牒系为憾，会民国二年癸丑夏，余族复倡续修高桥、廊桥、聂锡三族，闻而心喜。即公举族长磋商，合勘仍仿先中丞立法美意，不惜巨资，悉用刻板，同心裏理付剞劂，数月藏事。此故两公在天之灵所欢欣而庇佑者矣。自今合修后，两族之世系以明，长幼以序，生殁葬向有纪，笃宗盟而敦亲睦，斯固宗族一时之光，实百世之法，愿后人体而行之，则幸甚。是为序。

从夏健人的序文中可知，夏氏于元代末年从江西迁往湖南桂阳，同时从江西泰和迁来的还有严秀公的兄弟千五公，他们一个定居在大湾村，一个定居在高桥。可是，由于元末明初，战乱频仍，严秀公与千五公两兄弟联系较少，其后人大都忘记两族其实同出一源。后来社会稳定之后，两族才开始取得联系，并各自修谱。直到民国二年，桂阳大湾夏氏与高桥、廊桥、聂锡三地夏氏决定不惜巨资，合修族谱，经过几个月，终于将合谱修成。夏健人对此感到很高兴，认为合修族谱后，严秀公和千五公在天之灵肯定会很欣慰，并会保佑子孙。通过合修族谱，两族的世系、长幼秩序也重新确定，这是一个宗族的荣耀，有利于宗族的和睦。

民国二十六年（1937）夏氏二十一世族人夏尚网作《夏氏合修谱序》：

《大学》云："家齐而后国治，国治而天下平。"《虞书》云："九族既睦，平章百姓。百姓昭明，协和万邦。"时哉言乎！网谓齐家睦族之道，莫大于联宗修谱，素谱牒之作，创自三代，盛于唐宋，洎自今穷乡僻壤皆相率而效之，且有数县或全省全国联宗合修者，非无谓也。近世中山先生民族主义详论民族之团结以宗族为起点，扩而充之，成为国族主义，然后可以自强御侮，殆亦亲亲长长而天下平之意。我村与高桥叔侄于民国二年合修谱牒，两村之嫡系本始于何公，在当时合修谱序，业经载及无容赘述。惟我两村之分合有若水然，始则同源分流，继则同汇于海，此因当时环境时势有以致之，事非偶然，自彼时合修以后，尊卑以定，亲疏以别，精神日以团结亲爱，日以笃厚，岂世之趋炎附势勉强合者所可同日语哉！即将来扩充为国族主义，亦基于此乎？以捍御外侮，战胜环球，造成世界大同不难矣。今夏月，有族人提倡续修，诸叔侄齐声赞成，足见两村亲亲之谊有加无已，有此良好之现象，不徒鼻祖在天之灵欣慰无既，亦我两村叔侄所欢欣鼓舞者也。因为之叙。中华民国二十六年流火月中浣之吉日。

清朝政府被推翻后，延续下来的宗族是否有存在的必要了？这是整个国家都在思考的问题。夏尚网的观点是，宗族仍然有存在的必要，并且继续发挥传统的作用，即"家齐而后国治"的功能，并且在社会变革之际，赋予宗族以新的社会意义。他认为，家族是国族或民族团结的起点，这在中国遭遇外国侵略的背景之下显得尤其重要，因为以宗族为出发点扩而充之为国族，可以自强以抵御外国的侵略。

此外，夏尚网还作《夏氏续修宗谱序》：

《书》纪："协和之休，本诸睦族。"《礼》载："尊祖之典，必及敬宗。"故王道始于亲亲，致治原于雍睦，欲求亲疏有别，长幼有序，信哉谱之宜修矣。虽然，不有创作何以启后，不有继述何以承先，昔尼父称武王周公为达孝，益以其能继述而发扬光大之耳。我族宗谱自民国二续修后，及今将近一世，在兹二十余年中，族中老幼生殁恐致遗漏，发起续修，询谋佥同。此举诚继述之功也。余谓续修实现，不惟可以睦族敬宗，即将来民族复兴，世界大同不可谓无关焉。惟我族宗谱，向皆雕刻成帙，续修至再，率由旧章，未敢稍有变更。然因每自增减，动辄全帙，推移虚糜不资，在局同人为节费起见，将各派世次按房分订，此则改良省费之用意也。敢云光大乎哉？后之贤者，当仰体斯意，更求所以改善而光大之。当此知识技术精进时代，物质文明一日千里，必不至于虚兹厚望也。

以上是各代夏氏族人所作的谱序。此外，每族作谱都有谱例，如《夏氏族谱凡例》：

谱必作例者何也？其中人品与事体有臧有否，或详或略，行年表卒传赞自当备书以昭法戒，但以一字寓褒贬、彰瘅所凭良可寻绎，是以用史氏之法，大书特书，实本先贤之雅意也，非例何以定式？故有谱必有例，列例于首以定谱之式焉。

一、婚姻亡者，书妣存者、书配、书娶；未娶者，书聘宗六礼，重敌体也；失偶又娶者，书继娶某氏，不忘首妻也。娶妾，书侧室某氏以分贵贱也。

一、无子者，必立继，重宗祀也。继必立兄弟之子，不失所亲也。兄弟之长子不出继，其余次子、三子皆可立亦必于继父之下书立某之第几子为嗣，又于所生之父下书以第几子出继某为嗣，明其所由来，不忘本也。至兄弟止有一子不能出继始可序继。从堂之子若弟之继兄与异姓之抱养皆不书，恐乱宗也。

一、妇人之道，从一而终，至茂龄失夫贞洁足嘉，无论有子无子，俱宜详书以重节守，其有迫于时势，有子亦改醮者，情虽可原，法终难假，但于其夫之下书娶某氏生子某，略其生平，以示不得入庙之意耳。

一、凡族中有宦游客商，徙寓继赘，择胜地而居者，离祖居虽远，皆宜详载迁某省某府县某地名，庶久远不至遗失。

一、男子为僧道，女子为尼僧者，俱不得入谱，以其斩绝宗祀，且不可以对祖先也。

一、男子童年而卒者曰殇，于父名之下开主不入兄弟之序，以未成人也。既婚而卒者，曰早逝，生卒年月备详之。妇人不举子者，谓无出，有女无子者，谓无传，女但书其所适之姓内夫家也。

一、先正谓不修谱者为不孝，谱必续修而后祖父之事实不至遗忘，子孙之名字不至重复，各分世系，之后宜备空纸数页，凡有生子及男婚女嫁，取名取字等事，及老者卒葬日期、山向，各宜详报登记于空页之上，庶日后自不至于紊乱。

从《凡例》中可以看出，其主要内容是：何人可以入谱，何人不可以入谱。传统社会中，入谱不入谱对于个人来说意义非常重大。如果能够入谱，说明其被族人所接受和认同，可以享受到族众的公共利益，否则，则被视之为不孝，有困难的时候也得不到族人的帮助，族中的学校、义谷等公共设施也无法享用。如对于成婚者来说，应该将其配偶也入谱，并且注明是否是继娶等内容，其中也蕴含着区别身份贵贱的意思。对于没有生子的族人来说，则要求立继。立继的原则从兄弟开始，长子一般不出继，出继者在族谱中要注明其生父是谁，这也是要求其人不忘本。而对于堂兄弟和异姓入继者，则要求不能入谱，以免引起宗族系统的紊乱。古代看重妇女是否从一而终，若改嫁了，无论是什么原因，也不得入谱。因做官或在外地经商而定居于外地者，在族谱中也要注明其居住的详细地址，这有利于族人在若干年后查找源流。男子做和尚、道士，女子做尼姑、道姑者，均不许入族谱。男子童年而殇者不入谱。结婚后去世，则要将其生卒年都记入。族中女子出嫁者则注明出嫁的夫家；妇女不生育者注明无出，只生女孩未生男孩则注明无传。《凡例》中还特别说明续修族谱的重要性，认为这样可以使得先辈们的功绩不至于被遗忘，而子孙的名字也可以避免重复，等等。总之，族谱的修纂，确定入谱或不能入谱的内容，是避免宗族系统紊乱的重要方法之一。

5.3 宗庙文化

祠堂是一个宗族组织的中心，家族人员在内安设祖先神主牌位，举行祭祖活动，宣传、执行家规族训，讨论族务，议事宴饮，等等。通过宗祠可以达到教化族人的目的。通过在祠堂举行缅怀祖先的祭祖行为，可以增强族人的认同感和凝聚力。此外，修建祠堂在一些士大夫看来也能改善社会风气，正如清代张履祥在《家堂》中所说："夫风俗之薄，莫甚于不尊祖不敬宗而一本之谊漠如也。今欲萃人心，莫大于敦本收族。欲敦本收族，莫急于建祠堂。"在中国传统村落中，在祠堂祭祀祖先是很重要的（图5－2）。正如清人张永栓在《先祠记》说："祠堂者，敬宗者也；……祖宗之神依于主，主则依于祠堂，无祠堂则无以妥之者。"因此，祠堂也就成为祭祀祖先的场所，通过对祖先的祭祀，以血亲关系的延续为纽带，把全体家族成员联系起来，起着维系宗族稳定的作用。一般家族对祠祭都十分重视，他们对祠祭会精心安排日期，并定有庄严的祠祭仪式，特别是设有讲究的祭祀礼节。祭祀的程序一般包括焚香、就位、降神、初献礼、读祝词、奏乐、亚献礼、再献礼等内容。还要求族众整理着装入祠，不得无故不到；要依字辈行派排序。在祭祀时，一般还要读族谱，讲述祖先的道德功业和光辉事迹，增强家族自豪感，以此来激励族人；还会宣读族规家训以教育族众，宣传伦常道德等。通过祠堂祭祖活动，可以强化同族的血缘关系，联系族属感情，强调家族内部的上下尊卑的秩序，宣传以"孝悌忠信"为核心的伦理道德，最终达到睦宗收族的社会效果。这样家族中的子弟从幼年起，通过祠堂祭祀，长幼之序、孝悌之礼等礼仪就在其心中扎根。夏时修家谱时作《夏氏宗祠图记》（图5－3）：

图5－2　"族谊渊远"匾

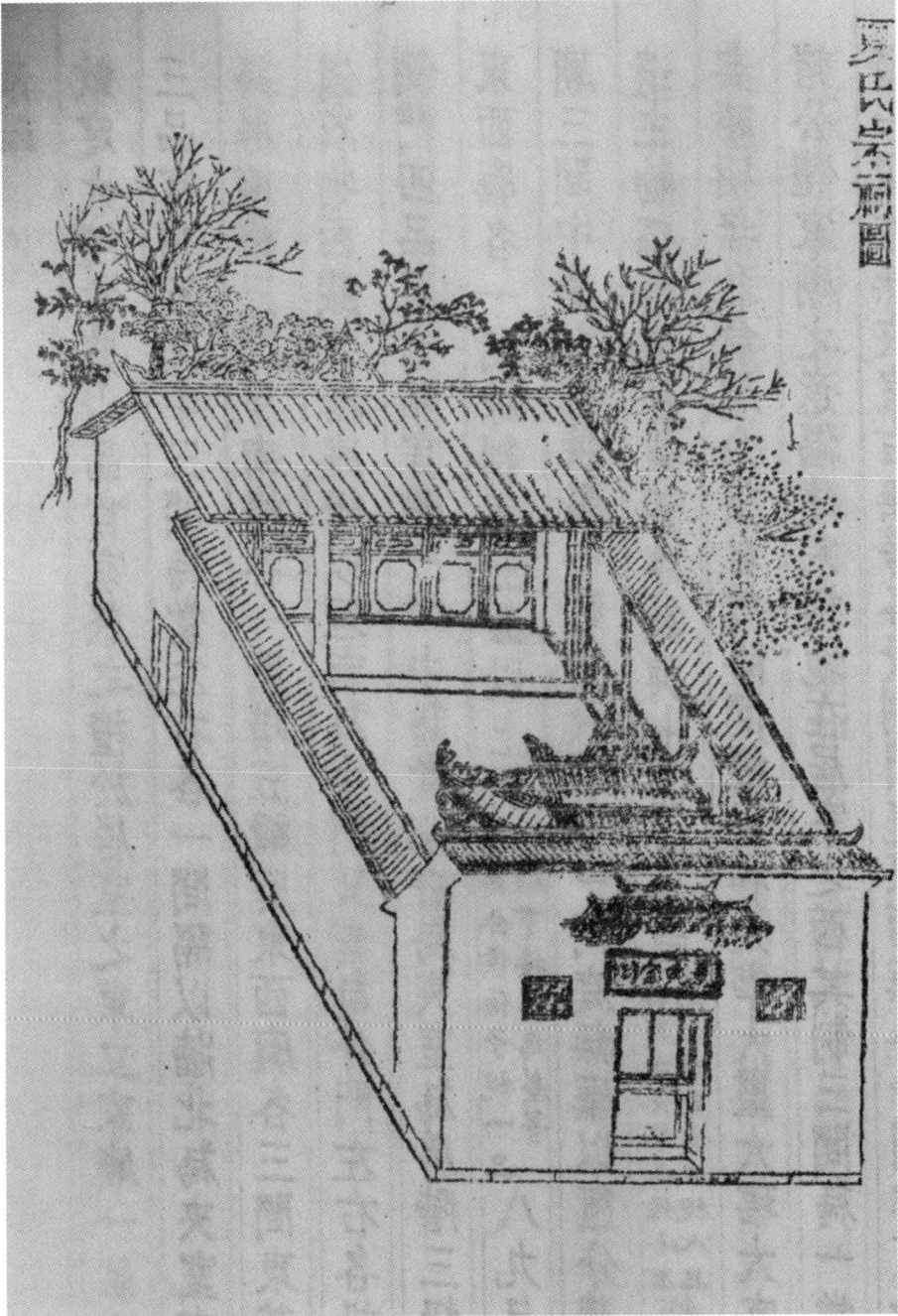

图 5 – 3　夏氏宗祠图

恭读《钦定大清会典》，凡品官家祭之礼，于居室之东立家庙，一品至三品官庙五间，中三间为堂，左右各一间，隔以墙。墙北为夹室，南为房，南檐三门房，南檐各一门，阶五级。庭东西庑各三间，东藏遗衣物。西藏祭器，庭缭以垣南为中门，又南为外门，左右各设侧门。四品至七品官庙三间，中为堂，左右为夹室，为房阶三级。东西庑各一间，余制与三品以上同（世爵公侯伯子男以下按品为差等）。八九品庙三间，中广，左右狭，阶一级。堂及垣皆一门，庭无庑，以筐分藏遗衣物，祭器陈于东西序，余与七品以上同（在籍进士举人视七品，恩拔岁则副贡生，视八品）。钜典昭明，无敢踰越。余族自乾隆间经正和、大宰、大玺、大瑶、大官诸公，体家庙之意，倡建宗祠。地在居室之西，其制三间为一堂，阶一级，左无夹室，右无房，各设侧门。庭东西庑各一间，中有台，南立中门。时族人中惟祖嵩公曾官广东潮州府经历，殆即八九品官之制，而为之不僭不侈，颇如典礼。我后嗣有能广大门闾，即旧制而恢宏之，固祖宗所甚慰，颇或笃念遗徽，仍而弗易，亦仁人孝子之心也。书此以俟。

在清代，宗祠的修建按照官品的高低是有一定的规格的。夏时为清代官员，所以在修建夏氏宗祠的时候对此特别注意，以免超出规格，违背大清法制。他认为，如果后人能够得到更高的官品，广大门闾，在旧制的基础上将宗祠加以扩充，也是表达对祖先的孝心。

夏氏宗祠中最引人注目的要数在内的戏台了。乡村中的戏台，不仅是传统戏曲表演的场所，同时也是乡村内传统宗祠的重要空间载体。大湾村所在的桂阳县内，遗存了大量蕴含着深刻历史文化内涵的古戏台，这些戏台不仅是湘昆曲表演的载体，同时也寄托着村民对神灵和祖先的崇拜。桂阳大湾村宗祠内的戏台也是在此背景下建立起来的。在宗祠的戏台唱戏，无疑具有祭祀酬谢祖先的意思。戏台本身也为夏氏族人提供了一个娱乐的场所，有利于族人之间的感情交流（图5-4）。

此外，家庙也成为村民闲谈交流的公共空间。村民经常在庙中议论一些村内事务，同时也时常说一些关于为人处世的传说故事，在谈笑风生中讲述做人的学问。此类故事以扶善惩恶的内容居多。

故事一：小气鬼

从前，在一个镇上住着一个有钱人。有钱人舍不得花一分钱，左邻右舍都喊他小气鬼。为了不花钱，小气鬼的头发长得很长了，还舍不得去剃。一日，他想过河去做事，刚要上船就被划船佬拖住了说；"你头发长得可以打辫子了，不准上船。"没法，小气鬼只得回镇上把头发剃了。旁人看到小气鬼刚走出剃脑铺又打个转身，就都在议论："难道小气鬼称来称去的多付了剃脑的钱了？""哪里！他那么精细的人怎么会多付钱呢。"原来小气鬼返回来不是为了钱的事，而是走回去在凳子下捡他剃下来的头发，一根一根地捡得干干净净。人家问这是用来干什么？他说："这么多头发我还可以回去炼半碗糊呢！"

故事二：烟虫酒鬼

从前，有个人外号叫作"眼虫酒鬼"，他天天都要买烟买酒呷。老婆看他一年呷烟呷酒都要花很多钱，就劝他戒掉。他呢，就是不听。后来，他老婆就想了

图5-4 戏台

一个办法。他每次买烟买酒用了多少钱，她都偷偷地拿出多少钱放在一边。日子一天天地过去，还有几天就要过年了，家家户户都在准备着过年，他呢，坐在家里唉声叹气。老婆问他怎么回事，他说是没有钱过年了。老婆也不作声。过了一会，老婆拿出大把钱给他，要他去准备过年。他看到这么一把钱吓了一跳！问道："哪里来这么多钱？"老婆就把真情告诉了他，并对他说："从今以后，不要再呷烟呷酒了。这一年，他们过了一个热闹年。

果真，他不再呷烟、酒了。日子一天一天地过，眼看又要过年了。他就向老婆要钱买年货，他老婆说："你今年又没有呷烟呷酒了，我拿钱放在一边做什么呢！"他听了就发起牢骚来："去年我呷烟呷酒呷了蛮多钱，还有钱过年，今年我没呷烟呷酒了，反而没有钱过年。我明年照样要呷烟呷酒！"

故事三：三个强盗

先前，有三个强盗，一个叫油子滑，一个叫滑子油，一个叫窜过油笋不

沾油。

　　一日夜晚，三个强盗到一户财主家去偷财物。到了财主家门口，你要他进去，他要你进去，谁都不肯进屋去偷。后来，三个人定了个规矩，一个人进去偷，剩下两个在外面接赃，规定进屋的人分赃一半。这样，窜过油箩不沾油进屋了。他偷了一袋金器银器后，想：他们两个在外边，肯定会夺去金银，把我丢下。我要想个法子对付他们才行。他把办法想好。油子滑小声说："喂，伙计，打探的怎么样呀？"窜过油箩不沾油说："好运气啊！尽是金银，你们用绳索吊上去吧！"油子滑二人吊了一袋物件上来后，又问："喂，伙计，还有没有？"窜过油箩不沾油说："还有一袋，又重又好。"油子滑二人又将另一袋吊了上来。油子滑还想把绳索再放下去，滑子油说："慢着，伙计，让他留在下面吧，我们俩把这个平分了还不好？走吧！莫管他。"

　　油子滑和滑子油每人背了一袋物件，飞快地逃了。走了蛮远，累得两人上气不接下气。滑子油说："唉，背累了，歇下气吧。"于是，两人坐了下来。油子滑说："伙计，这一回，我们发财了，那窜过油箩不沾油可给那财主打断腿脚了。"说完，二人笑得眼泪水往下滴。

　　这是，窜过油箩不沾油在袋子里打了个呵欠，说："有劳二位了，我在袋子里睡得好舒服啊，哪里断了什么腿脚？"

　　油子滑和滑子油听见后，吓了一跳！解开袋子，窜过油箩不沾油爬了出来，拍拍身上的土，俏皮地说："油子滑，滑子油，当不得我窜过油箩不沾油一只脚。"油子滑和滑子油你看看我，我看看你，二人哭笑不得。

　　故事四：讥讽搞封建迷信

　　黄玉瓒这个人学术渊博，对利用封建迷信愚弄老百姓的事深恶痛绝。

　　有一年，塘市圩一带一连几个月没下过大雨，田地里的作物蔫头枯叶，眼看会颗粒无收，怎么办？地方的绅士户老一起商量，准备到壇山广润寺请最好的法师来做道场求神降雨。

　　做了三日四夜的道场，把积谷仓仅存的几担谷子吃完后，日头依然很毒，天上仍然不见黑云。绅士们十分着急，大家也十分懊恼。不过，大家辛苦了三日四夜，散福酒还是要做的。第四天早上，阳湾村头大摆筵席。绅士们特意邀请黄玉瓒先生喝散福酒，并请黄先生撰写一副对联贴在黄氏宗祠的柱头上。黄先生满口答应，立即写上一副贴上。

　　上联是："请来八宝贤师，面麻脸黑嘴歪，扎红布，着道衣，设壇乱醮，吹几声牛角，啊嘟啊嘟，吹散和风甘雨；"

下联是："采集一时功名，从九贤赴演生，穿蓑衣，戴斗笠，静候甘露，于众生无用，哐咚哐咚，放去富贵前程。"

简短的一场对联，把一场破财而不消灾的迷信活动，披露得淋漓尽致，对法师和绅士们的作为大加讽刺，令他们无地自容。

故事五：该死的强盗

有一户住庄的，男人家往常出远门去做生意，只有妇人家在家里。强盗知道这户人家做生意有些家产，经常想来打主意。有一次，男人家又做生意去了，妇人家担心强盗来打劫，夜里便捏一把茶壶往尿桶里筛水，晒几个小时筛一次，活像男人下尿响。外边墙壁下的强盗听到男人下尿声，不敢进场。第二天，强盗装作过路人，从旁边问得这家男人没有回家，晚上又来下手，而这屋里的妇人睡到半夜里，又怕强盗来，便拿了一根伞当鸟铳，挂在窗户上。隔几个小时又盲目地喊几声："强盗还不快走，再不走，我就开铳了！"强盗听到喊声，又见铳几架在窗口上黑洞洞的以为被发现了，慌忙地走了。但是强盗还不死心，又化装成做生意的人，就自己去打听那户人家。强盗问："你男人家呢？"妇人家说："和你一样，出远门做生意去了。"强盗又问："你男人不在家，晚上不怕强盗吗？"妇人家说："我哪有不怕！我每天晚上都用茶壶筛水当男人下尿，又把伞把当铳吓唬强盗。强盗七里八疏的，哪知是真是假。"强盗心想，啊，都是假的。他摸透了底细，晚上又来到庄上。谁知，天黑里，这家男人家已经回来，睡到半夜里，听到有强盗来撬门栓，立刻起来，把铳架好，瞄准强盗大声喊道："死强盗，快走，不然我就开铳了！"这强盗以为又是吓唬他，边撬边说："不怕，不怕，是伞把。"话未说完，"砰"的一声，那男人家就把强盗给打死了。

家庙前坪有一个广场，妇女经常在广场上边干农活边说一些有趣的故事。妇女之间的故事基本与家庭相关。

故事一：三女婿抖籽粑

从前，有个偏心的岳家，有三个女婿。大女婿和二女婿的屋里富裕，三女婿的屋里贫穷。

一日，三个女婿一起来岳父家。吃了夜饭后，一家人坐在一起读了一阵闲，岳父觉得夜深了，就几次发起三女婿去歇觉，把大女婿和二女婿留在火边上和自己闲谈。岳父等三女婿歇了以后，就从屋里拿出几个籽粑，放在火炉边，然后打来一罐水酒温在火边上。歇在屋里的三女婿从门缝里把岳父做的这些事看得一清二楚。过了一阵，三女婿爬起床来，说："我不晓得怎么搞的，今日夜晚好口干。"说完就端起火边上的酒罐一口气就把喝干了。三女婿喝了酒，坐在火边上来烤火，又说："我在床上总是做梦，梦见我娘死了后，我们兄弟四个为了坟地的事总在争论。"三女婿说到这里，拿起火钳在煨籽粑的灶火上这里抖一下，那里抖一下，说："我哥哥说是买在山顶上的这里，我二弟说埋在山脚下的这里，我三哥说埋在山边上的这里。"三女婿一边说一边抖，一边说一边抖。估计籽粑已经搞得里外是灰了吃不得了，就撂下火钳，说："哎，你们坐着我要去歇觉了。"

坐在旁边的岳父、岳母和两个女婿看在眼里疼在心里，说也不好说，骂也不敢骂，只好凭三女婿把籽粑抖得稀巴烂。

故事二：马斟彪

从前，有个财主，约三个女婿大年初一日去拜年，并有言在先："我准备三万两银子的红包，哪个来得早就给哪个。"

大郎、二郎屋里都蛮发财，一出门就是骑马，三郎屋里贫寒，靠打草鞋卖维生。三郎一想：他们一出门就是骑马，我哪有他们早呀。于是三郎就打了个主意。

三十日下午，三郎早些吃了团圆饭，背着卖草鞋的架子赶到岳父那个村子，趁天黑摸进了岳父的一间杂货屋里躲了起来。

大年初一日早上，三郎等岳父打完响炮，第一个进屋拜年，他给岳父恭贺了蛮多吉利话，岳父高高兴兴地把三万两银子的红包给了三郎。

没过多久，大郎二郎过来了。他俩见三郎先来感到惊讶，心里都在琢磨。开席吃酒时，大郎问："三妹郎今年拜年这么早，你坐什么来的？"三郎说："我是坐彪来的。"大郎一听，猜想那彪是跑得飞快的东西了，又问："三妹郎，用我的马斟你的彪，要不要的？"三郎答应："你不补我钱，我是不得斟的。我的彪比你的马要跑得快。"大浪听到补钱，问，补多少？"三郎说："补五百万两银子吧。"大郎说："可以，一言为定。"三郎说："不要慌，我的彪有个脾气，开始要人背两里地，才肯走。"大郎说："晓得了。彪栓在什么地方？"三郎说："栓在隔壁杂屋里。"就这样，大郎当着大家的面给三郎补了五百万两银子。

吃完酒后，二郎与三郎骑着马走了。大郎按三郎的交代，到杂屋里背着那架打草鞋用的架子当成彪，走了一阵就满头大汗，力气消耗没了，要过一个小坑时，跨又跨不过，他气不过干脆把架子甩掉了。这一甩，正好甩在坑对面的草窝里，一只兔子"哗"的一声从草窝里窜出来。他以为是彪走了，便喊道："彪呀彪呀没命消！"他只好垂头丧气地走路回家了。

故事三：聪明的四媳妇

古时候，有家官人名叫张古老，他有四个崽子，有三个崽已经讨了媳妇，张古老想考考媳妇们，选一个机灵的媳妇来接管家务。

一日早上，张古老把三个媳妇喊到跟前说："你们三个今日一起回娘家去，大媳妇回去三五日，儿媳妇回去七八日，三媳妇回去半个月。但要同一日回来，大媳妇给我带个空心檬槌；二媳妇给我带回个红心萝卜，三媳妇给我带个没脚团鱼。"说完就让三个媳妇早点上路。

三个媳妇在路上一边走一边默，公公要我们回娘家的天数不一样，要我们回夫家的日子又要相同，还要带那么一些古里古怪的东西，这到底怎么办呢？默了半天也没默出个眉目，走到三岔路口，三个人就要分手了，都急得哭了起来。

正在这时，有一个姑娘和她老子卖完肉。提着空箩从这里路过。这姑娘叫王金花，看到三个大嫂在路边上哭得这样伤心，就走上前去问道："大嫂子，大嫂子，你们为什么难事哭得这样伤心？"

三媳妇见问话的是一个姑娘家，就讲出了事情的原委，王金花听完，心里骂这位老爷，这样刁难自己的媳妇，也会不得好死！她对张家三个媳妇说："三位大嫂，你们不必哭了，我讲给你们听就是了，三五日，七八日，半个月，其实就是十五天。你们都在娘家住十五天再回去，带四个空心檬槌，就是一节藕；红心萝卜就是鸡蛋；没脚团鱼就是米粑。"三位妇人听完王金花的解释后，千谢万谢，高高兴兴的回娘家了。

过了半个月，张古老见三个媳妇都按时回来了，带回的东西也一件不差。猜想必定是有人给她们解释了。张古老就把三个媳妇喊到跟前，问道："你们能按时回来又能猜中所有带回的东西，是谁提点了你们？"三个媳妇不得不说了真话，张古老听后很是惊奇。心想：世间还有这样聪明的女子！

第二日清早，张古老来到王金花父女的摊子前。王金花一手把称，一手拿刀，问道："这位老爷，想买点什么样的猪肉？"张古老说道："姑娘，我想买点皮打皮，皮连肉，瘦肉不连骨，肥肉不连皮的肉。"王金花听完后又问："老爷要多少"张古老答道："三三两，四五两，半斤多一两，十两少一两，加个齐头数，加一个十二两。"

王金花一边砍肉一边说:"老爷你要的打皮就是猪尾巴,要连皮就是猪肚子,瘦肉不连骨就是猪心,肥肉不连皮就是板油。三三两就是九两,四五两也是九两,十两少一两是九两,加个齐头数加一个十二两。老爷你要的肉半斤十四两,快快付钱来!"张古老一边付钱一边说:"真是奇才,奇才!"

张古老提着肉急急忙忙回到屋里,马上请媒婆去王屠户屋里做媒,随后起了厚礼派家奴给王屠户送去。不久,王金花就成了张古老的四媳妇了。

四媳妇聪明伶俐,又会打理家务,张古老对她是非常满意,特别看得起四媳妇。张古老对四个媳妇说道:"我年纪大了,这个家我想交给你们中间一个来管理。今日我给你们四人出题,每个人给我煮上七样饭,炒十样菜,看那个煮得好,炒得快,这个家就交给谁管理。"

听了老爷的吩咐后,四个媳妇都分头去煮饭炒菜了,大媳妇二媳妇三媳妇搞了半天还没把饭菜搞好。四媳妇只用了一个时辰,把煮好的饭,炒好的菜端给老爷看。老爷看四媳妇煮的是白米绿豆饭,菜是鸡蛋炒藕,就称赞四媳妇做得又快又准。张古老就放心地把管家的钥匙交了四媳妇王金花。

张古老看见四媳妇把家务管理得妥妥帖帖,有头有序,有说不出的高兴。

一天,张古老吃了饭没事,就在自家大门上写了"万事不求人"的字。刚好县官骑马从这里路过,见到张古老门口写的"万事不求人"几个字,火气蛮大,派人把张古老抓来,指着门上的字问道:"这字是你写的吧,万事不求人,我就要你给我办三件事,看你求人还是不求人。第一件:要牛生下鳖来,第二件:织一块遮天的布,第三件:把海水换成清油。这三件事三天之内办好,如有差错到时我拿你问罪。"县官说完骑着马回府去了。

张古老开玩笑闯了大祸,回到家里就病倒了。第二日,四媳妇王金花端来一碗饭送到张古老的床前,问道:"老爷,不知你老人家是什么病?"张古老在床上想了想,牛生下鳖,织一块遮天的布和海水换成清油,这样三件事就是仙人也难以办到,何况是我这凡人呢!张古老不愿意为难媳妇,就说:"老爷我一时大意得罪了县官,我一人做事一人当,与你们想的无关。"四媳妇不放心,追问了几次,张古老见问多了,只好把事情的原委告诉了四媳妇。四媳妇听后默了默神,宽慰老爷说:"老爷放宽心吧,我当是什么大事呢,这三件事我来给县官办好了。"

三天期限到了,这日,县官带领一班人马来到张古老家,大声地喊道:"张古老出来!"王金花听到喊声晓得是县官带人来了,就赶快前来欢呼。县官见出来的是张古老的四媳妇就问道："你父亲在家吗?"

王金花不慌不忙答道："老爷,我父亲就在屋里养着鳖,他要你等一下。"

县官听后笑道："真是天大的笑话,世上真有男人养鳖的?"

王金花接着说："老爷,世上男人不养鳖,哪有牛能生牛鳖的?"县官听完话后,得知女人是冲着自己出的难题来的,就马上问了第二件事:"我要你父亲织的遮天布织好了吗?"四媳妇马上回答道:"遮天布是织好了,我父亲正等着老爷派人把天的长和宽量好了告诉我们呢!"县官晓得自己又吃亏了,就接着问第三件事情:"我要你父亲把海水变成清油办到了吗?"四媳妇又马上回答道:"清油我父亲已经买好,现在就等着老爷派人把海水抽干了。"县官三件难事都败给了眼前这个女人,又不好怎样发脾气,只好骑马回府去。

县官一班人马在回府的路上碰到张古老的四崽张老四,县官气得不行,想在张老四身上出口气,就对张老四说道:"限你明日搓根灰绳子,到时我就自到你家屋里去拿。搓不好,就拿你问罪。"张老四回到屋里后,马上在地上烧了一堆灰,手脚不停地搓起来。搓来搓去总是搓不成绳子,四媳妇看到了,就对张老四说:"你怎么这么弄,灰怎么能搓成绳子呢?"张老四说:"如果搓不成灰绳子,县官明日要拿我问罪。"四媳妇说:"你用禾草先搓成绳子,然后摆在门口烧掉,不就成了灰绳子了吗。"张老四听媳妇说得很对,就按媳妇说的做了。

第二日,县官骑马来到张老四家问张老四灰绳子搓好了没有,张老四告诉县官:"搓好了,摆在门口呢。"县官看到一条草绳烧成了灰,就问:"是谁叫你这样做的?"张老四回答道:"是我媳妇。"

县官难不倒张老四的媳妇,又准备打马回府,他牵过马来,一只脚踏在马镫子上问王金花:"你说我这是上马还是下马呢?"王金花把一只脚踩在门槛上反问:"你说我这是进门还是出门呢?"

县官又输给四媳妇,只好灰溜溜地骑马走了。

故事四:哥哥的馊主意

很久很久以前,有兄弟俩,哥哥富裕,弟弟贫困。哥哥时常打弟弟的主意。

有一次,哥哥炒了一盘黄豆,喊弟弟来吃,弟弟不知哥哥的意思,吃了一点便走了。第二天哥哥来找弟弟清账。弟弟情知不妙,便杀了只鸡招待哥哥。哥哥狼吞虎咽吃完鸡,说:"弟弟,你吃我那么一盘黄豆,这些黄豆春天种,秋天收,要收多少? 你要赔我的账。"

弟弟见哥哥这么欺人,又气又恨地说:"你要知道,今天你吃了我这母鸡,这只母鸡能下许多蛋，这许多蛋又抱出鸡崽崽，鸡崽崽长大又生蛋，又抱鸡。除了你的黄豆钱，还该赔我多少账?"哥哥哑口无言，偷偷溜走了。

5.4　宗族的文化教育

大湾夏氏人才辈出，与其文化教育有密切关系。据村民介绍说，原来在村门口有一座惜字炉，从其剩余的残石头看来，其建于道光九年(图5-5)。

惜字炉是传统社会专门建造用来焚烧字纸的火炉。传说其与创造汉字的仓颉有密切关系。许慎在《说文解字》序中说仓颉"初造书契"，所以后人尊其为文化之神。其实，客观地说，汉字的创造并非出自一人之手，但后人对仓颉造字的传说一代代相传，并将其与至圣先师孔子和主宰文禄的道教之神魁星一同祭祀。同

图5-5　惜字炉残石

时，对文字和纸张都形成了一种崇拜，所以要将书写后的废纸收集起来，将其投入惜字炉焚烧，以表示对知识的尊重。这种惜字炉一般是小石塔和小砖塔，塔门很小，有一个大概一尺多长、六七寸宽的口子，里面并不供奉孔子或仓颉。老一辈的人如果发现地上有字纸就会捡起来，放到惜字炉里去焚烧，村里的老人说字纸乱丢的话，就是不尊重孔夫子，不尊重知识，将字纸看得很神圣，于此可见大湾村人崇尚文化的传统。

在《夏氏族谱》中，夏时绘有一副"镜潭书院图"，并作《镜潭书院记》：

古者二十五家为闾，闾左右各设塾。民之出入田亩者皆塾师教之。寓教于养，最为良法。汉以来或为讲堂，或为精舍，则教别于养矣。然各有专业，两途终不得合并，在妙其所以通之。吾乡望族如陈氏、颜氏、彭氏，皆设有义学。独余族阙而未举。先大夫梅心公常歉然念之，一日命訾曰："村西南镜潭之侧余购田一所，前后山水颇秀美，可作书院，子曷图之。"乃与诸昆季谋于天禄公及吉仪公，遗业各得制钱二十万。先大夫亦如其数，不足则概由訾等筹备，诹吉于庚辰四月十六日兴工，而先大夫适于前一日弃养，越数月始成。先大夫竟未及见也。董其役者佑仚与佑典两兄，颜曰"镜潭书院"。自是教有其地，顾犹未有膏火之

资师弟子，将何赖焉？我昆季及子若孙当思所以善其后，俾秀良者得藉以陶成令器。其朴者亦渐识仁义之途，庶不负先大夫设立书院之本心，以合于古今义学之法。若义宅、义田、义庄，是在学于斯者之有志何如也。昔亦相与勉焉，且拭目望之。

在此记中，夏时认为古人"寓教于养，最为良法"，当地的大族陈氏、颜氏、彭氏都设有义学以教育族中子弟，唯独大湾夏氏没有。夏时的父亲梅心公对此年年不忘，有一天，他对夏时说："我在村西南镜潭旁边买田一处，前后山水风景很好，可以建书院。"于是夏时与族中同辈和长辈商量，捐集制钱二十万，花了几个月时间建成书院。梅心公恰巧在动工的前一天去世，没能看到书院的建成。夏时认为，自此之后族中之人受教育就有地方了。可是，教育子弟的膏火之资却还没有着落，他鼓励族中子弟应当好好考虑此事，使得族中的优秀者得以成才成器，资质一般的也能够逐渐以仁义为心，不要辜负设立书院的本心。

此外，大湾村流传有多则与教育相关的传说故事。

故事一：龙潭书院

在蓉城北面，离沙子坪不远，有一口大水潭。

传说在很久以前，那口大水潭水色清澈，深不见底。潭底有个洞，洞里经常发出"轰隆隆"的响声。原来，这响声是一条巨龙在潭里游动。

一天晚上，那条巨龙变成了一位白发老公公，到城内七里街给每一家都送了一个梦，说是三月初三半夜，有一条巨龙要从这条大街上游过，各家各户要关好铺子，熄灯睡觉，就能保住全城的人平安无事；要是泄露了天机，大喊大叫，全城就会被洪水淹掉。

街上的人得了这个梦后，个个提心吊胆，害怕遭灾惹祸。等到三月初三日晚上，天还没有亮，各家各户就把铺门关上，熄了灯，早早上床睡了，一些胆小的人还逃到外面去了。然而有一个天不怕、地不怕的人，躲在大门边，从门缝里偷偷地往外看，想看看那条龙到底长什么样子。

等到半夜，忽然雷声隆隆，电光闪闪，紧跟着大雨哗哗而下，街道成了一条小河。不久，看见一个白发苍苍的老人，左手撑着一把雨伞，右手挂着一根拐杖，从高码头一直往下走，神气十足地穿过了七里街，来到了盐行脚。这时雨更大了、更猛了，一条街就像汪洋大海。一转眼，白发老头就不见了，变成了一条巨龙浮在水面上，旁边还跟着许多虾兵蟹将护着他，顺着洪水向大海游去了。一会儿，风停了，雨停了，洪水退了，全城的人都平安无事了。

为了不忘记那条好心的龙，当地人就把这个深水潭叫龙潭，还在潭的附近盖了一栋书院，取名"龙潭书院"，就是现在桂阳一中的所在地。

故事二：卖田课读

陈士杰(为夏时的舅舅)从小聪明，勤奋好学。他家里不富裕。开始有几亩田，父亲为了给他读书，把仅有的一点田产慢慢卖光了。村上人讥笑他父亲太蠢了，穷人想当官，做梦啊！可是陈士杰的父亲对这些冷言冷语都装作没听见。

后来陈士杰读成了书，做了大官。他父亲非常高兴，邀请村里人来喝喜酒，并在大门两边贴上一副对联，上联是：衣锦还乡次日方知学子贵；下联是：卖田课读当年曾笑老夫愚。当时被传为佳话。

故事三：勤俭赴考

陈士杰因为家境不富实，从小就养成了勤俭节约的习惯，不舍得吃，不舍得花。那年，他赴省参加考试，为了节省盘缠，带了一个咸鸭蛋做路途用菜。他从桂阳走到常宁，从常宁上船，吃饭不买菜，只用筷子蘸点咸鸭蛋送饭就行了。一个盐鸭蛋，送了几天饭，已成了蛋壳还舍不得丢。快到长沙了，他在船上吃饭，忽然一阵江风把摆在船板上的盐鸭蛋壳吹到了江里。陈士杰心里很着急，但又无法捞回，只好即口吟诗："风吹鸭蛋壳，财去人安乐。"来安慰自己。

故事四：三郎作诗

从前，有一户人家有三个郎，大郎二郎读了书，岳父看得起，三郎没有读书，每次来岳父家，总要受他的讥笑。这年，三个郎都来岳父家过中秋，岳父为了显示大郎二郎要比三郎强，便要他们三个郎各做一首诗，来为难三郎，并要求要用上"圆又圆""缺半边""乱糟糟""静悄悄"等几个词。当大郎稍许等了一下，就做了一首诗："十五的月亮圆又圆，初七初八缺半边，满天星星乱糟糟，乌云遮住静悄悄。"二郎随即作了一首诗："一块月饼圆又圆，咬了一口缺半边，老鼠来吃乱糟糟，猫子来了静悄悄。"三郎知道岳父岳母为难他，心里很不痛快，想骂他们一顿，他见岳父岳母坐在自己对面，便触景生情，说："岳父岳母圆又圆，死去一个缺半边，哭的全家乱糟糟，全家死光静悄悄。"说罢，便起身回了家，气得岳父岳母一脸苍白。

故事五：神童状元

从前，有个三岁小孩很聪明，讲话出口成章。

一天早晨，母亲叫他扫地放鸡。他拿起扫把说："清扫堂前室，放出笼中鸡。"母亲听了笑笑，说："你又在吟诗。"孩子说："分明是说话，又说我吟诗。"

这年是大比之年，朝中科举考试，这孩子知道后，请人送他到京城，进了考场。他见考场人多，就在考场上抱着柱头玩耍，不多时，主考官出来了，一眼就瞧见一个小孩抱着柱头大圈圈玩耍，便对小孩说："小孩，这里是考场，你跑来这里干什么？"小孩顺口达到："我也是来赶考的呀。"主考官见他答话流利，暗暗称赞这小孩有志气，准备让他试试。就对小孩说："好吧，我出一个题，你若对得上，就算你考中了。"小孩说："请大人出题。"主考官就指着柱头为题："小孩童，抱柱头，团团转。"小孩马上答道："太学士，提朱笔，个个中。"主考官见对得好，心想：小小年纪就能如此对答如流，长大成人后，必为国家栋梁。于是，进殿奏明圣上。圣上见这孩童才学过人，便封他为"神童状元"。

故事六：姐姐巧对先生

过去，私塾先生在村里教学生，自己除了熟知诗文，还能作诗、作词、作对联，但是人家看不起。

有一次，私塾先生出了一个上联："六尺红绸，三尺围腰三尺垂。"要学生对下联。有个学生对不起，拿回家里，饭也不肯呷，他姐姐看了，忙问弟弟是什么原因，弟弟回答说："对联对不起，要挨先生骂。"姐姐说："你把对联给我看，我帮你对，你先呷饭吧。"吃完后，姐姐把下联对上了。"一床棉被，半床遮身半床空。"

第二天，学生拿给先生看。先生看了，连声称赞对得好。他问这个学生："恐怕不是你对的吧？"学生老老实实地告诉先生，这下联是姐姐对的，先生以为他姐姐动了恋心，又出一联，要学生拿回家去对。

先生出联："作腐桃花，君子亦爱红脸女。"

姐姐对联："月穿杨柳，嫦娥正好绿衣郎。"

先生看了对联，以为这女子对他有意了，又想到，她家大人多有点不方便，又出一联勾引学生的姐姐。

先生出联："密枝深处，教樵夫从何下手。"

姐姐对联："风雨浪高，劝鱼郎趁早回头。"

先生见了对联，心里埋怨说：又是你说嫦娥也爱绿衣郎，这下子还劝鱼郎趁早回头，先生又恼又恨，又出了一联去骂她，以解心头恨！

先生出联："园中杏花半熟。"

姐姐对联："门外犬尾先生。"

先生见了，急得要死，气得要命。他又想起大人不记小人过。就又出一联，去做解释。

先生出联："竹本无心，别生枝节。"

姐姐对联："藕丝有叶（意），不染污泥。"

先生没占到便宜，好梦难成，只好不再作对联，到此收了场。

故事七：财主考崽

从前，有个大财主，生了三个儿子。他一直望子成龙，希望他们能捞个一官半职，就请了一个私塾先生教儿子读书。不想三个儿子都不好学，读了十几天书，就都说学好了。大财主听了，以为自己儿子聪明，想考考他们：要他们各自作一首诗出来。过了半天，还没见一个儿子交卷，他就到儿子房里催卷。走进大儿子房间，大儿子正蒙在被子里睡大觉，他把被子一掀，怒道："卷子不交，竟敢睡起觉来！"

大儿子揉揉眼睛，说："李白梦中成诗，我还没有做梦，你打断了我，这首诗我作不成了！"财主怒气冲冲地离开大儿子房间去找二儿子。一进门，只见房屋满地都是破纸，老二还铆着劲撕书。财主又急又气地说："你疯啦？这些书是我们书香世家的传家宝，你怎么把它撕破呢？"老二不在乎地说："老师说过，'读书破万卷，下笔如有神'。我才破这几十卷，怎么能下笔呢？"说完又撕。财主气得给他打了两个耳光，骂道："死崽，快给我把书捡起来！"他认为老三平时不爱说话，可能有点墨水，轻轻走到老三房间。老三坐在书桌面前，口中含着一支墨，正在闭目养神。财主摸着老三的肩膀问："你怎么啦？"老三把口中的墨取下来，咽下满口墨水，说："老师说过，'肚中有墨水，诗词会自来。'我把这剩下的墨吃完，诗不就出来了吗！老三说完又把半支墨含进嘴里。财主气得直跺脚，生气地说："没有指望了，都是些蠢猪！"

故事八："万"字真难写

有个财主请了一个先生来教他的崽读书习字。第一日先生教了个"一"字，财主的崽学会了；第二日先生教了个"二"字，财主的崽也学会了；第三日先生教了个"三"字，财主的崽又学会了。第四日，财主的崽就不肯去读书了，他对财主说："爸爸，读书习字有什么难的，我两三日就学会了。你明日把那个先生打发回去吧。"财主想考考崽的本事，便要崽写个"一"字给他看看。只见崽拿起毛笔，铺好纸，一边写一边说："爸爸，你看到，'一'字就是一横；'二'字就是两横；'三'字就是三横。"财主觉得崽读了书，一下就写出了三个字，竖起大拇指连连称赞先生教书有法，崽聪明麻利。于是，就真的把先生给辞退了。

一日，财主做生日寿酒，吩咐崽给一个姓万的客人写张请帖送去。财主从清早等到吃早饭，又等到吃上午饭，还没见到崽写好请帖，就赶忙走到崽的房间去问："崽欸，请帖还没写好？"财主的崽这时正趴在书桌上一横一横地写，把一张蛮大的箱包纸横得满满的，听到爸爸的问话，就停下笔，一边擦去脑门心上的汗一边说："还只写了一千呢！这个客人也奇怪，天底下那么多的'姓'不去姓，偏偏要姓'万'，这个'万'字真难写！"

原来，财主的崽把字的"'一'字就是一横，'二'字就是两横"这话当作口诀，以为"万"字就该是横一万横了。

5.5 祭田、学田的设置及其他

在《夏氏族谱》第一卷《事迹琐记》中还记载有不少宗族管理的事务，其中最重要的是祭田、学田的设置。祭田就是为祭祀祖先而设置的田产，学田则是为了鼓励本族人努力向学而设置的田产，二者均是宗族的公共财产。夏时记载道：

旧谱于记载生殁岁月后间及遗事，如田地契约，祭典学规之类，虽挂一漏百，所见无多，要亦昭示来兹，默息争端之意。今悉摘出以次录存，其续载者必确有证据，不敢稍涉疑似致累后人，爰刻琐记于左。

图 5-6   大湾村田地

在此夏时很明确地指出，宗族中记载了族人的生殁岁月，以及田地契约、祭典学规等内容，虽然没有很多记载，但是其目的就是为了给后人看，以避免族人之间的纠纷，而且说明后人再记载的时候，必须要有证据，不要存有模糊的地方，不然很容易引起后人的纷争。兹列出一部分内容以说明大湾作为一个宗族村落所关注的问题。

1. 十五世祖正地公置祭田四处，柳邱十二亩，囷邱八亩，石桥头八亩，愿记石七亩。两房轮值耕管，余业亦两房轮耕。置学田一处，地名烟塘，计亩一百一十六，文武入州学者收租一百二十石，入国学者收租六十石，均三年收足，岁歉不敷以次年补之。秋米归收租者完纳。又常邑社背田一处收租十二石以作花红，余谷两房均分，又捐集贤亭茶田六亩，用作茶资。

正地公"字载岳，元显次子。生于大清康熙五十四年乙未十月二十七日未时，殁于乾隆四十六年辛丑五月初十日未时，享年六十七。配颜氏，闺名三桂，本州土溪颜大观察之女。生有二子，长大瑶，次大瑛"，其将柳邱十二亩、囷邱八亩、石桥头八亩、愿记石七亩、共四处三十五亩设置为祭田，作为祭祀祖先及后人祭祀自己所用。祭田由其二子轮流耕作。另外，在一个叫烟塘的地方设置学田一处，有一百一十六亩，如果族人有入桂阳州学者，可以收租一百二十石（一石大概120斤），入国学的则收六十石，三年之内给齐，若这三年因为歉收不能给齐，则以来年补齐。此外，在常宁社背田有一处十二石的田产，也是作为鼓励族人读书的"花红"。奖励之外，如果还有剩余，就由大瑶、大瑛两房均分。此外还有用来种茶的茶田六亩。

2. 十五世祖正人公置学田四十亩，获隽者收租三年。又买山场一处，地名李家坪，横至东边冲口为界，至万材兄弟屋基，系通族公管。左边凭脚有生石为界，园内有李氏妣坟，不得以坟占山，坟后与彭氏山脚相连。

正人公与正地公为兄弟，"字宣哲，元显三子，生康熙五十六年，殁乾隆二十八年。……配颜氏，闺名金秀，本州土溪颜生礼之女。……生三子，长大珀，次大球，三大珊"。他也设置学田四十亩，入学优秀者可以收租三年。此外还买山场一处，作为全族的公产。该条琐记中还记载了李氏族姓虽然在山场内有坟墓，但不得以坟占山。这个记载显然是为了确定本族产界，杜绝以后和李氏家族发生纠纷。

3. 十六世祖天禄公置学田五处。樟树下、小界、普光寺门首、村地坪、甘棠岭共三百二十八亩。文武入州学者收租三百石，入国学者贡监一律收租百石，中乡会榜者各收租三百石，均三年收足。食廪饩者收租五十石，恩岁两贡收租百石，均一年收足。副拔优三贡收租二百石，二年收足。同儁者分收，展年收足。岁歉不敷，仍以次年补之。又祭田一处，楮树下三十亩，四房轮祭收租外，另收余谷四石。其实授官至三品以上者，捐银五百两，四品至七品正任官，捐银三百两，以为增置祭田、学田之资。祖妣廖太安人葬大湾西五里莲塘七家寨，又名状元山，系得买彭行举、彭行述之山，所管丈尺及丈尺外，妣坟之上两家不得进葬，均以红契为据。又接买谢声阆阴地一穴，契存。又继祖妣傅祭田金冲十七亩，四房轮值耕管。

十六世祖天禄公在楮树下、小界、普光寺门首、村地坪、甘棠岭五处共设置学田三百二十八亩。对其派下子孙来说，文武入州学及中乡试、会试的人可以收租三百石，入国学的可以收租一百石，等等各项奖励。此外，在楮树下设置祭田三十亩，其派下四房轮流收租。因为族中培养一个读书人不容易，如果族中有人通过读书任官至三品以上的要捐五百两，四品到七品的官员，捐银三百两，这些都是作为族中学田、祭田的费用。此外，状元山买自彭行举、彭行述之山，都有以官府承认的红契为据。此外在金冲还有祭田十七亩。

4. 四世祖逢祯公祭田，坪秧塘油草井十亩，大洞里十二亩，石板桥四亩，燕冲通圻十五亩，贤房、良房、仪房轮耕奉祀。又学田，常邑庙前三十亩，坳上十亩，坪秧塘四十亩，又十八亩，又八亩，又八亩，燕冲口二十亩，塘二口，门首塘塝下二亩，文武入州学者收租三年，补廪者一年，入国学者一年，贡监一例，优拔贡均收租五年，恩岁贡均收二年，乡榜六年，副榜五年，会榜七年，秋米系收租者完纳。同儁者分收，展年补足。其实授正任官三品以上，应捐银一千两，四品至七品应捐银三百两以为增购祭田、学田之资，永以为例。又余田坪秧塘三十四亩，邓家塘七亩，水口山下十亩，归公收租，逐年帮助读书谷五石，其余以济公用。祭田原四世祖所遗，学田则由十七世万章公倡率诸弟万琔、万珏、万瑞、万玉、万立及诸侄世绵、世浩等公同创置。后人当饮水思源，无忘世泽焉。

四世祖逢祯公祭田为其派下"十七世万章公倡率诸弟万琔、万珏、万瑞、万玉、万立及诸侄世绵、世浩等公同创置"，"坪秧塘油草井十亩，大洞里十二亩，石板桥四亩，燕冲通圻十五亩"，共三十一亩。又设学田五处，共一百一十八亩，其奖励数额根据入学、科举的级别而定，"文武入州学者收租三年，补廪者一年，入国学者一年，贡监一例，优拔贡均收租五年，恩岁贡均收二年，乡榜六年，副榜五年，会榜七年"。其为官三品以上，"应捐银一千两，四品至七品应捐银三百两以为增购祭田、学田之资，永以为例"。此外，在余田坪有秧塘三十四亩，邓家塘七亩，水口山下十亩，共五十一亩，都归公收租，逐年帮助读书谷五石，其余公用到其他方面。

5. 十七世祖万通公祭田，门首二号八亩，四房轮耕奉祀。

6. 四世祖逢举公学田，盖背十八亩，文武入州学者均收租三年。

7. 十四世祖韬显公祭田，门首七亩，又六亩，石壕冲六亩，邓家塘塝上三亩，老桥上二十七亩，正融、正和二房轮耕奉祀。又学田，欧菜塘十二亩，祠堂门首五亩，其收租与捐费数目与祯公学田一例。承祖所管山场一处，地名水浸坪大塘里，与胡姓毗连，錾立石界，约存又一处，地名窝中报豆，由大路边夏、胡、廖三姓之石界直至屋右数武，錾立石界三。又由屋右界石对至屋左数武，錾立石界一。直上至长沙坪及营背岭均于生石朗錾山界两字，永为定凭。

十四世祖韬显公祭田四处共四十九亩，由"正融、正和二房轮耕奉祀"，有学田二处共十七亩。此外，还有山场一处，注明了四界，以免引起混争。

8. 十五世祖正和公祭田，大洞里吸叭坵十亩，邓家塘塝上四亩，石壕冲四亩，又三亩，大仁、大礼、大智、大信四房轮耕奉祀。又得买源公房阴地一所，地名小寨上，又名韩信点兵形，契存。

十五世祖正和公祭田三处，共十七亩，由其派下"大仁、大礼、大智、大信四房轮耕奉祀"。此外还在小寨上买墓地一处。

9. 十六世祖大礼公祭田，门田首十二亩，庙背八亩，万璋、万玉二房轮耕奉祀，永以为例。

10. 十六世祖大智公祭田，老虎山背十五亩，禾塘湾十亩，塘一口，万圣、万珉、万瑞三房轮祭，耕管永以为例。

11. 十六世祖大信公祭田，石冲壕应清井十亩，世荣、世华、世富、世贵四房轮祭耕管，永以为例。

12. 十七世祖万璋公祭田，潭边黑婆田十二亩，大字山下六亩，字炉上十二亩，世赞、世赃二房轮耕奉祀。又学田，坳上十五亩，又六亩，塘一口，其收租捐费数目与祯公学田一例。

十七世祖万璋公祭田三处，共三十亩，有学田一处二十一亩，塘一口。

13. 十七世祖万琔公养膳田、学田，坳上二十四亩，塘一口，又茶盘塘另有霍□霍禾塘二十六亩，东边冲十五亩，范家井二十六亩，井水霍□霍祠堂侧七亩，果肘树下三亩，塘一口，水口山下十二亩，常邑庙前朱家桥十五亩，与祯公学田相连，世润、世泽二子轮养均管。

十七世祖万琔公养膳田、学田八处，共一百二十亩亩，水塘两口。

14. 十七世祖万琔公养膳田、学田八处，共一百二十八亩，还有水塘两口，由其二子世润、世泽轮养均管。

15. 十七世祖万珉公祭田，祠堂门首五亩，国肘树下三亩，世铎、世银轮耕奉祀，永以为例。

16. 十七世祖万玉公养膳田，社背岭二十亩，塘一口，老桥上二十二亩，水口山下十二亩，盖背十亩，世贤、世质、世赏三子轮耕奉养。学田，杨柳冲五亩，杨柳冲口五亩，坳上六亩，又七亩，欧菜塘五亩，其耕收捐费数目与祯公学田一例。

十七世祖万玉公养膳田四处，共六十四亩。学田四处，共二十亩。

17. 十五世祖正元公祭田，欧菜塘十五亩，潭边六亩，支秧塘八亩，大尧、大舜、大禹、大汤四房轮耕奉祀，又山场一处，地名龙家冲，面东与尹姓交界，面北与杨姓交界；又一处地名坦背岭，面南与贺姓山交界，面东与照公山交界。又一处地名燕冲底至均，系本族山，毋庸详开。山内龚姓买阴宅一穴，只许祭挂约存。又一处地名范家井，买得阴宅一穴，坐南向北，左右前后各管五丈，契存，尚未进葬。

十五世祖正元公祭田三处，共二十九亩，由大尧、大舜、大禹、大汤四房轮耕奉祀。山场一处，注明四界。墓地一处。

18. 十三世祖明煌公祭田，大洞里图坵长二十亩，三角塘侧上四亩，四房轮耕奉祀。

19. 十四世祖志显公祭田，门首八亩又七亩，又三亩，四房轮耕奉祀。

20. 十五世祖正文公祭田，门首十二亩，三角塘侧上三亩，祠堂门首下五亩，宅背十亩，四房轮耕奉祀，又葬阴地一所，地名南岭大冰头虎形，得买下龙阳氏之山上，凭顶五丈，左右各管五丈，下凭冲契存。

十五世祖正文公祭田四处，共二十七亩。阴地一所。

21. 十七世祖万达公祭田，潭边十四亩，又十二亩，茶盘塘二十六亩，佑善、佑喜、佑名三房轮耕奉祀。又学田水口山二十亩，入州学、中乡试者均收租三年，文武皆同。食廪饩者收租二年，其田不论丰歉，三年纳租十八石，同隽者照租均分。展年补足，只准收租，不准耕作，永以为例。

十七世祖万达公祭田二处，共五十二亩，由其派下三房轮收祭祀祖先。学田一处，二十亩。入桂阳州学以及中乡试者可以收租三年。

22. 十七世祖万达公祭田，潭边二十亩，黑婆井十七亩，栗树下八亩，门首十亩，水口山二十五亩，坪秧塘二十四亩，世禅、世礼两房轮耕奉祀。又学田，范家井二十四亩，入州学者收租三年，食廪饩者收租二年，恩岁两贡均收租三年，优拔副三贡均收租五年，中乡会榜者均收租六年，文武皆同。入国学者收租二年，贡监一例，同隽者照租均分，展年补足，永以为例。

十七世祖万达公祭田六处，共一百零四亩，由其派下世禅、世礼两房轮流耕种祭祀。学田一处，二十四亩，入桂阳州学者可以收租三年，"食廪饩者收租二年，恩岁两贡均收租三年，优拔副三贡均收租五年，中乡会榜者均收租六年"。

23. 十七世祖奉政公、吉仪府君暨祖妣彭太宜人祭田，邓家塘塝上十八亩，潭边十五亩，门首洞心七亩，仁济山下二十六亩，杨柳冲二十亩，其田曾经出典，概由佑简赎回，以后照佑字派兄弟以次轮耕奉祀，公私不得异议，永以为据。

十七世祖奉政公、吉仪府君暨祖妣彭太宜人祭田五处，共八十六亩。

24. 十八世世祧公祭田，祠堂背四十一亩，庙背六亩，佑善、佑喜、佑名三房轮耕奉祀，永以为据。

十八世世祧公祭田二处，共四十七亩，由其派下佑善、佑喜、佑名三房轮流耕种祭祀。

25. 十八世世禧公暨妣陈太淑人祭田，麻园冲二十亩，坪秧塘八亩，塘冲三亩，祠堂左侧七亩，又承陈中丞隽臣公致送甘棠岭田四十亩，四子轮耕收奉祀，又通议公置学田，燕冲二十亩，托下山背石脑骨十二亩，鸢山下八亩，文武入州学及中乡会榜者各收租四年，得五贡者各收租三年，捐贡监者均收租二年，食廪饩者收租一年，同隽者分收，展年补足。此外余田，四子均分管业，陈太淑人葬天作岭地，得买本房公山契据。

十八世世禧公暨妣陈太淑人祭田五处，共七十八亩，由其四子轮流耕种祭祀。又学田三处，共四十亩，"文武入州学及中乡会榜者各收租四年，得五贡者各收租三年，捐贡监者均收租二年，食廪饩者收租一年"。

26. 一世祖秀岩公坟左窨坟一所，系有文公价买契存。

27. 三世祖清仲公葬南岭大岐山下，其山向北一面系买贺氏山场，族众又买尹姓山三处，一为坦背岭荒田荒塘，一为钓梨岭荒田荒塘，一为坦家山，均有契存。

28. 六世祖思义公于普光寺涌壁背塑罗汉像一尊，妣李氏葬距大湾西五里之鳌鱼山，其地得买下龙阳氏之山，价银十三两，除妣墓外窨坟一所，未葬。

29. 十五世祖正伟公葬距大湾东里许之水泊岭地，价八两。

30. 十五世祖正才公遗下麻园一处，在子仪公所管麻园冲门首之左。

31. 七世祖祖嵩公捐修常邑界蜡园江桥，又于普光寺施敬释迦佛香火田，寺门首五亩，秋米二升，今已并入一号四十亩之内。村地坪八亩，秋米三升二合石，步头十亩，秋米四升，井边塘一口，五亩。今已填复为田，大安两间，塘下六亩，秋米二升四合，轮山耕作，逐年于四月初八日庆佛，值年寺僧备席一六，荤胙肉二盘，腥肉九觞，又庆佛肉二觞，白糍人各五元，重一觞。泰、伯二房四分外，众一分。又二月初一日起点佛灯，寺僧备席一六，荤胙肉一盘，永以为例。妣彭氏葬距大湾东五里之鳌鱼山，其地得买下龙阳氏之山。

七世祖祖嵩公捐修常宁县蜡园江桥，而且在普光寺施敬释迦佛香火田五亩，后来还将其加入一号四十亩内。

在整个大湾村，除了祭拜祖先之外，只有少数人在家里祭拜观音之类的菩萨，并没有见到还有其他神灵的崇拜。在这里，可以看到大湾对佛教的信仰，并且是明显地对其有家族产业的投入，而且"逐年于四月初八日庆佛"，要求"值年寺僧备席一六，荤胙肉二盘，腥肉九觞，又庆佛肉二觞，白糍人各五元，重一觞"，"又二月初一日起点佛灯，寺僧备席一六，荤胙肉一盘，永以为例"。

32. 十六世祖大瑶公葬距大湾东二里之桐子磅山，其地得买于本族正代公，前抵大路山，后与二房众山相连。平左边长，……

33. 十五世祖正纪公妣阳氏葬庙山里，其地系得买本族七房之山，上至山顶，下至……契存。

34. 十六世祖大容公葬水浸坪虎形，系得买本族达显公地。

35. 十一世祖益廉公及十二世祖光代公所置产业契约均志显收。

36. 十四世祖芳显公妣张氏葬水泊岭，系得买五大房之地，后改葬南岭金盆形。

37. 二世祖景祥公于普光寺塑释迦佛一尊，香火至今不断。

38. 十世祖继乾公于普光寺施田十三亩，坐落地名村地坪。

39. 六世祖思源公于普光寺正殿塑罗汉一尊，捐修正殿银十两。

40. 十八世祖世禅公率侄佑命修村南字炉一所，其地基则世祝公所捐也。

41. 十七世祖万进公葬香枫铺塘坊背，其地得买于大宰公上下左右所管丈尺，契存。

从以上可知，宗族中的事务涉及学田、祭田、养膳田、山场、墓地、水塘等宗族产业，以及其受益分配和奖励措施。从宗族走出去的读书人，都要对宗族进行反馈回报，这也可以解释，传统村落中为什么可以源源不断地出现人才。有些为官之人，老年也会返回来，贡献家族事业，其实，这就是中国传统乡村社会的落叶归根机制。费孝通先生在《乡土重建》中就谈道："中国落叶归根的传统为我们乡土社会保持着地方人才。这些人物即使跃登龙门，也并不忘本；不但不损失本乡的元力，送往外洋，而且对于根源的保卫和培养时常看成一种责任。因之，常有一地有了一个成名的人物，所谓开了风气，接着会有相当长的时期，人才辈出的。循环培育，蔚为大观。人才不脱离草根，使中国文化能深入地方，也使人才的来源充沛浩阔。"

第 6 章
村落习俗

6.1 婚俗

所谓婚俗，简而言之即是婚姻缔结的习俗。各地、各个人种、各民族不同，婚俗也有所不同。大湾村人的婚俗文化就有着大湾村村民传统的民俗特点。

大湾村人的婚姻在旧时大多都是沿袭了祖上留下来的传统婚俗。和旧时大多数人的婚俗一样，大湾村的婚俗也十分讲究"父母之命，媒妁之言"。两个人婚姻的缔结牵扯到两个家族，分外地讲究门当户对，所以两个人婚姻缔结与否必须取决于父母。而且男女婚姻大事不能私相结合，必须要通过第三人从中说和才行，所以说是父母之命，媒妁之言。

旧时的大湾村，媒人在婚姻缔结的过程中是十分重要的。一般给人做媒的分为两种。一种是男女双方亲朋好友中有愿意出面说媒的，这种是相对可靠的。还有一种是专门以说媒为职业的，目的是待双方成功缔结婚姻之后获取报酬。如果双方的家长不考究真实与否就轻信其言必定会上当受骗，导致一桩不美满的婚姻出现，严重的甚至会祸害两个家庭。

大湾村人在旧时依照传统婚俗结婚之前一定要先"合八字"。如果男女八字有相冲之处就说明两个人八字不合，男方就会把女孩的八字退回去，婚议作罢。若是八字相合就由男方定地点，由媒人代为转告女方，双方各带自家儿女到约定的地点"相看"。如果双方都满意的话就到了"送日子"了。等到吉期到时就是迎亲了，迎亲的仪仗场面十分壮观。花轿后面是挑六盒的，再后面是抬架子的，其中有空架子便于回程时抬女方的嫁妆。

女方嫁女时，女方家也要布置以招待亲友。在门上贴上喜联，在祖先牌位前点燃一对大红烫金蜡烛，一派喜气洋洋。出阁时新娘由至亲兄弟或至亲长辈抱上花轿。男方的家庭布置得尤为讲究，有趁机向人炫耀门楣的意思。男方家事先请赞礼者、伴郎、牵娘、司网者及新郎、新娘保驾人各两位。新郎用秤杆儿挑起新娘的红盖头，这时大家可以一睹新娘芳容。喧闹过后新郎新娘分男左女右而坐，交杯酒由新郎先饮，新娘后饮，对饮三次就成了。晚宴后就是最热闹的闹洞房了，闹洞房就意味着婚礼接近了尾声，一桩姻缘就成了（图6-1）。

大湾村人旧时的婚俗就是这么有趣且隆重浩大，不过现在的婚俗就是少数民族和汉族的婚俗相差无几了。值得一提的是，大湾村有个夏氏宗祠，婚礼喜酒一般都会在夏氏宗祠举行。大湾村别具特色的婚俗正反映了大湾村村民质朴、率真的一面，也反映了大湾村村民对美好生活的向往和追求。大湾村人喜

图 6 - 1　喜宴

　　欢热闹，婚礼都是张灯结彩、热闹非凡的，村里谁家有婚礼，整个大湾村都是沸腾的，到处充满欢乐，喜气洋洋。相亲相爱的大湾村村民用最朴实的方法表达着对大湾村最深厚的热爱之情。

　　大湾村婚俗具有以下特点：第一是娱乐性。大湾村的婚俗具有很强的娱乐性，这跟大湾村村民与生俱来的热情和纯真的本性是分不开的。婚姻的缔结离不开庄言而神圣的仪式，也离不开喜庆和热闹的场面。在大湾村，遵从不喜不笑不热闹的俗语，在烦琐的婚礼仪式过程中，执事者和参与结婚的宾客们总会制造出一些让人笑不拢口的诙谐趣事，浓浓的娱乐性让婚礼的每个环节都充满欢声笑语，点燃喜上加喜的热闹场面。村里村外无不洋溢着喜庆和热闹，一张张热切的笑脸、一张张大红的喜联，仿佛诉说着这个古老山村的热情似火。第二是宗族性。婚姻的缔结自古以来是家族得以延续和壮大的根本，具有很强的宗族性。大湾村也不例外。从婚姻大事由最初的父母之命、媒妁之言来看，婚姻绝不是一个人或两个人的个人意愿就能决定的，本源是以家族为出发点，目的是延续和壮大家族，本质还是为了维护家族秩序和社会秩序。从婚礼的仪式来看，诸多的礼节就是在向家族的祖先和神灵致敬，以获得家族和社会的认可。新郎和新娘两个人除了亲自出现参加婚礼，婚礼之外的一应事项都是由两个家族来操办的。从大湾村村民的婚礼一般都在夏氏祠堂举办来看，在宗庙拜祖先牌位也是为了告慰祖先，祈祷家族后继有人、繁衍昌盛，所以说它带有浓郁的宗族色彩。第三是互惠性。婚姻普遍具有互惠性。以门当户对为例，无非就是为了保证婚姻能够带给家族相应的惠利，互惠互利倒不如直接说是一种变相的交换。譬如嫡对嫡就是强强联合，双方可以共享两个家族的荣耀和地位。在大湾村，就家庭背景的高低来说，男方一般要略高于女方，以避免攀高枝的嫌疑。女方也不能太差，双方要处在类似的家庭背景。即便是现如今的社会，婚姻的缔结也离不开对门当户对的考量，例如两个人处在相应高的文化素养、经济水平、生活方式、家庭背景等才会进一步考量婚姻的确立与否。这恰恰印证了历史的遗留"互惠性"的存在。互惠性不仅仅是交换，也是联合。

在大湾村流传的一些传说故事中，我们可以知道大湾村的年轻女性在择偶方面比较看重对方的学识、人品和性格，较少考虑家庭背景。

故事一：姑娘选新郎

相传，某村有个蛮漂亮的姑娘，她聪明能干，心地又好，想坏了沿边好多的后生家。只是姑娘的爷老子是个势利眼，贪财鬼，今日接这家的礼，明日收那家的物，把女儿当作摇钱树，给好端端的一个黄花女招来了不少闲话。有一次，财主把女儿许了三个郎，约定同一日同看亲。

俗话说："打屁要屎交。"那日，同一个时间就来了三个先前送过礼物的后生家，说是要娶姑娘。这就急坏了爷老子，他坐也不安，站也不安，走来走去，六神无主。姑娘见爷老子发难，开头觉得好笑，心想是谁个叫你没分寸乱收人家的礼物呢！后又想，他是自己的亲爷老子呀！这种关头，我不替他解难，还指望哪个？就走到三个后生家跟前，问道："三位哥哥，你们都有什么本领？"后生家见问，就都答了起来，一个说："我能拉会吹，包你宽心。"一个说："我能打会踢，包你无欺。"一个说："我能耕会做，包你吃饱。"

姑娘听完后，猜到了他们各人做的行当，打量，看了看艺人和武生，又看了看农夫，笑着说："能拉会吹解忧愁，能打会踢称英豪，要想肚子填得饱，抢团泥巴做枕头。"说完，就拉着农夫去成亲了。

故事二：选郎

丘岭上下住着一个员外，这员外有一子一女。那女儿生得十分标致，又很聪明。

有年初秋，员外请来一个教书先生，一个作田汉和一个看牛伢子。员外先对教书先生说："你要是把我儿子教好，考中了秀才，我就把女儿许配给你。"他又找了作田汉说："你要是在一年里作出两季米来，我女儿就许给你做老婆。"最后，他又对看牛伢子说："你如果有意做我女婿，那你看的那头牛婆，就要在今年里给我生下两头牛犊。"三个人听了员外的话，都很高兴。为了娶员外的女儿，他们使劲了力气。果然，这一年，员外的儿子考中了秀才，收了两季米，那头牛生下了两头牛犊。

这一天，三个人都来找员外，要娶他女儿为妻，把员外急得坐立不安。女儿进房来安慰他的心说："爹，你不要着急，女儿我有主意。"

"你有什么好主意啊？"

女儿附在员外耳边，讲了几句话，员外笑得合不上嘴。

第二天，员外备了酒菜，请他们三个来吃饭，女儿作陪。员外说："一女不可许三郎，我看就在这酒席上，要我家小姐出题，哪个做得好，小姐点头为数，如何？"

三个人都答应了，吃了三杯酒，小姐出题说："什么东西一点红？什么东西一弯弓，什么东西悬空吊，什么东西暗蒙蒙？"教书先生每天教人念书，晚上教学生写字，想了想，随口答道：

"太阳出来一点红，
月亮出来一弯弓。
星星出来悬空吊，
乌云遮天暗蒙蒙。"

小姐听了没有动声色。作田汉想起田边的铁树花，他看了铁树花开花，也作答：

"铁树开花一点红，
铁树开叉一弯弓。
铁树结果悬空吊，
铁树遮阴暗蒙蒙。"

小姐听了也没有点头。放牛伢子望着小姐，小姐吃了酒，脸上红彤彤的，更加好看，从头看到脚，员外催他才想起答题的事情，心里一动，便说道：

"小姐嘴唇一点红，

小姐眉毛一弯弓。

小姐奶子悬空吊，

小姐罗裙暗蒙蒙。"

刚答完题，小姐满脸绯红，忍不住笑了点了点头，看了放牛伢子一眼，离开去了。小姐和看牛伢子成婚后，悄悄对丈夫说："教书先生和作田汉关心的是天上地下，不关心人，只有你才关心我。"

故事三：生死对联

从前，一个秀才进城求学，住在一家客店中。一天晚上正好是满月，他心里高兴走进了客店的小园。

恰好店家女儿正在月下吟诗，秀才见她容貌漂亮，就上前向她求婚。姑娘也不怕羞。只提出一个要求，要秀才对一对联，对上了就说明前世有缘；对不上就不答应他的求婚。秀才满口答应，随手拿出了身边的酒来助兴。姑娘见了酒壶，就讲了上联："水冷酒，一点二点三点；"秀才听后，苦思很久都答不上。不久，秀才就病死了。姑娘知道秀才死后，心里很难过。她把这件事情告诉了家里人，家里出钱把秀才埋了。

后来，秀才坟上长出了一只丁香花。店家有个账房先生，平时很同情那个死去的秀才，就让姑娘来看坟上的丁香花。账房先生说："你看他对你几多痴心！生前不能对出对联，死后也要对出，希望能和你成婚。"姑娘不知怎么就对上了，就问账房先生。先生说："秀才坟上的丁香花是这样的意思：丁香花，百头千头万头。"（丁是"百"字的头，香是"千"字的头，花是"萬"字的头）姑娘一想，觉得有理，心里更加悲伤，不久之后也病死了。

店家想到秀才和女儿太痴情了，就把二人埋葬在一起。之后他们的坟上年年长出好多丁香花，还能从丁香花中闻到酒的香味哩！

故事四：碰巧状元

有三个书生去京城赶考。一天，天快黑了，他们加快脚步，想赶到前面的村庄住宿。一个在田里干活的老伯，好心告诉他们："喂，你们三个书生，天快黑了还到哪里去？前面二十里都没有村子，尽是高山大岭，时常有恶狼猛虎出入。今日就在我家歇脚了，明日早些上路。"有个书生开着玩笑答道："我们不到你家歇，到前面村子我岳父家去歇。"

三个书生走了一阵路，真的没见村庄的影子，有个书生只好说，"看来刚才那个老伯说的是真的，前面没有村庄，我看我们还是回去，到老伯家歇歇吧。"开玩笑的那个书生怎么好意思见那老伯？另一个说："事到如今，也顾不得面子了，万一有个三长两短，要误了前程。"三个书生就摸黑转回到了老伯家喊门。

老伯一家刚好吃过晚饭，听见有人喊放门，就想是刚才那三个书生。便端着油灯，放开门一看，果然没错，说："我告诉你们的话就是不听。"一个书生抢先说："不是我们不听，我们本想多赶点路程，明天早点赶到考场。现在只有在老伯家借宿一夜了。"

老伯用手点了点他们，说："你们俩可以，这个调皮鬼不给他歇。"便把那两个书生请进屋里，把开玩笑的书生关在门外。

门外的书生后悔自己跟老伯开玩笑。现在要走又没伴，不走又没地方睡，他在屋旁转了转，看到屋后有堆禾草堆就想：也好，今晚就歇在禾草堆里算了。赶了一天路，累了，他一倒下就呼哒呼哒地歇着了。

歇在上面绣楼里的是老伯的女儿。她半夜醒来，听到呼哒呼哒的响声，觉得很奇怪，悄悄地起床爬在窗口上，借着月光，看见一个书生睡在屋檐下，怕这书生着了凉，就拿出一床被子，从窗口丢下去，正好盖在书生身上。

第二日，那两个书生很早起来，以为开玩笑的书生昨晚走了，就告别老伯，去追赶。

开玩笑的书生一夜歇得舒适，很迟才醒来。他睁开眼一看，日上三竿了，又看见楼上一漂亮的姑娘眼睛眨也不眨地看着他，嘴巴笑眯眯的，就问："小姐，这被子是你给的？"姑娘点了点头，也问道："公子，路过这里干什么去？"

"我是到京城赶考的。"

"看你这样子，也不像个考状元的。"

"人不可貌相！"

"好呀，我出一上联，你要是能对出来，你就像个考状元的。"

"你出吧。"

"你听着：'鞋绣凤，凤绣鞋，脚踏凤飞'。"书生听罢，想了一会，对不出下联。他为了顾面子，就响大话："嗨！这么简单的对联，还有对不出的道理？等我回来再告诉你吧。"说完，就去追赶那两个学友了。

等他赶到考场，另外两个学友已经进去考了很久。监考老师怪他迟到，不准他进考场。他只好求情："大人，您看学生这远道而来，就让我进去吧。"

监考先生手拿纸扇招招风，神气地说："这都迟了，你考不考都没用。这样吧，我出一对联，要是能对上，就称你是头名状元。"

"大人说话可称数?"

"称数。"

"好,请出。"

"听着:'扇画龙,龙画扇,手摇龙摆。'"书生听了监考先生的对联,马上联想起那姑娘的上联。心默:不是正合适吗! 便对到:"鞋绣凤,凤绣鞋,脚踏凤飞"。监考先生听了,竖起大拇指,赞道:"高才! 你称是头名状元了。"考试一完,便金榜题名了。

开玩笑的书生碰巧称状元,布衣成了官绅,头巾换成了乌纱帽回乡了。路过老伯家门时,下马拜见了老伯,把对联的事讲给姑娘听。老伯见他们情投意合,就把女儿许给了这个"碰巧"的状元郎。

故事五:儿想出嫁

古时候有一家人有个女儿已到了出嫁的年龄了,很多媒人做媒。可是她的父亲嫌男家金钱太少,总不愿把女儿嫁出去,女儿对父亲的做法很不满,但又不好意思开口。于是,她就想了个办法。

有一日,她给父亲洗了一双鞋,洗好就放在酒缸盖上。父亲看到后骂她:"怎么把鞋放在酒缸盖上?"她又把鞋放在家先(即神位)上。父亲又说她:"怎么能把鞋放到家先上?"她又把鞋放到饭鼎盖上。父亲又骂她:"真是没用的物件,尽放这些地方。"并要她把鞋放到火炭边上去烤干。女儿说道:"我给你有酒喝你不肯,我生你上家先你也不肯,我俸你有饭吃你也不肯。这也不放那也不放,难道真的要把鞋烤干了再放(即答应、同意)!"

父亲听后,默到女儿说得有理,便让女儿出嫁了。

故事六:枕头会诗

古时候有一个男青年,托媒人找邻村一个女青年订婚。他对媒人说:"如果女方愿意,我给礼三万两银子,但要女方送满嫁妆。"女方答应了。

可是,迎亲过来后,嫁妆少得可怜。男的觉得女方很抠。两人睡在床上,新郎吟诗道:"树叶子烂渣渣,卖了田地去讨她,本想虾出跃鲤鱼,谁知鲤鱼吃了虾!"新娘也吟道:"树叶子烂吱吱,你卖田土我不知,好男不受爷爷田,好女不穿嫁妆衣。"新郎听后,无语地睡了。

6.2　丧葬习俗

人在死亡后尸身不灭会遗留成为物的一种形式,后人对尸身的处理方法逐渐衍生出各式各样的习俗，这些习俗都可以统称为丧葬俗。古人特别讲究入土为安，当然现在也还是，只是处理尸身的方法不一。

在大湾村，老人逝世后不能说是死亡，而是要说"归仙""过身"等，安葬也不能说下葬，而是要说"还山"，办丧事叫"做白喜事"。在人之将死的时候，尚有弥留之际，这个时候叫作送终。在死者身体未僵的时候为其梳洗、揩身、穿衣。如果遗体是张开眼睛的则由亲人帮其合闭，让死者得以瞑目。在清理好死者的遗物和装裹好遗体后，子孙们就要向各地的亲戚和友邻报丧。报丧往往是口头告知或寄口信告知，随着社会的进步和互联网等高科技的发展，现在这两种报丧方式已经基本不见了(图6-2)。

报丧后孝子会在家中设灵堂，就是在灵前挂上用白布做的围幛，放上方桌，供上斋饭一碗，用纸扎的金山和银山各一座，长明灯一盏，香炉一只，贡品若干。中间设灵牌，插招魂旗。凡是来吊唁的人，孝子都要痛哭着迎接，舅舅等长辈们向遗体告别的时候孝子要跪着接送。

灵柩抬到安葬地后放置在选好的墓址旁，先点香烛、鸣鞭炮，杀雄鸡拜山神。继而由孝子跪地先挖三锄头。

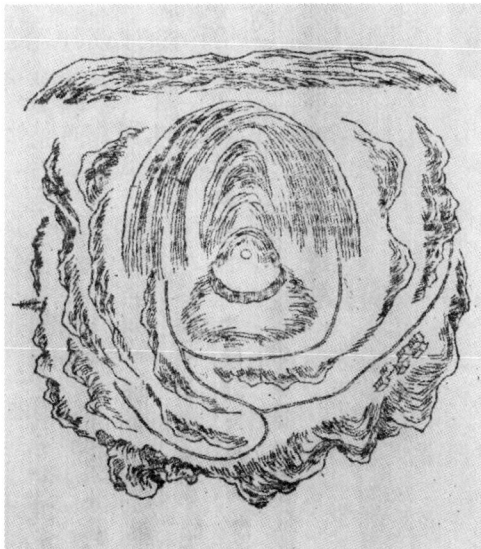

图6-2 族谱坟图

落棺覆土要在中午之前或太阳下山之前完成。

死者的坟墓结构也是十分讲究的，一般在墓前立青石碑，上刻死者生、殁的年月日以及墓穴坐向、死者的名号、晚辈的名字和立墓日期(图6-3)。

大湾村丧葬习俗有以下几个特点：第一是信仰化。对于大湾村来说，丧葬就像是信仰一样，具有很深远的意义。丧葬习俗虽然只是一种符号，但却蕴藏着丰富的信仰象征。丧葬本身就是一种信仰。是信仰的支撑才造就了丧葬礼俗的不断演变，这种丧葬礼俗演变为人们所信服的方式继续被信仰。第二是安抚性。大湾村的村民认为丧葬具有安抚性。在死亡这件事上，对死亡的理解决定了对丧葬仪式的重视和丧葬的规模等。举行丧葬仪式既是表达对死者的尊重和深切的哀悼，同时也是希望死者在"另一个世界"获得比今生更好的生活。在隆重的丧礼中祈祷死者保佑子孙的同时，生者消除了对亡灵的恐惧，建立自己面对死亡的信心。第三是烦琐化。大湾村旧时

图6-3 墓地

的丧葬习俗十分烦琐。大大小小的丧葬事项、礼制细节多不胜数，烦琐的丧葬习俗往往在人失去精神支柱的时候把生者赘得劳累不堪，承受精神和肉体的双重打击。但是越是这样越表达了旧时生者对死者的眷念和哀悼之情。大湾村人对死者尤为尊重，对待丧礼也尤为严肃。这不仅仅是表达对待死亡的态度，更是表达村里人之间淳朴的浓浓深情和对每一个离大湾村而去的亲友深重的爱。

6.3 节日习俗

节日习俗是大湾村民俗的重要组成部分，它蕴含了百年的传统文化，是大湾村的精气之神。千姿百态的节日文化与绚丽多彩的节庆习俗生动地反映了大湾村村民的生活习惯、道德取向及审美文化，寄托着村民对美好生活的向往。

春节。农历元旦，即正月初一，俗称"过年"。春节是大湾村最隆重的传统节日。旧时，农历正月初一凌晨，大湾村家家户户都会选定吉时开门，迎接福、禄、寿、财、喜神，俗称"开财门"；燃放鞭炮，意在"迎财接喜"。黎明前，老幼穿着新衣，意为新年新岁。大湾村村民先给家中长辈拜年，然后相互祝福。早餐，吃除夕特备剩饭，意为"年年有余"；有的早餐饭菜全新。大湾村村民为表虔诚祈福，这一天家家只吃素不吃荤。用餐后，向亲戚长辈拜年，长辈赠以红包，又叫"压岁"。邻居相见，相互道喜，寓意恭喜发财，事事如意。初二，女婿带儿女向岳父岳母拜年。旧时，每逢春节之际，大湾村都会有耍狮子、舞龙灯、唱小调、杂耍诸戏等活动，为新春佳节增添了浓郁的喜庆气氛。改革开放后，随着大湾村物资日益丰富，大湾村村民生活水平不断提高。大湾村每逢过春节，民俗表演规模之大，内容这丰富，参加人数之多，堪称浓墨重彩的民俗盛会，热

闹至极。大湾村拜年风俗更为热闹，杂耍等文娱活动更为繁盛丰富(图6-4)。

过小年。农历十二月二十四日，俗称过小年。大湾村村民习惯在这一天置办果品，焚香纸，点油灯，放鞭炮，虔诚祭祀，祈求能够得到灶王保佑。在外工作的村民，大多在小年这一天赶回家中共聚团圆。这一天，大湾村每家每户都会打扫卫生，即"扫尘"，全屋里里外外都会打扫，厨房用具都会擦洗干净。小年夜前村民都会送灶神，供奉一些甜品糕点，其意为灶神吃了嘴甜，向玉皇大帝多报村民善事，保佑民间风调雨顺，四季平安。小年过后，家里男女老少忙做新衣，画年画，写春联，买鞭炮，杀年猪，置办年货。大湾村还设狮坛，扎龙灯，敲锣打鼓，日日夜夜地操练赶排过年的节目。一直到除夕，许多的事都讲究顺利，行动要谨慎，说话要吉利。也有不吃粥，妇女不能回娘家，更不能到娘家住宿等说法。祭灶王、妇女不能回娘家等陋习在新中国成立后全部废除，但是过小年的习俗依然兴盛并一直沿用(图6-5)。

图6-4 买年货

图6-5 放烟火

除夕。农历十二月三十日(月小则二十九日)为除夕，也叫过大年，是大湾村最古老而隆重的日子。大湾村家家户户贴门联，横批多为"开门大吉""迎春接福"等语。大门上贴有"门神"。楼梯上兴贴"步步高升"。傍晚，放鞭炮，在鞭炮声中全家团聚吃团圆饭。开席前，必先将碗筷摆好，斟上美酒，孝敬祖宗；如若亲人在外无法回家团聚，也要按辈分次序空出席位，以表达对亲人的思念。大湾村团圆饭要有十二样菜，代表着一年中的十二个月，寓示"月月有财（菜）"。鱼是菜肴中必有的，象征"年年有余（鱼）"。还要备一份没有切断的青菜，俗名"长命菜"，寓示长命百岁。饭后，长辈要给小孩压岁钱，象征增岁增寿，岁岁平安。入夜时分，家家户户都会通宵点灯。家人围坐一起守岁，吃糖果，品名茶。午夜，放鞭炮，关闭家门，俗称"封财门"。过年习俗相沿至今，门联、年画内容不断更新，与时俱进。政府积极关心村民生活，慰问村民的冷和暖、苦与甜，并救济大湾村贫困户，给大湾村的村民送来爱心和温暖（图6-6）。

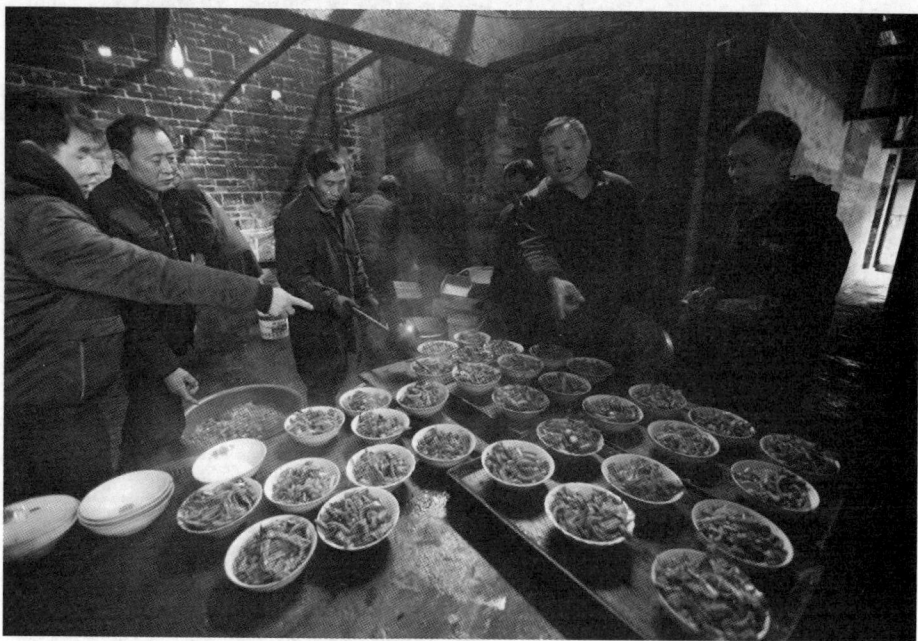

图6-6　准备团圆饭

　　元宵节。农历正月十五日为元宵节，又称"上元节""正月半""灯节"。大湾村的元宵节有"三十的火，十五的灯"之说，是春节活动的最高潮。这一天，据大湾村村中老人回忆，每逢元宵必张鼓乐，放花炮，出灯谜。元宵必不可少，村民以糯米粉为原料，糖、芝麻、花生为馅，制作成元宵，全家团聚吃元宵。晚上，吃完元宵村民也可去看花灯。过了元宵节，大湾村村民开始修整农具，为春耕做着准备。元宵节吃元宵之俗在新中国成立后仍沿袭未改，沿用至今。

二月二。农历二月初二，是大湾村"春龙节"。大湾村也有"二月二，龙抬头"之说。大湾村村民用面粉制作寿桃、牲畜，蒸熟后插在竹签上，晚上再插在田间。认为这是供奉百虫之神和祖先的食品，祈求祖先驱除虫灾，也希望百虫之神不要危害庄稼，于是便有了驱除毒虫的习俗。

清明节。清明节又叫踏青节，是中国传统节日，也是大湾村最重要的祭祀节日之一，是祭祖和扫墓的日子。清明节前10天，大湾村村民开始繁忙于祭祖和扫墓。新葬者头三年必在清明前7天扫墓。清明节购置牲礼，先在祠堂内祭奠祖宗，再聚集村里的男丁到墓前挂扫，除去杂草，添上新泥，并放上供品，于坟前上香祷祝，燃纸钱金锭，或用小竹夹纸钱插坟顶，以寄托对先人的怀念。祭典隆重而肃穆，礼生司仪、读祭文，村中长辈依次在坟前行叩首大礼。之后，各户分别到已故长辈坟地扫墓。清明会、清明田等习俗在新中国成立之后都已废除，一家一户，祭扫祖坟、文明祭祖的风俗逐渐兴起并相沿至今。

端午节。农历五月初五，又称"端午节"，此外端午节还称"午日节、龙舟节、五月节、浴兰节"等。这天，大湾村村民家家包粽子，做糍粑。大湾村村民为了避瘟除病，除妖避邪，会从山上采摘菖蒲、艾叶，然后将其插在门上；之后烧苍术，洒雄黄水，饮雄黄酒；村民还会用艾叶、钩藤煮水，再用此水洗澡。大湾村村民也喜在这天上山采药，据说这一日百草皆可入药，有"五月五日，竞采杂药，可治百病"之说。

中元节。农历七月十五日，俗称七月半，也叫"鬼节"。大湾村村民认为，在中元节当天，阴曹地府会将所有的"鬼魂"全部放出。一些"鬼魂"会回家探望亲人，所以许多村民都会在家或者家附近进行祭祀"鬼魂"活动。大湾村家家户户都会设供祭祖。而中元节也就成为大湾村最大的祭祀节日之一。家境富裕有地位的人家，请和尚、道士，焚纸诵经，悼念先人。祭拜时，依照辈分和长幼次序，给每位先人磕头，默默祷告，保佑自己平安幸福。后来人们慢慢地淡忘了中元节的祭祀活动。再后来，改革开放后，大湾村的祭祖之风又渐渐兴起。

中秋节。农历八月十五日为中秋节，以月之圆兆示人之团圆。为寄托思念故乡，思念亲人之情，有游子思乡，家人团聚之意，因而又有"团圆节"之称，远离家乡在外远行的人多赶回家中过节。中秋节与端午节、春节、清明节并称为中国四大传统节日。是日，大湾村家家杀鸡买肉，举行家宴，亲友间互赠月饼。夜晚，家家庭院前设大香案，摆上月饼、西瓜等祭品，放鞭炮，敬拜月神。全家人围坐一起吃月饼，赏明月，讲故事，叙家常。中秋之夜，大湾村有燃灯以助月色的风俗，将灯笼挂于家屋高处。后来，中秋习俗多数传承，而中秋节的食品更为丰富，赏月看灯等活动也更为精彩、华丽。

重阳节。旧时，有以"九"为"阳"之说，所以农历九月初九日为"重阳节"，又称重九节。与除夕、清明节、中元节三节统称中国传统四大祭祖的节日。相传这天是九皇菩萨生日，又有"九皇节"之称。重阳节当日，大湾村村民，尤其是村中的老人会有登高的习俗。村民认为，在这个秋高气爽的日子，村民登高远望可达到心旷神怡、健身祛病、登高"避灾"等目的（图6-7）。

图6-7 登高

6.4 饮食习俗

饮食在大湾村村民日常生活中占据异常重要的位置。大湾村地处湘南，因为独特的自然及人文环境，孕育出异常丰富且独具特色的饮食习俗。

大湾村村民饮食习俗的形成与发展与湘南地区特定的自然生态环境息息相关。湘南地区四季分明，春季降水量是一年最多的，容易生长出一些菌类食物；

夏季气候炎热，易发生盛夏干旱，也易出现暴雨洪涝，以耐旱作物为主；秋季以秋高气爽天气为主，日照强，降水少，晴日多，为水稻等粮食成熟时节；冬季气候严寒，为村民农闲时节。同时，大湾村周边山多林多，野生动物、野生植物丰富。大湾村在得天独厚的自然环境中形成了丰富而别具特色的饮食文化，世代

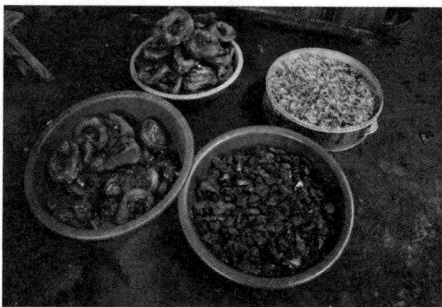

图6-8　饮食习俗

传承着一些别有风味的地方美食（图6-8）。

雷公菌。雷公菌是指在打过春雷后山野之间的地上生长出来的一种形状像黑木耳的真菌，雷公菌的菌体比黑木耳肥厚，也更加透亮。大湾村人人都爱吃雷公菌，每到春雷响过之后，人们就去山间地头采摘如雨后春笋般的雷公菌。采摘后放在盆里，用清水洗净后，放在锅内炒煮都好吃。炒煮的同时再加入一些葱姜辣椒、油盐酱醋等调料，味道更加鲜美。有些人还喜欢加进一些酒糟烹煮，加入酒糟的雷公菌味道更加香浓特别，老少皆喜。雷公菌含有矿物质达15种之多，营养价值高于市场上的很多蔬菜，是非常天然的绿色保健食品。雷公菌在旧时大多是在春季采摘，但是近年来，随着人们对健康绿色食品的追求逐渐增高，再加上雷公菌是天然的绿色保健食品，营养丰富又美味多汁，被大量地采购入市，在各个酒馆饭店成为人们热烈选购的美味。

揽揽米焦。揽揽米焦也是当地受自然生态影响的一种风味特别的美食。制作揽揽米焦前要先磨制一些糯米粉，然后去田野里捉青蛙。捉青蛙的人到田里后掀开稻草扎，把稻草扎下面的四下逃亡的青蛙和蛙宝都捉住，放在不同的桶里。回到家后大青蛙当场就被开膛破肚，用盐腌渍，一串串地挂在房檐下风干。小青蛙就放在装了清水的桶里让它们喝水排掉脏物。客人来后就把糯米粉揉成圆团，圆团不需太大，像红枣那么大就行了。把小青蛙用清水洗净再冲洗几次。等锅里的水烧开后把糯米米焦粑放入开水中，煮到米焦粑都一粒粒地浮在水面上后把洗净的小青蛙倒进锅中，盖上锅盖。小青蛙刚被倒进开水锅中为了逃命都会去抱事先放在锅里的糯米米焦粑，最后放入香料和茶油后再焖煮一会儿就大功告成了。揭开锅盖后揽揽米焦的鲜美之味就呼之欲出了。

魔芋豆腐。魔芋豆腐顾名思义主要是由魔芋和豆腐制作而成的。魔芋豆腐味道清爽可口，是一种新型的无污染的营养食品。大湾村身处山区，魔芋就生长在浓雾蒸腾的大山里。每年夏秋之交的时候，正是魔芋野蛮生长的时候。魔芋的收获季节是在霜降的前后，每年到了魔芋收获的季节，山民们就一担担地把新鲜的魔芋担到市场上进行出售，而等待已久的众商都会争相抢购然后再运往全国各地贩卖。魔芋豆腐不仅味美，更对人的身体有益处。因为魔芋豆腐里含有人体所需的一些蛋白质和糖类等营养物质，还可以治疗肠胃病，预防肠癌，所以深受人们的喜爱。现在制作魔芋豆腐的工艺由人工演变成了机械，大大地提高了魔芋豆腐的产量，再加上有很多大湾村人走向外地经营魔芋豆腐的生意，使得魔芋豆腐名扬万里。

清明糕。清明糕顾名思义就是清明节食用的一种糕点，清明节时人们为了祭祖都会做清明糕以作祭祖祭品，也作为清明野餐的吃食。大湾村周边山坡草顶上长有艾草，清明糕便是用艾草的嫩叶和糯米粉混在一起做成的。做清明糕时先采些野菜和绵菜等，再把采摘来的野艾叶在开水中烫熟，然后把它一点一点地扯碎，加上剁碎的菜等再放些糯米粉和水充分搅拌，和入黏米粉进行揉搓，直到把它们揉得韧劲十足，颜色变为嫩绿色为止就可以捏成小圆饼放入锅中蒸了。清明糕出锅时热气腾腾、香气四溢，惹得人心馋口馋。但是这个时候还不是最终完整的清明糕，要把蒸好的清明糕放在事先抹了一层菜籽油的案板上进行摔拍揉按到冷却后，清明糕才算大功告成了。清明糕是一种营养丰富又美味的绿色食品，它吃起来不油腻不干硬，味道香甜可口，在清明前后的市场上备受欢迎。

一般说来，"复杂的社会环境及民族本身的文化传统、历史积淀等同样构成了文化的生态环境"。在特定的人文环境下，大湾村产生了有许多特色饮食。

地菜蛋。地菜蛋又叫做米筛菜蛋。顾名思义，地菜蛋就是用地菜和鸡蛋或者鸭蛋一起煮出来的食物。在每年农历的三月初三，南方人都会煮地菜蛋吃。传说农历三月初三是王母娘娘的诞辰，王母娘娘过生日很是开心，于是降圣水于地菜，可清热解毒，使地菜具有灵力，具有药效。所以地菜长至三月初三的时候正是它接受王母娘娘神力的时候，也是它药效最强的时候。三月初三时，用地菜和鸡蛋或者鸭蛋一起熬煮，放入红枣、生姜等，煮到蛋黄乌灰就说明地菜的药效已经渗透到蛋里了，盛出熟蛋待放至凉后剥壳食之，既可预防感冒，又可清热解毒。三月初三的那天，市场上买卖地菜的人络绎不绝，大家都想沾沾王母娘娘的灵力和喜气，再加上地菜的药效被人们认可，于是三月初三吃地菜蛋的习俗经久不衰，广泛流传了下来。

套花。说起套花，就有了年的感觉。套花是由 6 个大圈、6 个小圈组成的，形状像花一样，因此得名套花。套花寓意着六六大顺，阖家团圆。套花的制作工艺是十分复杂的，但这并不影响人们制作它的热情，因为过年不看准备了什么，单看套花，这年味就有了。做套花一定要用上好的糯米，先碾碎成粉，再放入锅中炒热加上糖和芝麻做成面团，最后把做好的面团捏成花样，用油炸至金黄色就可以出锅了。套花吃起来酥脆可口，是老少皆宜的美食，也是大湾村人过年时招待客人的常备吃食。套花在老一辈人的心中占有很重的分量，因为制作套花大多是在年关前的几天，是时大家欢聚一堂，共同制作，说着一年里的家长里短，吃着新鲜出锅的套花，感情之深不言而喻。所以套花不仅美味，更承载着浓浓的深情。

唆螺丝。喜欢唆螺丝的人都知道它是一种让人欲罢不能的美味。炒煮螺丝更是大湾村人的家家绝学。相传在端午节当天唆螺丝可以使眼睛更加明亮。时至端午，你会发现众人唆螺丝的壮观场面。对于喜爱唆螺丝的人来说端午节不唆螺丝简直是人间一大憾事。佳节在此，美味当前，谁忍得住呢？关于唆螺丝，历史上还有一些因捡田螺而流传下来的神话故事。如九仙桥的传说就是讲十个美貌的姑娘相伴去捡田螺最后九个姑娘化仙造桥的故事。至于为什么十个姑娘九个成了仙，就留给大家一个悬念，作为唆螺丝时候的谈资吧。因为很多人喜欢吃，所以现在很多市场上的小商小贩都热衷于卖唆螺丝，在当地的一些酒店餐馆里，唆螺丝十分紧俏。尤其是到了夏天，晚上夜市两旁的街道上还有卖唆螺丝的夜宵摊点，供人且吃且谈，让夏天变得更有乐趣。

肉圆了。大湾村人大年三十晚吃年夜饭，满目佳肴中必不可少的是肉圆子。按照中国人的习俗，凡是最具代表性的大都寓意非凡，肉圆子就寓意阖家团圆，美满幸福。肉圆子主料是猪腿瘦肉，最好带点肥，这样才不至于口感干巴，辅料是葱、姜、酱、味精、食盐等。肉圆子的制作首先是将瘦肉肥肉剁成肉泥，揉成小肉丸，然后选用鸭蛋或鸡蛋按比例打成液体，加适量的面粉，再包于肉豆腐中，也有直接用肉泥捏成肉丸，最后再炸制或蒸煮而成的，在炸的时候就要非常注意掌握火候，以免过火或火候不够造成口感的破坏。肉圆子是大湾村人宴席上必不可缺的美食，连各大餐馆都有储备，深受食客们的喜爱（图 6-9）。

清明米焦。清明米焦是在清明节时食用的一种食物。清明节是祭祖和踏青

图6-9　肉圆子

的节日。清明节又叫寒食节，意思是禁火冷食，传说晋国的忠义之臣介子推在重耳未成晋文公前避难乏饿昏厥时割腿之肉熬肉汤喂之，后隐退宁死不出山，晋文公放火烧山逼其出山，介子推背其老母死于柳树下，晋文公深感哀痛，遂下令那天定为寒食节插柳纪念介子推。米焦是旧时的人们扫墓的时候用来祭祖的一种食物，有驱邪和消灾的作用。每到清明节，人们在上山扫墓的时候都会带上绿彩米焦粑，既可以用来祭祖，又可以用来在踏青的时候食用。做米焦要先把艾叶和野菜一起放在石灰水里浸泡，然后再淘洗干净剁碎，最后加适量的糯米粉和糖或盐等搅拌均匀，捏成圆形放入锅中蒸熟即可。米焦富有营养，食而不腻，在清明节的时候备受欢迎，往来购买或出售的人摩肩接踵，热闹非凡。

糯米糍粑。糯米糍粑是用糯米蒸熟放入槽中捣烂之后制成的一种食品。捣糍粑是大湾村农家都十分喜欢做的事。因为需要很多人一起捣糍粑，所以捣糍粑的场面是非常热闹的，大家说说笑笑把活干，等糍粑捣好后共享美食和喜悦。糯米糍粑的吃法有很多种，可以煮着吃，也可以烤着吃，油煎油炸着吃更是美味，酥软可口，又香又甜。如果一时做得多了吃不完还可以放到清水里，这样可以保存几个月都不坏。糯米糍粑除了可以保存良久还携带方便。要是有外出或者有事耽搁不能回家用餐的人，可以带上几块糯米糍粑用来充饥。在乡下生活的乡里人要是想进城又不想在城中花费吃销的也可以带糯米糍粑进城，这样就可以省下一些费用，很是方便实惠。现在糯米糍粑的发展越来越广，成为人们赞不绝口的美食（图6-10）。

桐叶米焦。桐叶米焦是大湾村人在端午节时用面粉和桐叶做成的一种美食。因为旧时端午节时没有多余的米来做粽子纪念伟大的爱国诗人屈原，所以就用旱地里成熟的麦子包在桐树叶子里做成桐叶米焦来纪念屈原。桐叶米焦的制法也很简单，准备做之前先去山上采摘完好无损的桐树叶子，然后用水清洗干净后放在阴凉处晾干。再把小麦筛选干净，把细碎的杂物拣出来，把干净的小麦放入石磨磨成粉，磨完后用细箩筛把细粉筛出来，把粗粉再放进石磨磨制，如此反复几次，直到把小麦的黄色表皮也磨成细粉就算磨好了。小麦的黄色表皮是整个桐叶米焦的精髓所在，有了它蒸熟的桐叶米焦才会散发出一种特别的香气，让人垂涎三尺。在蒸桐叶米焦的制作过程中还可以加入一些红糖，在蒸笼里架上一块花板，把不沾水的面浆放在花板上，再盖上锅盖等上十几分钟，就可以享受美味了。

图6-10　糯米糍粑

清明糕。清明糕顾名思义就是清明节食用的一种糕点，清明节时人们为了祭祖都会做清明糕以作祭祖祭品，也作为清明野餐的吃食。清明糕是用艾草的嫩叶和糯米粉混在一起做成的。做清明糕时先采些野菜和绵菜等，再把采摘来的野艾叶放在开水中烫熟，然后把它一点一点地扯碎，加上剁碎的菜等再放些糯米粉和水充分搅拌，和入黏米粉进行揉搓，直到把它们揉得韧劲十足，颜色变为嫩绿色就可以捏成小圆饼放入锅中蒸了。清明糕出锅时热气腾腾、香气四溢的，惹得人心馋口馋。但是这个时候还不是最终完整的清明糕，要把蒸好的清明糕放在事先抹了一层菜籽油的案板上进行摔拍揉按到冷却后才算大功告成了。清明糕是一种营养丰富又美味的绿色食品，吃起来不油腻不干硬，味道香甜可口，在清明前后的市场上备受欢迎。

雷公粥。相传在每一年的正月十五这一天，民间称为"忌雷日"。雷公会下凡巡查人间因为雷公是火性的凶神，人们倒霉的话遇上他，就会被雷打火烧，所以百姓们都很怕他。在古代的时候，大湾村人为了在"忌雷日"时避过雷公，就在正月十五日的这一天闭门不出，家家户户都忙活起来煮斋粥，久而久之，就被传成了"雷公粥"。人们煮"雷公粥"，就是为了万一雷公来到自己家，好拿"雷公粥"款待他，使雷神心旷神怡施恩免灾于自己，还能保佑全家平安无事。雷公粥是由18种野菜混合大米熬煮而成的，这种粥味道香浓，还具有特别的野味，会引得雷公自己忍不住闻粥而来。最近几年，还有些家庭保持这种古老的习俗，在忌雷日的时候熬一锅雷公粥，还新添加了猪瘦肉，使粥吃起来更加美味。这种粥比起来市场上行销的八宝粥更加健康，更加有营养，口感也更好。

口味田螺。大湾村村民喜欢吃口味田螺。村民将田螺的螺尖切掉，放紫苏、蒜、姜、辣椒一起炒。口味田螺香辣美味可口。一些老人还会将口味田螺作为下酒菜。村中流传一则与田螺相关的传说。

《唱臭田螺》

一个暑热天，有个看八字的盲人，拄着拐棍来到随嫁田村里占大卦，碰到一家舍福积德的户主，说是家中有剩饭，路上有饥人。于是户主便留那位盲人吃午饭。他煮起一碗美味的菜——田螺，算命先生刚好最爱这碗菜。他喝得急，吃得快。主人进伙房给他装饭去了，他越加喝得猛，把田螺肉卡在喉咙里，他咳了一下，田螺肉掉在地下了，好不可惜！他急忙动手去捡。摸呀摸，摸着一坨硬鸡屎，以为是田螺肉，甩进嘴里一嚼，觉得特别臭，说："这天也实在太热了，螺肉刚拿出来就臭啦。"

自然环境与人文环境的交互作用造就了大湾村极具特色的饮食文化。然而，在巨变的时代浪潮之下，大湾村许多特殊食品及饮食习俗开始变迁。村民开始从集市大量购买外地食材，仅有部分老者保持着传统的饮食习俗。

6.5 游艺民俗

大湾村村民在长期的生产生活实践中，创造了诸多娱乐、游戏方式。这些方式与村民的生产和休闲相适应，既起到强身健体、愉悦身心作用，又促进村民之间的情感，拉近了彼此的距离，对社会团结和文化传承都起着重要作用。

从古到今，大湾村夏氏崇尚艺术，乡间小调在村内一直盛行。小调，也称小曲、曲子。民歌的一个类别，在全国各地都有流传。廖辅叔在《中国古代音乐简史》中指出："曲子的特征不仅在于它是从民间来的，它是配音乐的，它的形式是长短句的，也不仅是因为'歌者杂用胡夷里巷之曲'，而更重要的是它的社会基础，它的内容。他是从农村传到城市来的新型歌曲。"[1]杨荫浏在《中国古代音乐史稿》讲到："经过选择、推荐、加工的民歌，成为一种艺术歌曲，称为'曲子'。"[2]乡间小调不同于精英音乐，它是一种典型的民间常用曲调，流行于乡间。小调不受官方音乐的限制，演唱者不一定是音乐科班出身，甚至不需要具有艺术修养，这使其音乐与乡间生活息息相关，细致曲折、曲调优美动听，乡土

---

[1] 廖辅叔.中国古代音乐简史[M].北京：人民音乐出版社，1964：58.

[2] 杨荫浏.中国古代音乐史稿（上册）[M].北京：人民音乐出版社，1981：193.

气息浓厚，表现手法比官方音乐更加多样化，极具"地域性"。

大湾村的乡间小调绚丽多姿、资源丰富、短小精炼，体裁多数采用多段体分节歌的陈述方式，记录了大湾村村民的情丝万缕、生活百态，浸透了村民的情感、智慧及对美好生活的憧憬。虽然许多村民演唱的小调曲目都是从外地传入的，但一些村民根据大湾村实际情况进行了再次创作，在他们的不断润色中，小调在大湾村世世相因，代代相传。

大湾村乡间小调作为传统文化的一种类别，其产生是多方面复杂因素的结果。据村中老人回忆，主要曲目及唱法由江浙传入，在村民世代口耳相传过程中，不断再创作。经过当地村民艺术加工的乡村小调，曲体较为均衡，曲调细腻委婉，加强了粗犷、饱满、有力的节奏。例如由广西贵州彩调演变的《九连杯》、河南洛阳曲剧《下洛阳》、江西赣南采茶戏《买杂货》等。其中《山伯访友》的传唱度最高，虽然由周静书编《梁祝文化大观·曲艺小说卷》认定其归属于湖北地区，但实际上这首曲子在桂阳大湾村也颇为流行，当地的老人现在还能唱上一段，其内容为：

> 鼓锣紧紧筛，闲言都丢开，听我唱首祝英台，山伯访友来。
>
> 两足走如云，杭州攻书文，归家直往祝家村，说来找知音。
>
> 一问祝家庄，前面一瓦房，四水归池一壁墙，一栋两厢房。
>
> 来到祝家庄，解带换衣裳，龙行虎步上高堂，参拜祝九郎。
>
> 仁兴来答话，九郎未在家，书生问她什么话，明日来会她。
>
> 一去五六月，杭州来的客，我名字叫梁山伯，与他兄弟结。
>
> 仁兴听此情，两足走如云，绣房说与姑娘听，堂前一书生。
>
> 堂前一位客，名叫梁山伯，他与姑娘兄弟结，记得不记得。
>
> 英台听此情，心如冷水冰，莫是梁兄到我门，冤家害煞人。
>
> 英台把楼上，急忙巧梳妆，象牙梳子当中放，明镜挂上方。
>
> ……

在大湾村流传的《山伯访友》不同于湘北花鼓戏及湖北小曲，改编后的小调音调奔放、粗犷，具有明快的鲜明性格和浓厚的地方特色。

还有部分曲目由大湾村村民借曲抒情，原创完成，借以表达内心的情感及生活的需求。例如《卖杂货》《三仔缝衣》《打四门》（男女搭档）《一皮球》（旦角）等（图6-11）。

《卖杂货》

担上个担子门前前过，瞧见那二姑娘。

世上还有那风流流女呀，哪一个赶你强，一抬一朵银哪一个赶你强。

一额额眉眼红格通通，长一对好眼睛。

脸上又擦桃桃粉，胭脂点口唇。

市布大衫身上穿，外套背搭搭。

八宝罗裙腰中紧，飘带两相分。

红丝绸裤儿两腿蹬，细裤包后跟。

小小金莲两三寸，越小越端正。

双手推开门两扇，手提花汗巾。

右手手又拿水烟瓶，好像吃烟人。

姑娘一见忙施礼，双手心挽定。

先抽上蓝布后抽上缎，环卖多少钱？

头上的金丝乌云儿罩，两耳水磨云。

一双双金环坠耳根，实实家爱死人。

两道道眉儿像弯弓，鼻子香筒筒。

满口银牙碎个粉粉，胭脂点口唇。

红绸绸袄儿黑背心，飘带左右分。

图6-11　村民回忆乡间小调

图6-12　村民回忆乡间小调

乡间小调是封闭的大湾村社会村民表达文化及情感的一种形式，同时也是村民传播文化的一种习俗。大湾村乡间小调的题材内容是同村民生活紧密联系在一起的，内容涉及社会生活的各个领域，曲调情节简单易懂。一些小调的歌词体现了大湾村村民善良、淳朴、敦厚、老实的特征，一些曲目也寄托着大湾村村民对美好生活的向往。这些小调具有浓郁的大湾村乡土风格韵味和强烈的生活气息，深受大湾村及周边村民的喜爱。虽然大湾村乡间小调曾经在村内广泛流传，但如今已面临失传，仅有夏正旷、夏定国等花甲老人延续这一传统（图6-12）。

除乡间小调之外，舞龙也是大湾村村民农闲主要的娱乐活动。舞龙是中国民族传统民俗文化活动之一，在大湾村这一民俗被称为"耍龙灯"。据村中老人回忆，大湾"龙灯"先用竹条编胎、再用稻草扎制而成，上绘有不同色彩或扎有不同彩布，节数不限，但每节之间用草布相连。龙是中国华夏民族世代代所崇拜的吉祥图腾。大湾村村民用"耍龙灯"的形式不但丰富了村民的农闲生活，同时也祈求平安健康和粮食丰收，更宣泄着村民欢快的情绪。每逢村内节庆、贺喜、驱邪、祝福、祭祖之日，村民都会"耍龙灯"。"耍龙灯"时，一舞龙者高举绣球，带领着龙队不断地展示跳、扭、穿、腾、跃、翻、滚、戏、缠、仰、跪、摇、挥等多种姿势，充分展示龙的精、气、神、韵。"耍龙灯"一般紧随锣鼓节奏，忽快忽慢，忽跳忽摇，有序地在大湾村田间、草坪及村边舞动。"龙灯"在舞龙者的带领下，时常穿进人群，气氛热闹火爆、蔚为壮观。

自大湾村村民在这片土地上繁衍生息，大湾村村民独特的民俗文化就在这片土地上一代一代地传承与发展着。这些民俗形式不同、内容各异、种类繁多，不仅丰富了大湾村村民的生活，还增加了大湾村夏氏的凝聚力，形成了地域性的文化认同，并由此进一步影响着一代一代村民的审美追求、道德标准、价值观念以及社会心理。但当今社会，大湾村民俗文化面临生存危机，其赖以生存的基础遭到破坏，部分村民对民俗文化的认识存在误区，将其等同于落后的生活方式；另一方面，随着消费时代的来临，更多的开发商意识到民俗文化具有较高的挖掘潜力，其资源效益，不但可以为旅游业所利用，同时还可以建立相应的产业链，致使民俗变成可供买卖的商品，失去了内在的文化逻辑，不再具有文化生命力。

此外，大湾夏氏作为一个宗族村落，除了祭拜祖先之外，还信仰佛教。《夏氏宗谱·功德山重修佛台碑记叙》：

福地功德山层峦耸翠，谷应山鸣，虽祇园八十顷何以异是？自先朝僧师庆理由江右南泉飞锡至此，欲求一袈裟胜地，特募祖公夏天虎、天赛备价买高启富山场一遍，价银三两八钱，比即划草结庵，殿宇落成，乃雕塑佛像，开山上人，奉夏祖公为功德山主。至今没世不忘，多历年所。佛殿毁陋，厥子若孙踵事增华，鸠工构造，所以继其志而述其事也。作于前者传于后，山主之世系无穷，山主之福报亦无穷矣。爰镌之于石以志不朽云。山主夏天虎、夏正纪等同立。清康熙四十五年丙戌孟冬月立。

第7章
宗族人物谱

中国传统社会是一个农耕社会，乡村社会的居民以血缘以及地缘的关系组织起来，生活中的互相帮助和协作是必不可少的，聚族而居便成为乡土社会中的普遍现象。由此，中国古代的乡村社会在一定程度上说是一个宗族社会。宗族组织的发展和兴盛，既有国家的大力推崇，也有地方社会的自我需求。宗族的发展，无疑对乡村社会的教化产生了重要的作用。结果是，宗族成了中国古代乡村社会教化体系中的重要组成部分。族谱是宗族的重要组成部分，而族谱中的人物，一般都是族人中品德优秀，对宗族做出贡献的人物，他们在民间矛盾的调解、乡里的道德教化、公共事务的处理中起到了重要的教化作用。

7.1 族谱人物

1.《先考事略》男尚绅谨述

先考讳蛟字飞腾，先王父月梯公之冢子也。性谨敕，寡言笑，尤以忍让见称于梓，里人皆以忠厚目之。壮年艰于子息，年四十有三，始梦叶态罴星士尝言，命中只举一男。越十年，戚家其与其族人构衅，族众滔滔，势将用武。先考慨然贷百金调和寝事，及偿还债颖之日，适二弟尚年诞生，作善降祥，信非虚也。先考淡然于荣利，不慕仕进。叔祖菽轩公先后观察西蜀，开府赣、秦两省，历廿余年，未尝一往顾。以简朴自奉，家道日隆，称小康焉。其治下也，恩威兼施。诸子侄有行为失检者，初未尝稍假辞色。及其感悟自新，待之如初，且以温语慰勉之，渐摩成习，雍睦一堂，人谓庶几乎孝友，家庭云居恒，心泰神怡，以故杖朝之年犹精神矍铄。讵于客岁某月鸡豚未逮，风木顿悲。呜呼，痛哉！弥留之际，遗命治丧宜俭，卜葬从速。逝世未及匝月，不孝兄弟请青囊士遍相各山，多不就。惟忠房形古凸嵩公墓左尚可，平参一穴，爰以此事商及忠房父老，即蒙慨诺。不孝兄弟借以安厝先灵，人言此山佳气葱茏，可昌厥后。或亦先考忠厚之报欤？不孝兄弟幼承庭训，长就外傅，碌碌半生，弗克有以自立。间读《陇冈阡表》，心窃慕之，然愧无文忠之文，及文忠之显扬以光泉壤也。谨录其生平懿行，付之枣梨，以示后之子孙有所观感焉。

在这篇文章中，夏尚绅追述离逝的父亲夏飞腾，可以知道夏飞腾以性格谨慎、忍让而见称于乡里，他淡泊名利，勤俭朴素，乐于为乡人调解矛盾，对族众子弟也经常教导，族人雍睦一堂，乡人称之为孝友之家。其实，在乡村里，有无数个像夏飞腾一样的族人，他们热衷于族中的事务，关心乡村的风俗道德。

2.《清封奉政大夫俊卿夏老先生暨德配彭太宜人六十寿序》

天地菁英之气，磅礴郁积，蔚为五岳之南岳，是曰衡山，盘亘八百里，襟带湘江，控引交广，钟毓之厚，尤在桂阳。其地灵，其人杰，斯亦理所固然，无足异者。所可异者，贤招之生，咸萃一门。德业所基，同齐大寿。如庚虞兄之封翁俊卿先生暨封母彭太宜人者，诚不多观焉。人但见其含和吐气，若厚得于天者，然而不知其克全乎天者，皆由澡身浴德，积功累仁，有以致此也。先生四皓，名宗家传，孝友自幼即如成人，善候父母颜色，凡起居饮食、守暑之节罔敢懈，而友于兄弟，若自性成，尤得亲心欢，为纳资叙官候选从九。及长读书，明大义，适葆轩中丞公观察西蜀，笃年手足，屡约太封翁往为臂助，先生以道阴为虑，请代往焉，事事奉令，维谨视如严君。嗣念堂上年告得告归省，不复出。代长兄经画家政，督治田园，蔚蔬种鱼以奉甘旨。历廿余年如一日。

洎父母卒，居处葬祭，悉遵礼制，哀毁逾脊，犹蔬食水饮以终其丧。初，亲病，躬侍汤药，未尝废离，目不交睫者累月。殆母殁，未逾年，父旋得暴疾，抢地呼天，一恸几绝。以故年方强壮，发已成霜，识者谓为忧伤所致，称夏门有子焉。是先生之善承先也。夫兄弟与阋墙之嗟翁如，盖寡叔伯有靡同之欢，倡和为难，而先生则家庭之中一以诚信相孚，厘然各当，尝因两兄弟龃龉，时或觌面不语，窃叹友恭之世泽，讵可自吾辈斩之。婉劝不从，继之以泣，卒得和好如初。无何，二兄与嫂相继下世，遗孤尚犀，先生痛悼异常，凡送死养生诸大端，苟心力之所能为，罔不克尽，且视犹子，逾于所生，推田宅，成家室，犹其末焉耳。

先生初自蜀归中丞，以其曾任养济堂事，急公好义，志行可嘉，遂令在家管仓务。有佃人因案负累，欠租累累，先生悯其贫，而又念非年荒势难邀免。慨然采谷实之。其自爱爱人，类如此。故至今午诒太史信之倚之。视中丞公在时，尤加敬爱，是先生之善处于棣萼竹林间也。人情莫不望子有成，必先教有义方，而又于其父事、师事者善择得人，夫然后薰德善良，可称佳器。先生志切显扬，恨未及身得遂，尝变产为诸子学资，不以家贫稍吝惜。比庚虞就学，本邑中校时，监督为陈完甫，乃隽丞中丞之子、王湘绮先生之高足生也，学问文章，渊源有自。庚虞时亲教益，遂于癸卯岁，考得与子孚、已石两族父，同案入庠黉序有声。是年，中丞公抚赣江太史，请偕赓虞同往省视先生，既念毛庇之得所，有以其业师王梅村钟雨涛两明经均载幕中，仍得从游，以精学业，乃许之行，行之日，犹谆谆以尊师敬长、进德修名诸要言相诏勉，戒勿以家为念。未几，中丞调授陕抚，又未几，即解职。识彼时赓虞为禄养计，乃请命助资，叙巡检，得留陕西。先生知之，则以官无大小，在清慎勤，不时谕令毋逮。并引中丞公平生政绩事功相责望。迨赓虞当官而行，历膺差务，及权商量县分，县商南肤施等。知事无不治续樊著，宜乎上游器重，下民感怀，誉望日隆，为关中循良选者，推其致此之由。要皆凛凛于庭训，无敢或逾，有以使之然也。是先生之佑启后人，丕振箕裘也。至于造端之道，所贵内助多贤，倡随之间，要当本身作则，古之人有夫。甘贫贱，而妇亦挽鹿车以谨修行者无他，刑之于化习焉而不自知也。

先生性严正居恒，无闺房燕婉之私，太宜人以恭顺处之，相敬如宾，老而弥笃，尝以先生好直言，虽豪贵无所忌，恐致怨尤，多方劝止。有以先生好客，亲朋至者无虚日，疑待酒食必躬自治具，丰约固如先生意，而人亦乐主其家。其佐先生治家也，躬先勤俭日恒，鸡鸣起督子若孙入学，夜犹手咸凿篝灯伴读。凡家常日用之需，靡不亲加检点，无稍虚靡，独于奉养翁姑务极丰。腆岁时，亲戚承问，无决周旋于妯娌子妇间，无德色以无诤语。一门之内，上下翕然。先生既赖以无忧内顾，而赓虞在官迎养，且恐其以私废公，自甘乡居习劳，率初不变，与先生相期偕老。此尤人之所难能者。是先生之内政修明，于以协琴瑟之好，集家庭之乐也。

审若是，则先生暨太宜人之天伦克尽，至性无亏，庶几天地间完人乎？况乎尚义疏财，济人利物，筹营救之策，还路遗之钱，种种盛德，事尤不胜屈。譬之长松千尺，所美不在鳞文，是固可略也。余与赓虞交深，闲则与语其家世之详，及封翁封母之实行，固已知其梗概，为之心仪久矣。今年十月初四日，为先生暨太宜人六旬晋一生辰，宗党戚友咸谋称觞介寿，而赓虞予以假归，请命未获准，行乞余一言，将以寄祝专老人欢，在赓虞色养娱亲发于至情，但余素不文，且修名未立即文，亦无足轻重，矧惟楚有材，又士夫文章之渊薮也。顾念古者因事致敬，则相与为辞，以笃不忘。余又何敢固辞，致昧兹义。爰举平昔所耳熟能详者，序之于文书，之于屏，以著先生暨太宜人之德高年劭，俾于衡岳并峙，千秋由是，子子孙孙守之勿替，世德赖以绵延，推而周衡八百里间，以及普天下皆将闻风兴起，革薄从忠，借以维世道人心于不弊，则先生暨太宜人之寿人寿世更无量矣，岂特岳降之祥、天赐之福为二老荣哉。是为序。四等嘉禾章代理陕西实业厅长分陕知事癸巳科举人愚侄许国琮撰。

以上是许国琮为夏赓虞父母俊卿先生暨封母彭太宜人作的寿文。在这篇寿文中，俊卿先生孝顺父母，无微不至，在双亲重病时尽力奉养，亲侍汤药，几个月都睡不好觉。母亲去世后，不到一年，父亲又去世，他悲痛欲绝，人都衰老了很多。二兄嫂相继去世后，留下幼子，他尽心尽力，办理后事，并且待遗子如自己亲生。族人有矛盾，他动之以情，晓之以理，尽力调解。佃人有难，他也急公好义，倾力相助。他的家庭教育很成功，极力支持、鼓励、引导夏赓虞勤勉学习，清廉做官。而彭太宜人是一个传统的贤内助，相夫教子，勤俭治家，听到鸡叫就督促儿孙起床读书，晚上也点灯陪读，又能很好地处理妯娌之间的关系。所以，按照当时的道德标准来说，许国琮称"先生暨太宜人之天伦克尽，至性无亏，庶几天地间完人"。

3.《伯襄事署》

世侄益年，字伯襄，幼聪颖有大志，伯祖父中丞公抚江右携之入署，读书每赞许之。民国三年，卒业于湖南大学。自是奔走国事，历膺要职，凡廿余年。见外愚日亟民困，日深喟然叹曰："吾国经济之衰竭，由于农业不振。"乃退而创办富湘林场，称批阅族岭头冈山地，植桐万株以示倡导，语曰：有志者，事竟成，其斯之谓欤？

此文为夏文藻为侄子写的一个小传记，益年自小聪明有大志，他曾跟着其祖父都江右为官。民国三年，毕业于湖南大学，从此为国事奔走，担任要职达二十多年。他目睹国家衰弱，老百姓贫苦，认为中国经济不发达，是由于农业不振，于是创办了富湘农场，种植桐树一万棵，希望以自己的行动倡导发展农业。

4.《斌公自述》

余父襟怀磊落，飘然物外，不切切于家计而念念于利禄，其志每期于大用而不安于小成，是以奔驰不暇，劳瘁于风尘鞅掌之中，毋何昊天不吊，竟殁于宗邸，而郁郁于九京矣。不肖不体父志，自安卑狭，兄弟二人各怀所便，因而爱及三知己唐仲宾、张麻子齐过河东，择吉相攸，而唐仲宾住大昌，张麻子住鲁塘，余则卜住聂锡龙窝头，而边虎形后裔山林背以坑为界，左以三十担石崎为界，右与廖含章连界，东前一路直上以天坑为界，略记其意以俟子孙识其所。

5.《夏爵吾先生六十一寿序》

予自行再归里，晤俊老于鹿峰山院，酌酒敲诗间，俊老揖余曰："吾里有夏公爵吾者，与余为姻娅，今年逾花甲，不日初度，敢乞先生一言为祝。"余曰："老夫固陋无文，恐不足以表彰懿行，愿闻其略，可乎？"俊老曰："余两家相距仅数里许，见其累世积德，代有善人，至爵吾生而颖异，器识过人，读书不徒寻行数墨，处事尤能酌古宜今。衡湘间交相引重。顾爵吾淡于仕进，匿亦故园，颇谙弥性之理。飘飘得物外神仙趣，而充间令。嗣托扬风雅，掇青拾紫，当在指顾间。余意爵吾天和益畅，由耳顺以至期颐，将为九代祖万石君焉。先生两朝耆耇，出入经史，且同属葭莩，幸勿吝！"予曰："寿之义亦至不一矣。有以我之寿为祖与宗之寿者。世德作求是也，有以我之寿为子若孙之寿者。本支百世是也。今爵吾硕德美行，足以承前裕后，则是合祖宗孙子之寿，而寿于爵吾之一身。此士大夫之所乐闻，而为戚友所鼓舞欢欣于无既者，岂方士之饕霞服气羽化风生可同日语哉。"是为序。

这一篇祝寿文，是乡人俊老先生委托宁立隆为夏爵吾先生写的六十一祝寿文。以此可知，夏爵吾少小就聪颖异常，器识过人，读书、处事均优，为衡湘父老所推重。

6.《夏天禄先生七十一寿序》常宁 夏普湘湄

赤道交宫宿度张，入鹑尾翼，十九入寿星。鹑尾为楚轸翼，楚之分野也。楚有桂阳，入轸六度，轸中小星曰玉衡，亦曰长沙占明则主长寿，子孙昌。生其间者，禀寰中之清淑，阳德之炳耀，意必有才德魁奇之士，上应长沙玉衡焉。

余先世初籍桂阳，继迁常宁。少时尝翻家乘，得之敬宗有志，键户方殷，穷叹两地睽违，收族之典阙如也。岁戊午叨列贤书，归谒祖祠，得晤家天禄先生，一时凝洽殷勤，宗盟之谊甚笃，而觇其家政，聆其尘谈，低徊留之不能去。今先生年逾古稀，乡人士制锦称觞，问叙于欲以为寿。余观其子陈畴寿先五福。据详攸好，董胶西繁，露书云寿者，畴也，自行可久之道者。其寿畴于久也。盖必有德者得之而始为无愧。先生声蜚璧水，望重圜桥，浑金璞玉，蔼然有古君子风。亦其先意承颜谨视寒暄，则孝先之遗范也。洁身修行，不趋权贵，则子冶之象贤也。惠以睦邻，和以处众，原而恭简，而廉则子权之后身也。嗣君文武，经纬一时之月旦。无殊诸孙，头角峥嵘，千里之家居，可卜四代一堂，顾之而怡然忘老，宁惟是谢幼与之一坛一壑，嵇叔夜之一杯一琴。幽怀芳以自赏哉。从兹颐养天年，由耋而耄而期颐，太和酿为人瑞，乔柯益茂孙枝。将见既缨，鹊起鹤书。降自九天，貂笏蝉联。

以上是常宁县族人夏普为大湾夏天禄七十一岁大寿所作的寿文。夏天禄故居现在还在，保存得很好。此寿文对夏天禄的人品进行了高度的赞扬，如"洁身修行，不趋权贵""惠以睦邻，和以处众"，等等。

7.《夏清和先生六十一寿序》

盖闻甲花周岁，祥福纪亥之仙，午火逢年，瑞应长庚之老，华堂集庆，大厦开筵，祝遐算以如山，聆欢生之币地。恭维清和先生，会稽世胄，明德家声。当代文章，今时武库，诗词清丽，搜日下之旧闻，守廉平、溯风流于前辈。庭闱眷恋，无违定省之文般也。殷勤克尽，清温之训，内外无间，和乐且湛，雁序分行，气若关中，心布鸰原笃谊，文如洛下机云。荆树有花，乐及兄弟，书田无税。耕期子孙，培桂蕊于皆前；一枝秀出，苗兰芽于砌下。九畹香生，蕴此休和，郁为嘉庆，行见巍科，高第代有，伟人从兹，凝气葆真，德将寿世。乃抱隋和之妙品，莫藏圭璋；含韶获之洪音，终宣廊庙。从容访旧，问字来长者之车；慷慨论交，扫径下高人之榻。为儒兼以为吏，服古真堪服官。摘例几千言，隐德铭诸肺腑。司刑数十载，贤声遍及闾阎。胸藏黄石之收，曾为虎貔指画。腰利青霜之剑，顿教遥乞心寒。月闻报捷惟三剿，书纪绩品叙恩荣。以七章服酬庸，瞿铄是翁胡用杖扶。灵寿者英有会，宜其杯进延年。兹当悬矢之诞辰，正值寅宾之候。逾轮周甲致祝，先庚化岂易知。淇水之休风未艾，（耳当思），顺尾山之雅范犹存。用是进长生之祝，亥字呼名歌难老之章，辛家合印，宠眉满座，应来金玉之音。珠履盈庭，悉是神仙之侣。叶带瑶池之玉露，方朔擎桃；香分太液之琼浆，安期献枣承鱼。书之下逮，谬拟鸿章，冀鹤算之，方长请深燕贺。伏愿西王，屡降频添海屋之筹，南极常明，永注蓬莱之籍。是为序。

该文为翰林院庶吉士曹德赞为夏清和先生六十一所作的寿文。曹德赞用工整的骈体文，细致地描绘出了寿宴上的热闹场面，盛赞夏清河的道德学问，并祝愿他健康长寿。

8.《夏母龙太孺人七十一寿序》

《易》之坤象称至，称元与乾象合元而至，故承天时，行厚德，载物不可纪极。或者曰：时有先后接续之交，元气得母有间，不知气与气合，后先同此一元，乃能以顺承健亘古今而不敝。或又曰：坤厚资生而土宜不同，故橘逾淮而为枳，此土所产移之，彼土则不宜庸，不宜即非其所产而资生如一，且和气温酿皆为佳值便，楠丹桂出其中，芝兰蘅亚出其中，植之佳气之善也，是道也。

余于夏母龙太孺人，得之孺人者，大学生象贤公之继配也。公先娶刘孺人，举丈夫子五孺人至举。刘孺人之内政一一修明之。凡夫勤以相夫，俭以持身，敬以延师，厚以□客，慈以御下，惠以恤邻，刘孺人所已行者。孺人无不召合，且竟孺人未竟之志，此家所以日隆而田园辟、宅第宏，百为就绪，纲举目张，尤难及者，仪一心结，哺子均平，视刘孺人所出如己出。举丈夫子六，子竟爽公授经孺人书获，文经武纬，萃贤俊于一门，兰荪秀发，蜚声黉宫，曾元又复辈出，罗列膝前。孺人与公顾而乐之。他时牙笏堆，状问安点额，比之古贤何多让焉。

兹际孺人七十一况辰，维时共金，谖草之诗，或赓寿母之什。余以乌萝上附松乔，稔悉懿德，其戚族龙君先仲，夏君廷魁，问序于余。予维孺人以贤继贤，后先无间，一坤之承天时，行也均平专一，不稍偏爱，一坤之厚德载物也，和气致祥，人文蔚起，一坤之元气，包举太和，翔恰产生，名才储国之用也。孺人之德洵无疆，寿亦无疆，岂第南岳妇人纪年八百云尔哉。是为序。

此寿文为恩贡生张梦岱为夏氏龙太孺人所作。中国传统社会，将丈夫比作乾，妻子比作坤，一阳一阴。妻子的责任是相夫教子。从这篇寿文中，我们可知到龙太孺人为象贤公之继配，其在刘孺人去世后，继承其作为母亲和妻子的责任，将刘氏之子视为己出，家和事兴，龙氏功劳很大。

9.《夏长青先生七十寿序》

粤在癸丑上巳，家君八十初度，姑夫长青先生携亲友邻舍称觞，苍颜白发，约十余人，环坐庭中，谈近事，叙旧情，至得意处相与鼓掌大笑，门外观者以为洛阳耆英会不是过云。

今岁一阳月，姑夫七旬寿辰，家君遣玉光兄弟致祝临行谓曰：尔所以寿，尔姑夫乎！尔姑夫幼失怙大父母，犹存母李太宜人，矢志柏舟，奉亲抚孤，迨尔姑母于归，可尽妇职，深得两代堂上欢心。门庭雍肃，见称间里，旋丁大父母优营佳城，慎对树，丰俭中礼，悉可法。李太宜人守节符定例。奉旨建坊，朝夕鸠工，寝食俱废。越一年告成。此后似可稍安矣。乃阅数岁，尔姑母与太宜人先后逝，丧葬之事，虽续娶者赋性仁，兹亦能内助，而此数十年间，盖不知几经拮据矣。卓哉是翁乎！生平分所当为，与利所能为，皆尽瘁为之。其苦敦实行，有如斯行，有得于心者谓之德，有德必有寿，宜哉。至于拔萃成均，推恩乡里，棠棣联辉，桂兰竞秀，此退迹所共知，是不必赘述。以为翁荣者，玉光承命，往以所言，备述亲友，咸曰：言极朴实，不为翁掩，并不为翁诛，洵可以为翁寿。时在坐长者复命玉光赋诗，因不揣简陋，劣敬缀二律，歌以侑觞：

斗雪梅花岭上新，癯仙好伴介眉人。千回磨炼材弥古，满抱和平气自春。

蛛隐浑忘增甲子，鸠扶不藉健精神。洛阳倘入耆英会，率真图添一率真。

谁夸陆地是神仙，养晦如公亦握全。犹记纵谈修竹院，曾蒙联永大椿年。

同心庆永三多祝，绕膝欢承四代贤。算到重周花甲日，霞杯狂醉小春天。

这篇寿文为桂阳州学生颜玉光所作，夏长青先生为其姑父。从这篇寿文中可知，夏长青年幼丧父，其母李氏将其抚养成人。夏长青虽然生活艰苦，但"生平分所当为，与利所能为，皆尽瘁为之"，颇得乡人赞誉。

10.《奉政大夫夏公梅心暨陈太宜人六十一寿序》

予尝东游齐鲁，北走燕赵，南浮江淮，遍览山川人物，所结纳半当代名公巨卿，考其先世，类有隐德，否则虽负瑰玮之材，率坎坷不遇。即幸取人间富若贵，亦仅煊耀一时，至于享大年，膺厚贵，身康强，而子孙逢吉则必归之有德者。因持此以观梅心封翁。

封翁为夏吉仪公四子，公性谨厚善忍，邻有无赖子侮之不与校。一日大言曰：吾行盗若牛。公若为弗闻也者，退念此人为此言必有奇窘，阴以钱粟遗之。先大夫伊人公慕公贤，会有以其事告者，欢曰：明德之后，必有达人，非此其身，在其子孙。乃以次女妻其子，即梅心封翁与陈宜人也。封翁幼有大志，不屑占毕闻学，使按州挟弓矢一试，为州武生。方其射也，三矢三坠地，旋起而中鹄，若神助。然时人传异之，以为吉仪公盛德所致。封翁既食报，益行善事。虽家计中落，遇人急难辄解囊不惜。有客民佃某姓，山世资为生，某姓中悔，欲夺人之索重金。客民力不支，委妻子为质，封翁悯之。假诸邻，得数金给某姓，晓以大义。客民得复业。夏氏远族有先茔数十冢，强邻谋其地，讼于官，上下徇庇，封翁谒刺史，面论得直，乃已。时严团防，某甲挟私愤诬人谋逆，祸不测。封翁走告刺史，白共冤。其他不平事，闻则投袂起拯之，唯恐后，虽老弗疲也。里中重其豪侠，事无巨细，争求其言，定曲直，其敬礼封翁一如吉仪公。

然封翁性亢直，论事不畏强御，喜面斥人短，人亦不无短之者，宜人虑其取怨也。谓封翁曰："守静以葆真，寡营以养生，直而获谤，何自苦为？"封翁曰："不然，吾直道而行，虽鬼神不畏，何恤人言。不问姜桂之性，老而弥辣乎？天下多不平事，赖有不平者为天下平之，若皆嗫嚅随俗，何用我辈为？"又其言曰："与人事，受一分贿，即为子孙长一分孽。如早稻未熟而获之，得不偿失矣。"闻者题之。士杰与封翁不时过从论时事，多不合封翁，或忿形于色，随亦忘之。及有事护持，逾手足，虽遇艰难险阻不之避。尝见世人酒食游戏相征，逐缓急真若可恃，一旦临小利，反眼如不相识，以视封翁其贤不肖为何如也。我先大夫之妻以爱女也，有以哉！

宜人年十八归夏氏，事舅姑尽礼，能得其欢。伉俪亦甚笃。封翁喜酒好客，宜人为洁盘饔蓄以待，不继则质既耳市之。其治家严整有法，子妇辈胥禀命后行。遇岁歉，自减膳，□粥济人。冬寒，见邻妇冻者，解衣衣之，不少吝，几若家素封然。此固由天性慈祥，抑亦体封翁好善乐施之意也。

今夏封翁行年六十矣，犹好论古今成败，英气勃勃，竟日忘倦。与之游，徒步数十里不汗不喘。宜人长封翁一岁，精力稍不及，然亦起居矍铄，鬓无二毛，望而知有寿之征。岁仲冬，其长子联登四子，崇本为堂，上制锦称觞，会三子时以工部主事乞假南，旋问序于余。余曰："德者福之基，昔窦燕山艰于嗣，其祖示以梦瞿而修改完善，后享期颐，五子俱贵。"今封翁承吉仪公世泽而光大之，又得宜人为之助，辟种树然，根柢深，灌溉勤，则其枝叶茂而发荣也。久封翁之膺福寿，宜子孙也，夫奚疑，虽然犹有进。方今苗民逆命，四夷来宾，国家需文武材寄封疆之任。时兄营年策名，宜出其才力，宏济时艰，以报国克家，俾千载之下犹何称之，曰某某固某某之子若孙也，以显扬。为二人寿其寿，讵可以石程数计哉。如此庶不负先大夫知人之明，当亦封翁与宜人所乐而辗然，为进一觞也。

该文为陈士杰所作，具有极高的史料、文学价值。陈士杰（1825—1893）字隽承，桂阳州泗州寨人。在咸丰三年（1853）投湘军，为曾国藩的重要幕僚之一。后返桂阳办团练，配合王鑫镇压郴州李石保等起义，升员外郎。咸丰九年

（1859）阻扼石达开部过桂阳，并重创之，升知府，晋道员。湘军裁撤，削平鲍超所领霆字营部分士兵哗变，加布政使衔。后调山东按察使，迁福建布政使，光绪七年（1881）升浙江巡抚，转山东，光绪十二年（1886）夏因病辞官返里。

从这篇寿文中可知，陈士杰为梅心公的小舅子，为夏时的舅舅。夏、陈都是桂阳北部的大姓。梅心公为夏时的父亲，夏寿田的祖父。他性格谨慎厚道。有一个邻居曾经当面侮辱他，并扬言要偷他家的牛，梅心公非但没有和他计较，反而认为他肯定是因生活窘迫所致，所以暗中送给他一些钱和粮食。陈士杰之父，欣赏梅心公的人品和才能，将自己的女儿嫁给了他，是为陈宜人。梅心公后来为桂阳州武生。他为人热心，邻居、亲戚有不平之事，他都很积极地予以帮助，"里中重其豪侠，事无巨细，争求其言，定曲直"，在乡里具有极大的影响力。但是，因为他好直言人短，也有人对他表示不满。他毫不在乎，认为"直道而行，虽鬼神不畏，何恤人言"，并且认为天下不平事，需要有天下不平人来处理，不然生我辈何用。其配陈宜人，十八岁嫁给梅心公。她对公婆尽礼，颇得其欢。她与梅心公的感情也很好，梅心公喜欢喝酒待客，陈宜人则尽心准备对待。在治家方面，她也严整有法。在歉收的年岁，她还派粥赈济。有一次，她见邻居有一位妇女穿得少受寒，她立即将自己的外衣脱下来给这位妇女穿。陈士杰认为，夏氏之所以能够人才辈出，与夏吉仪公、梅心公等历代祖先积德累善有密切的关系，正所谓"积善之家必有余庆"。

11.《通议大夫夏梅心先生七十二寿序》

唐宋诸名家文集不载祝嘏之辞，元明后渐盛，而归震川集中则此体最为擅长。匹夫匹妇一经点缀，遂若有可被之金石而不朽者，然往往应不择人，识者讥之。竣游进师十年，达官贵人有以此请者必谢。忆己巳岁尚书某公外任驻防将军，其子弟门人于都下称觞遥祝，坚嘱竣操觚，辞之不果，作，诚虑为震川者所讥也。顾朋辈中有真能内行胉笃不辱其身，而亲又足令人欢仰者，未尝不为撮叙生平，酬其意以往。

丁丑冬，以蜀帅奏调，衔命来川，得与菽轩观察交，聆其言，内敛不浮；察其行事，宽而栗刚，而赛与世之矜张以为才诞幻，以为智者异，乃深相缔好，索居则思，既见则悦，三年于今，两情益洽。旧岁寿菽轩一联，云世间是质朴人多寿，古来唯谨厚者有为，盖菽轩尝言幼承庭训，严兢不敢纵。佚官水部，数稔饮食车马衣服，守寒素，而于公卿门未尝投一刺，视彼营营者，心非之而不言，是以幸免于庆。今观察菽轩诚非饰其说者，故制联以颂之。如此菽轩不惟忘其词之陋，而反喜其语之直。兹乃以封翁梅心先生寿言为嘱，并出陈隽臣（承）方伯前序见示，方伯于先生为内弟，相知最深，其溯世德，疑叙姻娅，及先生伉爽之性情，雄奇之意气，光明之心术，矍铄之精神，石破天惊之议论，渊渟岳峙之识力，尤曲曲写出，不啻频添三毫。竣虽未沂湘水，陟衡峰，拜瞻先生于堂上，而读方伯之文，固已神往四千里外矣。抑又闻菽轩之言曰："吾父性沈毅耐劳，苦童时即患咳，然常先人起，后人息。今年七十二矣，犹勤勤如少壮时，课子侄，多危苦言，不轻假颜色，族人胥敬畏，平居有不法者，闻咳声即走避，人或誉吾兄弟诗文，辄摇首曰'不过尔尔'，要贵立志不苟。"然则菽轩□季今日之卓卓有以自立，更即先生之业而广大之。其得于义方之训也，素矣。

竣窃怪造物生才不易，而钦奇磊落如先生，乃不使大展谋猷，为国家任千城腹心之寄，竟伏处林壑，仅与二三老友，上下古今剖论成败，彼阘沈龌龊反得膺专阃而肩蟒腰玉，抑独何与？及读《曾文正公集》，自叙其父若祖厚德相继，积数十年，仅博一衿。又如李忠武、罗忠节诸巨公，其前人俱有隐德，并一衿不获，而有子克家，为名将帅。由此观之，造物固未尝无意于其间。今先生逾古稀，而菽轩早登显仕，伯与季恂恂，长者见重于乡。孙曾绕膝，四世一堂，夫本之厚者实必蕃。且硕安在不与。曾李诸家同播衡湘佳话，竣愧不文。而既与菽轩结兄弟之欢，又实乡慕先生古谊罔陵，一什分不敢辞。爰于隽臣方伯序中所未及者，谨补缀而申论之。即以为先生寿，若以文体求固，不免为震川太仆所笑也。

这篇寿文为夏时在四川为官时结交的同僚文天骏所写。虽然主体内容为梅心公，但其有不少内容涉及夏时本人。盖文天骏并未亲面梅心公，故通过夏时之品德、为人，及夏时之叙述，写就该祝寿文。通过该寿文，我们可以了解到陈士杰所写寿文中没有的内容。梅心公秉性沉毅，少年时候患咳嗽病，但是在七十二岁的高龄，仍然如少壮时候，晚睡早起，教授子侄。在教授时候，多危苦言，不轻易赞许，子弟辈所作之文虽被人称誉，梅心公则摇头说"不过如此"，而且告诫说要"立志不苟且"。族人对他都很敬畏，平时不守规矩的子弟，听到他咳嗽则绕道走。其为人严谨可见一斑。夏时就是在梅心公的教育下成才的。

13.《夏绍鼎寿序》

晋陶潜隐于酒者也，彼岂真不欲为五斗米折腰，而沉湎于醉乡中哉？盖其时必有大不得已，不能行其志，不若托于酒以自晦也。

吾乡绍鼎先生亦隐于酒者，今春秋七十有一矣，精神矍铄一如少时，为人坦荡和平，不轻言人可否。喜读书，竟日忘倦，以不得志于时，遂涸于酒。余尝过访，见先生手执一卷，有醉容。既而再三过，亦如之。有子二，均业农，岁所得粟多，酿芳醪不继，则沽于市。

或笑之曰："先生不求名，不求利，家计日窘，而先生日行吟泽畔，面若朝霞，先生醉矣，其何时而醒也？"先生曰："不然，子不见夫车驰马骤，朝秦暮楚，以博升斗之禄者乎？醉乎醒乎，又不见夫牵车服贾，劳劳攘攘，动霜犯露，以获什一之利者乎？醉乎醒乎，夫其驰逐于名而不知返行，将患得患失，苟有可以得名者，无所不至，驰逐于利，而不知足，势将见利忘义，如象有齿，焚身而不知甚矣。世人之日在醉中而不自知也。子不世人之笑，而以笑予，甚矣！子之醉无异于世人也。虽然众人醉矣，余独醒也乎哉！王绩诗曰'眼看人尽醉，何忍独为醒'。余虽浮沉于酩醪中，厌厌与物无忤，安知造物者之果不我辱。余虽置理乱于不闻，贸贸焉与世无争，安和世人之不我凌余。醒也乎哉。余犹之醉也。"客惭而退。先生复隐几观书，呼童酌酒，啸歌自乐。适余至，局以语余，矍然曰："先生其殆悲余之未醒乎？"向余策名部曹，走居都门，不克养厥父母，继又以驰驱戎马，不能朝夕膝下，以终余年。形役于外，神疲于中，余虽不雅与杜康，年未四十而视茫茫，而发苍苍。先生虽日在醉乡，年逾古稀而视履康强，神彩炫发，甚矣，先生醉而不醉也。余则不醉而醉也。先生之醉，大丈夫不得志于时者，往往有之。若余之醉，则如长夜漫漫，一醉而不知几时。醒也先生，其有以警予哉！时值先生诞辰，乡人士欲晋爵先生，乞言于余。余因以仿刘伶作《酒德颂》为先生寿。词曰：

天地为趋筚兮，大化氤氲。嵇康藉以适志兮，陶令以之逃。名生不逢治与平兮，愿昭昭而昏昏。朝采菊英以为食兮，暮浮大白以娱生。若云风之高翔兮，一任浊世之战争。

该寿文是陈士杰为夏绍鼎所作，文采斐然，具有道家哲学的意味。夏绍鼎喜酒，虽然年纪已经七十一，但仍然精神矍铄。为人平易，不轻易评价人，喜读书。陈士杰曾经过访，见夏绍鼎拿一卷书，面带醉容。陈士杰认为，夏绍鼎之好酒，与晋陶潜好酒类似，都是由于不得志使然。有人问他说，先生不求名不求利，好酒而家贫，应该醒醒了。夏绍鼎则认为，不是自己醉，而是世人醉。世人追逐名利，见利忘义，见危而蹈，焚身而往，到底是谁醉呢？陈士杰将一位乡间老人淡泊名利，不汲汲于功名的形态写得淋漓尽致。然后反问自己，自己年未四十，而眼睛近视，头发花白，因在外奔驰，不能在双亲膝下照顾，虽然不好喝酒，但是，自己是醉还是醒呢？因而羡慕夏绍鼎先生年过古稀而腿脚方便，神采炫发。

14.《二兄佑籍传》

兄讳联捷，派名佑籍，字书隶，吾父之第二子也。性朏挚，沉默寡言，事亲一意承顺，见人薄视同气辄愤懑，若大不得已于中。吾母尝厉，兄侍汤药彻夜不休，遂染疾，继又及（夏）时，呻吟一室，至亲少过问者，月余乃瘳。兄以家道屯邅，益不自得，虽事生产，实非所志。频年与时篝灯共读，怡怡无间，衣服每取最敝恶者，而以其鲜洁予时曰："汝与士人游，勿褴褛，为薄俗所笑。"时强服之。先是，粤逆洪秀全道楚东，下陷，踞金陵，至是愈猖。舅氏陈公士杰应曾侍郎国藩聘，治军鄂皖间。兄既不愿局促乡曲，又欲倚舅氏，以建树于时，乃决计从戎。既行，家中始觉，吾父乘夜追之弗及，太息而返。适舅氏假旋道相左，改隶楚军王吉昌部下，战于江西瑞州府，死之。时咸丰七年四月十六日也，春秋二十有五，伯兄佑典间关数千里收遗骸归葬大湾村东里许之太祖山，首巽趾乾。同治间以（夏）时官工部主事加四级，驰赠中宪大夫。光绪九年，伯兄以第五子启学为之后。同怀弟时曰：咸丰间，吾楚以布衣起行间，为名将帅者不可殚述，要皆本至性发，据率成不朽之业。不幸或以身殉亦多表见于时，独吾兄抑郁不得一试，卒殒其躯，此所谓命者，非耶？

本传记是夏时为其二兄夏佑籍所作。夏佑籍性格醇正，沉默寡言，对父母孝顺。他母亲曾经生病，佑籍在身边侍奉彻夜不休息，于是生病，过了一个多月才好。早年与夏时同读书，关系很好，总是把好的衣服给夏时穿，而自己则穿差的，并且对夏时说："你与士人交往，不要穿得太差了，免得被那些浅薄的人嘲笑。"后来太平天国起义，夏佑籍乘夜出走，想到舅舅陈士杰那建功立业，后来在江西瑞州府战死，享年二十五岁，可谓英年早逝。夏时感慨，湘军崛起，湖湘子弟建功立业者不少，而其兄夏佑籍不幸殉亡，这是不是命运的安排呢？文天骏后来也为夏佑籍作"传后题词"：

愤俗薄，得天厚，大英雄，真孝友。读书十年志不朽，丹心一点藏胸久。风流近慕会与罗，报国立功光父母。跃马出门时几何，瑞州捐躯全所受。呜呼！

义士之死重泰山，千秋顽懦起林峦。我读公传题于后，遥知有鹤鸣白阜。

徐寿铭亦作《书夏书隶先生传后》：

寒夜云满庐，孤檠读前史。士喜猎浮荣，惊远畴修迹。翳我楚之南，瞥华独夏氏。夏氏毓四杰，次公古人比。见有逆双亲，恨恨发直指。见有薄同气，郁郁摈勿齿。母病愿身代，深夜虔祷祀。弟贤恐俗嗤，夜敝易华美。孝友既肫然，忠义复难已。中原半烽烟，西江皆战垒。龙泉腰间鸣，溅去分榆里。誓扫豺虎窟，匪仅平吴止。噫嘻黄黄材，未捷身先死。处失温席黄，出奇华刀李。披吟家乘篇，白阜山长峙。

海宁钱保塘亦有《题夏书隶先生传》：

常恐年华晚，悠悠过此生。慨然投笔起，据作绝裾行。一战英雄逝，千秋涕泪倾。原情不尽（夺字），家传笔纵横。

15.《赠奉政大夫夏公逵赞》

公讳万逵，号吉仪，余姐丈万年之从兄也。余初晤于天禄，太亲翁所见其厚重简默，大有父风，甚器重之。既而余次女适公四子，廷魁又得备知公之处己恭俭而待人谦冲，恂恂然，内外无间言焉。世德不爽，益钦爱之。昔山巨源器宇深沉，时人称为璞玉浑金，公非其流亚欤？子四，森森玉立，而四子早蜚声，黄序天之报施，正未有艾也。语云：明德之后，必有达人。今观公益信。赞曰：

会稽之郡，白阜之麓。此中有人，超然远俗。不华而实，不今而古。盎盎皆春，与物无忤。天球不琢，玉井无波。澜回壁立，月霁风和。指困赠友，倒屣延宾。庭槐既种，泮藻斯分。噫嘻！浑金之器，抱璞之思。微斯人，吾谁与归？

桂阳夏氏与陈氏联姻多年。该传是陈维之为夏万逵所作。夏万逵为人恭谨，待人平易，无论家里家外人都对他没有意见。陈维之认为夏万逵有魏晋名士山涛之风度。

16.《夏君万年赞》

君赋性挥霍，丰姿俊爽，如鹤立鸡群，使天假之年，则鸦蔗秋风，蛟腾春水，直指股间事也。奈骥足未展，而鹏赋已成，英年才逸气，早赴玉楼。惜哉。

该赞为陈维之所作，夏万年为其姐夫。从赞中可知，夏万年器宇不凡，可惜去世得早，不能大展其才，真为可惜！

17.《夏万年妻陈氏赞》

呜呼！姐适夏甫四载耳，骤遭大变，惨不欲生。因姑老女幼，须臾忍活。歌黄鹄、咏孤燕数十年如一日也。养姑不衰有汉陈孝妇风，近因女适廖早孀，遂相依倚，家政悉为之纲纪焉。夫不朽者名，独全者节，今虽未获旌褒，如高行义成之间，而正气芳徽长留天地。录此以愧世之重鸾再镜而其操者。

陈氏为夏万年之妻子，陈维之之姐姐。夏万年早逝，陈氏突遭大变，痛不欲生。因婆婆年老，女儿幼小，所以隐忍存活。守寡十年如一日。尽心照顾婆婆，并把女儿养大。后来女儿嫁给廖姓，想不到也早孀。所以母女仙俩相依为命。陈维之对她们母女表示深切的同情，并高度赞扬其姐陈氏的妇德。

18.《永夏节母懿行》

予与菽轩观察共事有年，得闻其曾祖天禄公生十龄而孤，母刘青年矢志。族人之无赖者，观觊厚产，数毒害之。母惧而乃谋蓄于外家，成立始返。母子性皆勤俭，家益饶。爰置祭田、学田以贻后。而于前无赖者仍待以恩。时人咸服其量。今菽轩方续修宗谱，予因赋以贻之，属刊简末，以志敬仰云尔。

劲草当风疾，此自男儿事。何图兰蕙质，乃有过人智。恤纬陋常娈，盘根别利器。百钧悬一发，万全殊不易。少康复旧物，有缗先避地。遥遥数千年，家风犹未坠。母节既可钦，母智尤难企。夏氏今多贤，实爱母之赐。再拜颂徽音，聊当彤管志。大度化冥顽，余休未足异。

该文作者为文天骏，记述的是夏时曾祖父天禄公之母刘氏的事迹。天禄公十岁丧父，其母刘氏矢志守节。有无赖族人觊觎其家产，刘氏担心天禄公的安危，因而带着天禄公到母家去了，等到天禄公成年才返回大湾村。天禄公母子勤劳节俭，逐渐富裕起来，于是逐渐设置了祭田、学田，祭田以祭祀祖先，学田以鼓励本支读书的人。而刘氏对于之前的无赖族人也以恩、礼相待，时人都佩服她的度量。

19.《紫荆一庭歌为夏大尧作》

闻夏菽轩观察曰：大尧兄弟四人，尧居长，父正元即世，三弟均幼，家极贫，以种山度日，尧竭力经营，抚三弟成立，悉完姻事，而友爱不少衰。尧故未读书也，是可以为能文而薄同气者警，因歌之：

紫荆一庭兮，白云满冈。家无诗书兮，力作忙。力作忙，率天常，仲氏儿女各成行。於戏！我今有弟隔三湘。

此文为徐寿铭所作。夏大尧四兄弟，尧居其长，其父正元去世后，三个弟弟都很小，家里很贫困，以在山里栽种度日。大尧竭力经营，抚养三个弟弟长大，并且帮助他们成婚。结婚之后，兄弟之间的友爱一点也没有减少。大尧虽然没有读什么书，但是其气节令人钦佩，那些读书能文而无节气者应当以此为警。

20.《诰赠武翼都尉夏公鹏耄暨德配廖太淑人八十双庆寿言》

桂阳为古名郡，山水奇秀甲湘南，其土著著姓曰陈氏、夏氏。陈氏自隽臣侍郎，文学冠盖璀璨一时，夏氏若今按擦使者菽轩先生，以名德治理，著闻天下，而其郎君犹子辈若午诒太史，环青广文，半斋上舍诸君，文学直节，伟略环琦，远近推为英杰，无异辞也。而亦间有耆年隐德，黯然自修，姓名不为当世所知，如鹏耄先生其人者。先生为廉访公从父昆弟于广文太史诸君诸父行也。余与广文诸昆季交有日矣。酒酣耳热，纵谈天下，间及其家世，故于先生行谊知之颇详。

先生少美丰仪，有何郎之誉。顾自弱冠时即以端谨自饬，守身似玉，有士大夫所不能者。一夕月下，因事过邻家，邻人适外出。邻妇悦而□之，先生严词竣却，然亦不泄于人。论者谓有鲁男子风，得诸年少犹难初。咸同之际，先生年才三十有余，是时广西乱民洪杨逆氛遍天下，桂阳当楚粤之交，深菁严谷，山贼时时穷发。侍郎陈公及廉访公率乡人子弟讨贼，屡战均有功，先生慕而乐之。时弯弓跃马从诸公后杀贼自豪，厥后诸公日益贵。而先生顾落拓不遇，自是淡于荣利，优于同里，益讲求居乡治家礼法。桂俗健斩，先生每以和厚处之，俗为稍变。所居在白阜山下，泉甘木茂，春秋佳日置酒筵客。而先生顾善饮，客醉辞不能饮，先生犹飞筋数十以为乐，益醉而神明不乱。所配廖太淑人亦能仰体清德，淑慎婉懿，家庭内外数十人，彬彬有礼，无诟醉声，白发齐眉，怡然自乐。性愿谨，生平无疾言据色，乡邻聚集，客或议论蜂起，喧逐满座，先生恒终日不发一言，□□若无能者，恒曰："吾生平无他才德，所自信者，不妄语而已。"故环屯远近，无少长良贱，佥曰夏翁长者也。有丈夫者五：启岗、启崇均以材武为当世所知，擢安定、纬武二军偏裨，治军有法度，为川中最。启昆、启峨、启召亦驯谨不坠家声，盖得诸先生与太淑人庭训者为多。辛丑仲春，先生及太淑人八十初度，环青广文不以锷为不文，以祝嘏之文相嘱，锷虽未尝登先生之堂，然观启崇昆季能军，重以广文所述如此。诗曰：高山仰止，景行行止，心向往矣。乃撮其荦荦大节，以为先生侑一筋。先生当欣然浮一太白也。谨叙。

该文为衡山成锷所作。夏鹏耄年少时外表很俊美，刚刚成年就显得端庄、谨慎，守身如玉，一些士大夫都难以相比。一天傍晚，有事经过邻居家，恰巧邻居不在家，而邻居女主人却很高兴他的到来。夏鹏耄为了避嫌，就没有进去了。咸丰、同治年间，太平军起义，夏鹏耄随陈士杰从军，有很多人因此发迹，但夏鹏耄一直落拓不遇，于是回乡。他以和厚待人，当地风俗也因之稍变。大湾村在白阜山下，泉甘林茂，夏鹏耄在春秋佳节的时候摆酒宴客。他很能饮酒，客人推迟不能饮了，他还能连饮十几杯。夏鹏耄与夫人廖氏琴瑟和谐，白发齐眉。乡里人们都认为夏鹏耄是一位长者。

21.《夏月梯先生暨尹孺人七十一寿序》

往尝登扶苍、跻白阜，磅礴郁积，蜿蜒而东，则大湾夏氏族居也。其山川之灵异，其风土之懿美，其为人类能自树立不沦阿以取容，其发为文章也，亦有纵横排奡不可一世，概其或匿名田野，无闻于时，必有梁鸿陵孟光之传齐眉，相庄同享大年，相与敦古义而维人心，谓非天地之所钟者有独厚耶？

然夏氏自迁桂阳以来，千有余年，无登甲乙科与官守令者，至菽轩观察而其族始昌。菽轩，吾姑之子也，与兆文为中表兄弟，同里密戚，过从益欢，因得论交于哲弟月梯。国学立身制行，驯驯有法，与观察虽为共曾祖，而友爱之笃如同气然。光绪初，元兆文供职京华，观察亦分巡巴蜀，与君不得见着几二十载。樽酒言欢，忽忽若昨日事，而君年已六十矣。乡之人谋所以寿君者，君称："诗曰：'明发不寐，有怀二人。'今已不能逮事，吾亲猥以生日为庆，是重吾戚也。"又称："诗曰：'夙兴夜寐，无忝尔所生。'今不能扬名以显父母，方将永感哀慕之不遑，而顾随俗偃仰，称觞为乐，是从吾愆而增吾恫也。"嗣君飞腾春华才丞等，复请之，固君不获已，而终不敢召优伶治酒，以重违初心，独以君所夙好，惟新文章，乃竞作诗歌以娱乐难老，而命兆文叙之。兆文知君行谊甚详，谅不可以不文辞也。盖君之生也，逾岁而孤，母彭太君年甫二十，出则怡声柔色，抱子奉姑，入则椎胸饮泣，哀毁柴立。家称小康，而躬执劳役，逾于贫妇。逮君既成立授室，家道日隆，每当献岁发春，或值宴喜堂，阶东西筵几罗列，君则率孙曾男女绕膝称庆，而太君操作自若也。太君以年例当旌于朝，君将上其事于有司，且备陈律令，褒美之意，太君矍然改容曰："分内事耳，何纷纷使众闻知耶？"遂不敢复言。观太君之高节，厉行深自贬损，宜君言之。至今日而怆绝若不胜也。

兆文尝获交当世贤士大夫，类多秉母德训以成大名，其贤母之以节显者，其子必能广大其门，即兆文无似兄弟滥穷禄位亦不及。叔母颜夫人皆已背弃，欲求篝灯课读之，一日不可再得。诗所谓"欲报之德，昊天罔极"。抚躬辗摽，终无以自克矣。惟君孤苦与兆文略同，而所以秉母教者，亦无不同君，又束身寡过，足不履城市，惟以范其身者范其家君之妇。尹孺人感姑之大节，兢兢祗奉，若忘其劳，闻名内外，端严谨敕，举精粗剧易之故，姑举其纲，妇理其目，君皆不以何问也。太君即世，孺人独持家政，数人之事填委一身，黾勉从容，百废皆举，若夫奉祭祀，召宾客，君治于外，孺治于内，与古良史所称举挽车何以尚兹。然孺人尤严恭敬让，不敢一日忘先姑之遗训，其持身无寸晷之暇，无一事之稍，自假饰其约束子姓，无不逮之恩，亦无敢少逾其轨，训诸子读书修行，既浸浸有成矣，诸妇亦日求孺人所以事祖姑者，以事其姑而益加隆焉。休和之气沛然四溢，始于闺庭，达于州巷。君与孺人亦可怡然焕然无几微之不足以中者矣。顾念生日之庆皆子弟所姐以承父兄之欢也。义虽非古，而京朝达官称觞娱宾，岁以为常。今飞腾等既知以此悦其父母，且欲以文章褒美父母之懿行，而其所称引，尤以不得上承封诰，为舞采介寿之具，言之而斩，沮若不胜焉。此其意抑足嘉也。

兆文备职史官，凡乡里匹夫匹妇苟有一善可称，义当为菽轩之采，刿太君苦节，必而不章，亦史官之咎也。因附缀颠末于此，行将上之朝端，乞恩表异，以为乡里矜劝尔。若夫夏氏，代有隐德，多享大寿。太君年近八十，观察之尊，人亦偕老古稀，则尤苍山白阜之所钟其气为独厚也。书既竟，乃载歌台莱之诗以遂之。

此文为陈兆文所作，其为夏时的表兄弟。夏月梯出生刚过一岁，父亲就去世了。其母彭太君当时年纪刚过二十，她一边养育幼儿(夏月梯)，一边又要奉养婆婆。丈夫的去世使得她非常悲伤。不过家里条件还算好，即便是这样，彭太君也亲自劳作，比贫困者有过之而无不及。夏月梯长大后，家里日渐富裕。他对母亲彭太君非常孝顺，而彭太君也保持着良好的劳作习惯。后来彭太君去世，尹孺人主持家政，一个人做几个人的活，勤勤勉勉。

22.《夏都尉听云先生六十寿言》

国之将兴，其朝必有多老成端愨之士，笃君臣和，僚友相与，振民育德，而国遂以兴。族之将大，其家必有温良诚朴之人，睦兄弟，敦本支，相与积德累仁，而族遂以大。理所固然，念无爽也。

桂阳夏菽轩观察由水部官蜀中，与余缔交十有二年。近七年来，同综差运气谊益亲。余尝叙其手修宗谱，知其先世多忠厚长者，为郡中贤士大夫所推重，菽轩同怀四人，仲兄书隶早岁从戎，战殁豫章城下，余恨未及见，曾为短歌哀其志，载之宗谱。其伯兄听云翁、季弟季轩先后来江阳，幸皆得见之。昆山大璞，不雕不琢，大要非秦汉以后人也。而翁与余游最久，天性乐易，终日无戚容，木强寡言，喜听人道古今事。遇得意处，以一二语赞论之，深中肯綮。启饮酒不与人角胜，或强酌之，亦不辞醉，则抚髭微笑，意度益和。喜手谈，不计胜负。余时与戏不逾刻，已两易局，其胸无机械类如此。余与菽轩虽读千卷书有时，上下其议论，不能无求胜心，至对翁乃觉不战屈人者之养为不可及。翁友爱诸弟，极肫挚。当书隶挺节豫章，特徒步数千里以还其榇，菽轩官京师，别久思欲一见，辄冒雪北征，不少却。虑年来，两至蜀，但图既翁之乐，若不知有巫峡瞿塘之险者，不歆慕，而太息随之也。翁少娴骑游弋，武库颇熟。咸南塘书院尝从其舅氏陈隽臣中丞，击粤寇有功，积阶至司戎，旋际升平，解甲归里，今已苍苍在鬓矣。世事浮云，不以屑意，一以督课子孙为乐。有丈夫子五，长出江右，三列学官，子员余皆青云，励志诸孙亦头角峥嵘，以翁之友爱其弟，而弟之贤也，既如彼庇荫其子孙，而子孙之贤也，又如此门庭之大宗族之光不于此，可握券哉。岁已丑夏四月为翁周甲大庆。菽轩预告余曰：我伯兄生平惟子知之甚悉，何为代书之，寄以为伯兄寿。余愧不文，又苦无辞以谢，爰笔其大概，用博衔觞一笑云尔。

该文为文天骏所作。夏听云为夏时的长兄，因为到夏时处，故欲与夏时同僚文天骏相识。夏听云天性乐观，脸无戚容，沉默寡言，但是喜欢听人谈论古今。其弟书隶在江西战死，听云徒步千里将其灵柩运回。他也跟随陈士杰从军，有军功，后归家，以督促为学为乐。

23.《夏都尉听云先生德配陈恭人七秩寿序并颂》

叙曰：明夷之象，曰君子以位众，用晦而明。说者曰：众谓群小也者何难也。处变之道逆而难，唯行权自贬损者能达之。此具有学术存焉，非直赋性之笃也。是故纪季蒙纂，词以成存纪之功；缇萦犯霜露以传幹□义。此皆情至心苦，得用晦之正者，礼家乌得执简以争也。当淑人与陈氏强族抗讼时，一新嫁之弱女耳，其至性所发越，乃能智深勇沉，绸缪于机先，齐咨涕夷，优勤于事，后虽葛覃归宁之仁，阿兆采亡之义无以过也。问者曰：伯姬逮乎火而不下堂，春秋贵之欤？卫女之驰驱行露者，义亦两通乎？曰：然。假令祭仲舍命不渝，不过匹夫恧尺之义耳。若乃举郑之社稷，民人而击之仲，岂语夫伯姬一人之收礼乎？故诗人言其经春秋，知其权精者坦而易行权者，微而难知，是以檀渊有宋灾之会……

桂阳陈君，贻迪仁而多财，为强族所□，伺将不利于诸孤。陈君畏逼，不敢置告室，嫡出唯女子七人。淑人其长也，织□之年观于祭祀，纳酒浆漕马出涕曰："皋陶庭坚，不祀忽诸？"乃与母密谋养妾于外祖家。无何生男，强族稍稍众查之淑人，操心内患者，若履虎尾，精诚所通，人心激发，一时宗姻之慕义者，莫不顿足攘手，争言程婴、杵臼之事。淑人乃怀挟陈孤百舍重洬踪非一，而强族情益迫，往往险难百出，危而后安。淑人以出笄之女，沉几查变，不动声色，其学识为何如！其作嫔都尉，乃援外成之义推远，母家并令诸女弟无请谒，往来决嫌，明微礼之大者，无何贻迪公，弃养孤斩焉。在嫔陈氏之强族，事创起于淑人，乃谕诸女弟曰："礼有归宗之文，难而不急亦何以事夫？"于是请命都尉而自控诸大吏，孤亦墨衰从戎，强族乃逡巡遁去。当是时，诸姻娅皆从壁上观，莫敢支吾而向之，为婴、白者乃攘臂来前，以相庆曰："今乃得伸大义！"于天壤而达乎礼之变，则庶几播诸管弦，付于风雅，以与驰驱。归言者同其趣乎？大难元夷，淑人忧惧不宁，追维小毖，及蒙之思、大壮丧羊之旨，以诏于陈孤。故尝战栗不敢讳妄，而保世以滋大，淑人之为功于宗湮者，其学与识益出于寻常万万也。

当是时，都尉以慷慨临戎，辞亲远出，淑人为鸡鸣、垂配袎，肇式则委蛇孝思，殷优方始，良诲深仁，宽粟有度，母教成风，家室翕洽，若乃勤劳中馈，躬行节俭，阮高希谷之风弥洁，幹濯之性用能送往事，居财称其礼，及其推恩不匮，惠鲜维则，近自宗姻，旁通庶类□生，问死乐善不倦，思齐无怨恫之保，干禄有睦姻之庆，一时论歌轶事者，益莫不以型，于之风归美都尉，而其实淑人之盘根错节以成其德者，固早裕于教嫁之先也。淑人以曾悯之性，济之以学，故情愫所通，道贯乎终始，志周乎夷险，当母升逢之日，以一身出入危难，及舅殁姑老，侍疾唯谨，鸡斯督乱，哀礼无侃，乾惕之隐，习与性成，故虽从容色养，不忘戒惧，深爱所发，无间夙夜。悦亲有道足以解忧，《易》之所谓"消息盈虚，动静不失其时"者。夫颂曰：

暌宗晦亡，载驱闵乱。故贤沉冥，遗经有烂。

宪宪淑人，姆教娩婉。诚以学孚，道以时见。

艮背斯行，坤动而刚。为龙为蛇，与道翱翔。

殷优启圣，德慧含章。震以恐福，恒以久庆。

葛条恺弟，惠于两宗。诚性无择，孝思有融。

以嗣先妣，以戎家邑。昔闻委蛇，今见肃雍。

音音琴瑟，习习风雨。密勿德音，窈窕贤辅。

仁风旁达，义浆倡予。实佐君子，迪光前古。

幽风粟烈，唐俗勤俭。弦诵从容，深思远览。

劳谦退然，而无既滥。是用孝享，以延宗监。

五英孝友，世德作求。油油谖草，可以忘忧。

睢麟孰应，道在则孚。千禄百福，训型孔修。

夏听云先生夫人姓陈，在其未嫁之前，陈氏宗族少男子，即便是有，也多为幼子，因此为强族所逼，陈淑人设法保全之，其有"功于宗湮者"，功劳最大。嫁给夏听云先生后，陈淑人在帮助丈夫处理家政的方面，发挥了重要的作用。该篇文章极力赞赏陈淑人的品德和学识，并且其人其事记载在夏氏族谱中。这在以男子为中心的社会里，无疑是极不容易的。

24.《纯如先生传》

先生讳质，字纯如，策名变南，前清登侍郎，余乡之恢奇阔达人也。系出夏禹，以国为氏，世居白阜山麓之东，潭流岭之西，地名大湾。是为吾桂北之名区，灵秀钟焉。其族清故陕西巡抚公吉嗣榜眼午彝为先生门下士，是以足征。莫名山大川者之明德远矣。而先生数奇，少年过坎坷，年近不惑，风波幸息，遂应聘作西宾，亦以自课文艺。同治十三年甲戌岁，试见赏顾学使，援列挑案前茅，孰知刻香覆试，竟以期促思塞见遗乡，冈弗浩叹。而先生之志并不以一矜未卜灰也。逆知时将大变，文武须全，笔墨余间，兼以习武艺，力敌强健，身亦魁梧，其局斡兴志相埒，加以眼如鹰疾，手若猿敏，间有戏与友生诸少试拳角胜，前撑后距，左汤右顾，即数十人围绕而不敢近。人有儒而狭者，是为余族叔心虞，亦曾赏宗工，录登挑案。与先生及余为忘年交，相视莫逆，为其一。戊子一戊戌，一戊申，齿虽十年以长，年皆戊生，而豪饮剧，性又相合也。

清故中丞陈公俊臣统带广武军，日虞叔逮。其帐下诸将畏之如虎。迨同治甲戌，三戊生各带子侄读书天乘山，一夕，虞叔技痒，与先生角力，而先生一开手，虞叔即仆。先生武艺可于此窥见一斑。余从旁拍掌笑曰："先有人谓虞叔虎头燕颔，相可封侯，力应益世，其力顾如是耶？"益世之语当转赠，先生一笑而罢，相与出游眺晚，穿山步霞，围坐草茵。纵谭世事，先生英英露爽，望而知非尘磕中人。

今者幽明异路，吾寐间犹仿佛遇之。时当鼎革，蒿目沧桑，何胜人琴之感也。更堪忆者，巡抚公按蜀日，先生两次游川，关心时局，有志出关。后因病赋归，来余踵门，相与对饮，犹乐谭班超投笔事，谓渠愿生入玉门关，我愿生出玉门关，扬眉昂首，固犹是。昔日英雄气也。无何有志未逮，龙蛇据耶，人耶何胜痛想。原配刘氏，生子一名曰修德。继配阳氏，生子一名曰明德。皆先生所名也。即此可想训子深心，诸孙方出未艾，明德即余馆，甥现今为陕西都督府参谋处第三等参谋，其能善继父志否。志录猗子曰，孟子云士尚志，又云持其志，无暴其气。先生可谓有志之士，而又能持其志者也。故历经坎坷风波，而能正厥首邱，虽□①志以殁，未见有志竟成，而其志可传于后世，则与彼未免为乡人者，其有间欤？

该文为彭召南撰于民国二年（1913），其人不得而知。夏纯如为大湾村人。与夏时官运亨通有所不同，他少年坎坷，快到四十岁的时候，才稍稍好一些。他喜欢武术，又爱读书，可谓文武全才，可惜一辈子都没有机会施展才能。

25.《原配龚夫人墓志铭》

自（夏）时既冠，补博士弟子员，连年负笈远游，家计奇窘，而堂上怡然忘老，甘旨备共，虽蔬菜必手调适口乃进。俾时得一志于学，无内顾忧者，夫人力也。自时年四十六，以道员奉平远少保，丁文诚公奏调入蜀，综理滇黔边计，监务岁征正杂款百余万。相誓不以丝毫染指，恐负疚神明，贻累子孙。洎今已逾十年，未敢稍渝初志者，亦夫人力也。

夫人姓龚氏，州太学生也，赠通议大夫兰宗公之孟女，年二十归时。亲事舅姑十年，逮时以举人官部朗，乃偕行入都，病重体羸，久绊未归。归遭舅姑丧，眷毁殆甚，比居官舍，常资药。特而元气终亏。于光绪十八年壬辰闰六月二十九日寅时终于□②署内寝，距生于道光二十年庚子五月初十日午时，春秋五十有三，以光绪二十一年乙未二月十八日葬于州北乡常贵山之原，首亥趾巳，以时官二品顶戴，遇缺简放，道历署川东川南道。积总卤劳，恩赏三代，二品封典，封夫人议叙加级，请封晋一品夫人，生男子三，长曰寿田，己丑恩科举人，刑部山西司员外郎；次寿金，三寿鹤，庶子寿荣，均太学生。生女一，适五品顶戴太常寺博士颜守廉，孙家厚金出夫人生平懿行甚多，不具述。述其相与出处之大者。铭曰：

寒极而色养，春温热极而操凛冰坚。嗟余生之弗逮娩，内助之能贤，爰□③积悯示我子孙。钦乎懿德，庶永慰其幽埏。

此墓志铭为夏时为其夫人龚氏所作。从此文可知，龚氏二十与夏时成婚，后来夏时在外求学，家中贫困，龚氏在家照料夏时父母。这使得夏时可以在外

---

① □古书破损处无法辨识的字。

② □古书破损处无法辨识的字。

③ □古书破损处无法辨识的字。

安心求学为官。后来夏时入蜀为官，经理地方财务，但不取公家一丝一毫，夏时认为这也是夫人鼓励的缘故。龚氏去世时年五十三。其子夏寿田后来成为榜眼，其他几个儿子也成为桂阳州学生，龚氏之劳大矣！夏时对龚氏很是感佩，作了一篇长长的《祭原配龚夫人文》：

呜呼！维我夫人，秉德于顺，赋性以刚。闺中之特，丈夫之行。情不可极，善何敢忘。追寻无路，略诉衷肠。维我夫人，渤海女宗，会稽妇则。二十年来，兢兢自敕。既肃其仪，弥修厥职。上事翁姑，物微意极。下和娣姒，词曲理直。时余奇窘，一介□①廉。应无童仆，缺有米盐。谓秀才妇，饮水亦甜。绛零补匮，备极难堪。惟勗我学，远游岳麓。春往冬还，岁凡历六。脱我破裘，留为芳躅。挈我旧巾，如瞻清沐。制情以义，神钦鬼伏。比膺乡庶，稍觉情怡。一去五载，又是别离。春官报罢，水部分司。爰携稚弱，蜗寓京师。南北异气，病屡垂危。奇方虽效，元气已亏。皇天默眷，乃垒生育。觅媪乳雏，延师课读。食指益繁，琐谋谁属。六铢肙调，一丝或蜀。各恃恩情，岂云翻覆，抱兹弱质。随我蜀西，奔丧骤返。风雨凄凄，营齐营葬。鹃泣乌号，愿终伏处。庐墓偕栖，壬午之岁。檄理卤务，重赴蜀疆。缘感知遇，率室偕来。俾免内顾，十载不迁。一心如故，两纂中权。一钱不慕，谓子孙贤。何须货赂，子孙不贤。徒增赌注，斗酒支□②。拒之甚固，至闻戚里。过客乡人，陡有窘阨。助钱助银，从不吝惜。一视同仁，服乃大布。食乃菜根，衣敝犹幹。羹余尚存，暇率侍女。躬自灌园，谓非爱物。聊自怡神，三十四年。同心合志，守己维严。相夫以义，一诀千秋。呼天抢地，呜呼夫人，有子维四，三子己生，一子庶字。子是新添，庶为旧侍。钟爱维均，纤细无异。曾是冢子，远宦帝乡。违侍五载，不待归装。曾是冢妇，爱比女郎。归期已定，莫者容光。夫也德薄，儿女皆臧。抚棺一讯，能无感伤。兹当殷奠，聊献酒浆。魂归不远，无间阴阳，天青海碧，此恨茫茫。

26.《芝香女士小传》

芝香女士，吾季父季轩公少女也，生于清光绪戊子孟秋二十日，性沉默寡言，笑悦诗书，不屑女红。事亲纯孝，人无间言。同怀兄姐五人，胥先后早逝，未几又失怙恃，一痛几绝。闻叔父侍郎公抚赣之命，丞思一见，乃泛兰舟下洞庭，过彭蠡，达洪都，沐雨梳风，形色憔悴，晋谒侍郎。侍郎悯其柔弱，骤然而

---

① □古书破损处无法辨识的字。
② □古书破损处无法辨识的字。

来。欣然喜肃，然惊太傅围棋之暇，谢女永絮之余，间论家世，即怅然弗怿，且泣且悲，衷情耿耿，似不能言，侍郎移抚秦中，仍侍左右。侍郎梦于位，偕诸从兄奉梾南旋，无何遘疾，竟于是年丁未五月朔日弃世，葬大字山，巽山乾向，遗嘱将手置东山禾田二十四亩，界背五亩，命侄家恂、家悦轮耕，以奉梾盛。呜呼！以云英待嫁之年，正紫玉成烟火之日，可悲也。恐其年远湮没，略掇数语，志弗谖。

此文为族人夏寿恭为族中女士夏芝香所作的小传。夏芝香沉默寡言，喜欢读书，而不爱好女工，对父母孝顺。她有兄、姐共五人，都先后早逝，之后，父母又去世，她悲痛欲绝，跟从在江西的叔父。后去世，葬在大湾村大字山。

7.2 清末榜眼夏寿田

夏寿田（1870—1935）字午诒，晚号直心居士，湖南桂阳人，光绪二十四年（1898）以进士第二及第，授翰林院编修。民国初入袁世凯总统府为内史，支持袁称帝。夏寿田为王闿运高足弟子，著有《夏寿田诗词集》。桂阳县人彭德馨老先生是大湾村的女婿，其对大湾村的历史有深刻的了解，曾作《周总理关注的人物夏寿田》，对夏寿田父子均有详细的介绍（图7-1，图7-2）：

图7-1　夏寿田及家人

夏寿田，又名启中，字午贻，又字直心，今桂阳县莲塘镇大湾村人，江西、陕西巡抚夏时之子。

夏时，又名佑简，字书命，号葰轩，出身于书香门第。清咸丰十一年（1861），补辛酉科举人。同治四年（1865）会试后调任知县，旋改主事签分工部缮清吏司加二级，以道员分发四川候补委办机器局总办。同治十一年，授五品衔工部营缮司主事加三级。逾年，五品衔工部营缮司主事加四级。光绪元年（1883），升任四川滇黔边计盐务，统领安定水陆全军，特旨补授川东兵备道，晋授四川按察使署，四川布政司布政使。后补授陕西布政使署。由

图 7-2 夏寿田夫人陈氏

于政绩优良，深得朝廷器重，升调江西巡抚部院兼提督军门，乡试监考官，赏给花翎头品顶戴。后调陕西巡抚部院兵部侍郎，都察院右副都御史。御赐福寿字蟒袍、如意春茶、绸缎等件三代一品封典，诰授光禄大夫建威将军。光绪三十三年，某御史诬告夏时贪污国库而使夏时受贬。夏时气愤郁结，于七月悲愤死于西安。安葬于桂阳。

寿田自幼聪敏好学。稍长，随父就读于江西，父夏时特邀湖南湘潭大文人王闿运在豫章书院执教。后又跟王闿运至衡阳、湘潭学业，与杨度、齐白石结为知己。清光绪十五年（1889）寿田赴省乡试中举。十八年会试取誊录，任刑部郎中、山西清吏司行走。寿田不为此而得意，仍继续奋力读书。光绪二十四年（1898），朝考获戊戌科第八名进士，旋即金殿御试得一甲第二（榜眼及第），为桂阳自古以来学位最高之学子，被清政府授翰林院编修，学部图书馆总纂。满朝文武官员，见寿田仪表俊逸，才华出众，为人谦恭诚恳，无不对其美仰，为他恭祝，日日酒宴，夜夜笙歌，夏寿田此时享尽人间光彩荣耀。光绪二十九年升翰林院侍读（陪皇帝读书），宦途可谓顺利。由于自幼生活在书斋中，学天国大都文史，对国家贫困混乱、民间疾苦了解不多，更厌恶官场钩心斗角的行径，故不大过问国事政事，及至康、梁、谭等发起维新变法运动时，杨度与其谈及时局动向，夏寿田有所转向，企盼维新变法。是时，八国联军入侵中国，国家危难，寿田心情沮丧。光绪三十二年随驾西逃，夏寿田心怀民族耻辱，回京后写下诗篇："鲁乱国无刑，国衰民去礼，神州其左衽，皇舆竞西轨。"三十三年，其父夏时受诬遭慈禧降罪，气愤而逝后，寿田扶棺归乡守孝治丧。一年后返京为父辩冤，触

怒慈禧太后，寿田以"妄言忏旨"罪被革职，出寓天津。

慈禧死后，夏时得平反。宣统三年(1911)寿田奉诏回京，诰授诰授朝议大夫。不久，清朝覆灭，民国政府成立，袁世凯成立总统内史监，见寿田是故友夏时之子，榜眼出身，很为赏识，选任内史监贴身内史，参与机要。民国三年，袁复辟帝制失败，夏寿田逃匿至天津租界，终日学佛参禅。南北军阀混战中，大军阀曹锟缺文才，见夏寿田出身名门，榜眼出身，为人谦和，忠于职守，无一般文人才子散懒傲气，便重聘为秘书长，衙内事务，交寿田办理。民国十一年，孙中山举兵北伐，陈炯明在广州叛变，炮轰总统府。曹锟部下吴佩孚屯兵衡阳，陈炯明与吴联络，欲南北夹攻孙中山，国民革命危在咫尺。孙中山托杨度前去疏通曹锟，制止吴佩孚出兵。杨度与曹锟无深交，便请夏寿田出面，夏对曹锟宣讲局势，陈述吴佩孚忘恩负义劣迹，并串通曹部几个师长参谋长配合，说动曹锟，阻止吴入粤援陈，陈告失败，民国革命才在千钧一发之燃眉中摆脱险境。孙中山感激杨度和夏寿田。民国十六年，寿田闲居上海，经杨度介绍认识伍豪(即周恩来)，在伍豪启导下，寿田协助掩护上海共产党地下活动。一次共产党组织召开重要会议，安全会址难定，寿田与杨度二人名望借哈同花园会厅请上海各界要员赴宴。前门车水马龙，警卫森严。共产党人佯装客人或杂役进入后堂秘密开会。周恩来感谢夏寿田鼎力相助。民国二十四年(1935)，夏寿田因病在上海去世，葬于佛会公墓。新中国成立后，周恩来总理令陈毅市长拨款为夏寿田重建坟墓，以示敬意。

杨度与夏寿田均曾拜师王闿运，学"帝王之术"。黄濬在《花随人圣庵摭忆》："夏午诒年丈……词亦摩南宋之垒，湘绮之传衣也。"夏敬观在《忍古楼词话》记载夏寿田作文事迹：

桂阳夏午诒编修寿田，荪轩中丞之子，先世自江西迁湖南，吾宗人也。有为郑叔进题其先德幼惺道使《醉携红袖看吴钩图》和王湘绮〈采桑子〉二阕。其一云："太平无事尚书老，闲杀江东。退省从容。赢得骑驴夕照中。粗官毕竟成何事，不是英雄。也解匆匆。只合空山作卧龙。"其二云："相如未老文君在，负了花枝。愁对金卮。况是江南三月时。家亡国破成诗料，一榻轻飔。两鬓霜丝。那辨微之与牧之。"幼惺尝从彭刚直公虎门军中，法越之役，刚直主战，疏草出幼惺手。湘绮原词，今集中不载，有云"小姑吟罢英雄老"，指刚直，"微之也解从前误"，则讽张香涛相国也。

1900年，八国联军入侵北京，慈禧太后与光绪皇帝西逃，杨度曾作《重送夏大（夏寿田）之行在所》送夏寿田：

少年怀一刺，邀游向京邑。朱门招致不肯临，海内贤豪尽相识。与君邂逅初一见，沥胆相见无所变。玉辔同行踏落花，琼筵醉舞惊栖燕。金貂换酒不自惜，玉管银箫咨荒宴。征歌夜饮石头坊，对策晨趋保和殿。看君已入金马门，顾我怀珠空自珍。相如作赋谁能荐，贾谊成书未肯陈。人生得失岂足论，且倾绿酒娱清辰。闲向陶然亭畔立，西山日暮风萧飒。倦鸟低随木叶飞，夕阳深被青云合。偶然一啸当空发，万里孤鸿应声泣。山川萧条不称情，长狭归来事蓑笠。著书欲学于陵子，耕田且效陶彭泽。遥传别后相思句，廓落天涯梦魂接。云散风流不自持，金樽共醉未有期。陶公台畔忽相遇，举目河山非昔时。即今夷歌满京阙，歌声唱起西山月。御沟杨血染红，烽火青青焚白骨。金城玉阙一旦倾，珠帘翠帐无人声。乘舆仓皇西山征，关中父老来相迎。舆前悠悠建双旌，上图天上凤凰鸟，云间子母相悲鸣。君今向何方？西游见天子。问我东山高卧时，苍生扰乱应思起。桥边石，感人深，送君去，为君吟。西行若过商山下，为问园公是底心。

夏寿田曾做过刑部员外郎的小京官，但是不得志，与杨度同游陶然亭时曾赋诗云："废苑菰蒲风又雨，作得秋声不了了。"可见其在京城仕途不顺，情绪也较为低落。后来清廷起用端方为督办川汉、粤汉铁路大臣时，夏寿田成为其幕僚。再后来端方在镇压四川保路运动时为义军所杀，夏寿田赋《西州引》一首：

上将星沉，辕门鼓绝，大旗落日犹明。听寒潮万叠，打一片空城。七十日河山涕泪，霜髯玉节，顿隔平生。剩南鸟绕树，惊回画角残声。伏波马革，更休悲蝼蚁长鲸。料鱼复江流，瞿塘石转，此恨难平。惆怅江潭种柳，西风外，一碧无情。只羊昙老泪，西州门外还倾。

后在北京，夏又赋《古槐》一首：

古槐疏冷门前路，山河暗感离索。几回醉舞，黄花烂漫，半颓巾角。风怀不恶，况人世功名早薄。甚青山不同白发，此恨付冥漠。三峡啼猿急，一夕魂消，驿庭花落。梦归化鹤，忍重见人民城郭。树乌嘶风，似当日龙媒系著。恨侯嬴不共属镂，负素约。

1913年，杨度将夏寿田介绍给袁世凯，徐世昌称夏寿田为"一绝好幕僚"，在袁世凯幕僚中出类拔萃。名记者陶隐菊所著《政海轶闻》一书说：

夏寿田系陕抚夏时之嗣，少年擢高第，杨度为之推毂，治事勤敏，袁颇礼重之。袁昧爽即兴，盥洗栉竟，往签押房披阅案牍，习以为常。阮（忠枢）有烟霞癖，起床晏；张（一麟）兼绾（机要局）局务，亦未能如时入。夏乃独任其劳，鸡鸣即至，未尝后时。袁浏览绝疾，且阅且批，某也交政事堂，某也交军事统率办事处，某也交内史，批讫，纳之大红封套中，分发各处。其要件须作答或指示办法者，袁氏喃喃作语，夏则据案角振笔疾书，俄顷立就，殊惬袁意。……夏以新进，与袁不跬步离，近水楼台，得月宜早。尊如阮忠枢，亲如张一麟，外而政事堂，内而机要局，所得个中蕴秘，皆瞠乎其后，岂唯瞠乎其后而已，有留中未发者，且须就询于夏焉。夏权责日高，嫉之者亦日众，而袁氏真意所在，他人莫测高深者，夏独能心领神会，如见肺腑。杨（度）有荐贤之谊，夏感推毂之劳，故夏之所知者，杨亦能知之，而霹雳一声之《君宪论》于是乎作矣。

夏寿田在担任幕僚期间，天刚亮就到机要局，从来没有迟到过。因其才能突出，遭到不少人的嫉妒。时人有问徐世昌时事，徐曰："君胡不询之夏内史？"在洪宪帝制发动时，夏寿田自认为"出力最多"。后来洪宪帝制失败，夏寿田遭到通缉。至今有不少人对夏寿田有所批评。平心而论，夏寿田在当时所作所为，其实与其早年所学"帝王之术"，以及成就一番事业的理想密切相关。他与杨度，都想为国为民做出自己的贡献，只不过所遇之袁世凯逆历史潮流而动，将杨度、夏寿田等人也拖累了，他们的遭遇是可以理解并值得同情的。

夏寿田著作：①《直心道场诗稿》，稿本，藏湖南图书馆；②《孙子选注》，1932 年影印本；③《涿州战纪》十六卷，民国北平大众印刷局石印本；④《金刚般若赞》，夏寿田撰书，1926 年印本；⑤《王锡彤妻赵蓉轩墓志》，李时灿撰，夏寿田书，1933 年拓片；⑥《刘全德墓志》，夏寿田撰，宝熙书，郑沅篆盖，1929 年拓片；⑦《桂阳夏府君年七十行述》，抄本，藏国家图书馆；⑧《清故拔贡生桂阳李君墓志铭》，1933 年拓本。

此外，桂阳县文明办副主任彭广业整理了夏寿田生平事迹，具体内容见附录1。

图 7-3　夏寿田后人——夏杰

图7-4 夏寿田后人——夏培元

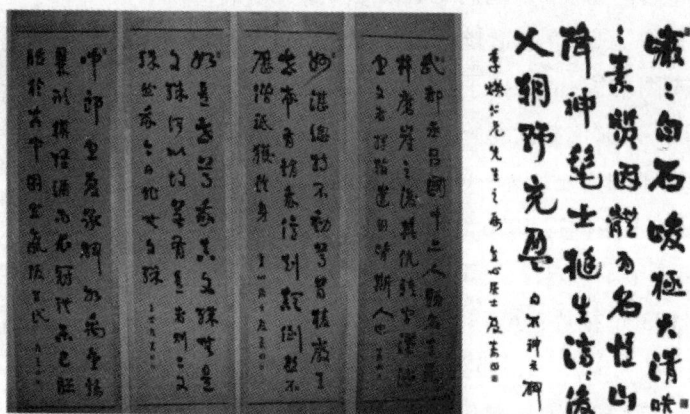

夏寿田 手迹

图7-5 夏寿田手迹

7.3 明代以前夏氏历代名人

清光绪十年(1884年),夏时编纂成大湾《夏氏宗谱》,全谱总共九卷,其中第六至九卷为《考古录》,记录了从商开始,历经西周、春秋、战国、秦汉到宋元明的历代夏氏名人。夏时以其才学,从历史文献中摘录出历代夏氏名人,作为族人学习的榜样。先贤已逝,但其精神、事迹永远激励着后人。在《中国人名大辞典》中,收录了夏姓历代名人146名,排在名人姓氏的第70位。在此也重点介绍一些明代以前的夏氏名人。

1. 夏启

夏启,即大禹之子,夏朝统治时期的第二任君王,在位39年。启幼年时丧母,13岁才到禹王的身边。但因父亲国事繁忙,无空顾启,以至于启常常数天不能见父一面,所以甚少得到关爱。早年的生活环境锻造了启坚毅的性格,因而使启具备了过人的果敢和敏锐的思想。

启成年后和他父亲禹王一样贤能。为人谦逊,严于律己,生活简朴,还尊老爱幼,举荐贤才,深得夏朝民众的拥护和爱戴。因而尽管禹王临终之前宣告伯益继位,但禹王的三年丧礼完毕后伯益未能继任王位。原因就是伯益失去民心不得众服,众人都去朝拜启并拥护启做夏王,于是启便"子承父位"成了夏朝的第二位君王。

启登上王位之后,禅让制废除。这种现象引起了伯益等部落首领的不满,他们继而起兵反抗。启亲率大军将伯益及其他反叛者打败并杀之,启因此巩固了王位。夏启晚年,几个儿子激烈地争夺王位,其中小儿子武观争夺最凶,启先将其流放,武观又聚众叛乱,启又派大将伯寿打败武观,直到武观认罪服输,这场战乱才结束,史称"武观之乱"。不久启因病而亡,传位太康。

夏启是传统上公认的第一个帝王,他开启了我国奴隶制社会,是把帝王君位从禅让变为世袭制的第一人。自此,中国的原始社会结束,中国进入奴隶制社会,"公天下"变成"家天下"。

2. 夏少康

夏少康是夏朝的第六位君王,也是酿酒的鼻祖,又称杜康。被后人称为"酒仙"。少康是夏相的遗腹子。他尚未出生时寒浞指使其子浇追杀夏相,有孕在身的相妻后缗氏出逃至娘家有仍氏部落。不久,少康在有仍氏部落出生。

少康幼时聪颖异于常人,性格深沉又举止稳重。初懂人事后其母后缗氏向少康诉说祖上失国的惨痛经历，并嘱咐少康要发愤图强，复兴夏朝。少康暗下决心，一定要夺回天下，一雪亡国之耻。少康甚得外公有仍氏国君器重，在少康十多岁外公便派他放羊，有意磨炼他的意志。少康成年后被任命有仍氏的牧正，管理大大小小的事情，因此锻炼了行政能力。少康办起事来一丝不苟，有条不紊，显示了非凡的才干。在放羊期间，他还发明了酿酒之法。

寒浞听说少康在有仍氏部落长大成人，便派兵追杀。少康逃到有虞氏，虞氏有女，太康遂娶虞氏之女为妻。在有虞氏的帮助下少康开始积蓄力量为复国做准备。后少康联合部落首领及夏的遗臣，聚夏之力一举杀死寒浞夺回了夏朝的王位，史称"少康复国"。

夏王少康自幼历尽苦难，复国后勤于政事，关心民业，讲究信用。在他的治理下，国家安定，文化繁盛，各部落的人都很拥护他，夏王朝的统治得到了巩固。少康是一位有作为的君王，在位 21 年，可惜壮志未酬，患病而逝，后葬于阳夏。

3. 夏孔甲

夏孔甲为夏朝第 11 位帝王夏不降之子，夏朝的第 14 位帝王（也有人认为是第 16 位）。夏王不降临终前孔甲尚且年幼，夏不降担心孔甲无力治国便把王位内禅给自己的弟弟夏扃。夏扃死后又传位给自己的儿子夏廑。夏廑王终孔甲才继位为王。

孔甲在位期间，好龙之事人尽皆知。一日孔甲与臣下在河边游玩，被两条庞大的怪物所惊。臣下见此就说，因王顺服天帝，天帝赐给王驾车的神龙两条，一雌一雄来辅佐王管理江山。孔甲大喜，遂命人将神龙带回宫中，当作镇宫之宝。

孔甲认为龙能够帮助自己治理天下，能使天下太平且长治久安，因而格外欢喜。但尽管孔甲好龙却不会饲养，一时又难以找寻到养龙的家族豢龙氏。有臣下向其举荐陶唐氏的后代刘累来饲养神龙。刘累曾经向豢龙氏学习过驯养龙的技术，以此来事奉孔甲，饲养这两条龙。刘累见龙，始知"神龙"为鳄鱼两条，但恐孔甲怪罪，自己又门道中落，便向孔甲表露自己可以饲养"神龙"，但需将"神龙"放入水池，日日贡拜方能大显神威。孔甲甚喜，嘉奖了刘累，赐他御龙氏，并让他接管了豕韦氏后代的封地。

孔甲想像黄帝一样乘龙巡游天下，便命刘累驯龙驾车。刘累一时无主。"神龙"原本是两条鳄鱼，刘累并非真会饲养。因恰逢饲养不当，雌"龙"暴毙。刘累佯装驯龙设计出逃。不久夏孔甲王终，传位其子夏皋。

4. 夏直臣

夏直臣，原名关龙逢。因敢于直谏，无畏权贵，得"直臣"称号。关龙逢很可能是夏禹后裔，或是龙族之裔，后入赘于夏族。这些在《中华姓氏源流史》中有所记载。

关龙逢是夏王桀统治时期的大夫。因反对暴桀滥用酷刑、残暴无道，引黄图（在黄绢上绘制以前帝王励精图治、勤勉治国的画面，夏桀最初用来自勉。）直谏，惹怒暴桀，被暴桀命人用炮烙（即是将烙铁放入火中煅烧待其烧红印在身上）之刑活活烙死。关龙逢至死都咬紧牙关、怒睁圆目，不肯低头。暴桀看到后十分害怕，命人硬是把关龙逢的眼睛掩闭，将其尸骨埋葬在离夏都很远的地方。

《纲鉴易知录》中有记载关于关龙逢直谏暴桀被杀之事。上说："甲午，五十有二岁，关龙逢进谏曰：'人君廉恭敬信，节用爱人，故天下安，而社稷宗庙固，今王侈靡嗜杀，民唯恐君之后亡矣！人心已去，天命不佑，盍少悛乎？'桀不听，龙逢不去，桀怒，遂杀之，夏亡。"又有其他文献记载："桀为长夜之饮，龙逢常引黄图以谏，立而不去。桀曰：'子又妖言矣'，于是焚黄图，杀龙逢。"可见关龙逢的确是一个敢于直谏的忠臣、直臣。

关龙逢一片赤胆忠心，满腔热血，后人有诗称赞他："死谏开先第一人，千秋从此解批鳞。""丹心碧血垂青史，浩气忠魂贯日光。"关龙逢是中国历史上第一位以死谏君的忠臣，他爱民、不怕死的爱国主义精神激励着一代又一代后人。

5. 夏无且

夏无且，秦朝人士。精医术，会武功，早年任秦宫御医，深得嬴政的赏识。嬴政登基后被升为秦始皇的贴身侍医，因护始皇有功，赐金并被始皇封为晋阳侯。他是"荆轲刺秦王"中的关键人物，就是他用随身携带的药囊砸向荆轲救下了秦王嬴政。

"荆轲刺秦王"中记载，秦王为了统一六国，不断吞并周围的国家，燕国太子丹在秦国当人质，深恨秦王，为了挽救燕国亡国的趋势，孤注一掷派荆轲入秦刺杀秦王嬴政。荆轲因此进秦宫面秦王，抓住时机手持匕首刺向秦王，却只刺中了袖子。秦王绝袖而逃。这突如其来的不测把殿上的群臣吓蒙了，众人都眼睁睁地看着荆轲追杀秦王。当秦王被身下的衣摆绊倒的时候，荆轲举起匕首朝着秦王扑了上去，就在这个时候，侍医夏无且用药囊狠狠地砸击荆轲手持匕首的右臂，使荆轲失去重心倒在地上，就是这一砸，让秦王有了喘息的机会，秦王趁机就地一滚，躲过致命一击。之后夏无且又用药粉砸向荆轲的眼睛，使秦王有机会提剑砍中荆轲。荆轲刺秦以失败告终。

秦王感慨万千，危难时刻众人中只有夏无且肯舍命相救啊，因此说："无且爱我，才用药囊投击荆轲啊。"后想刺杀秦王的人千方百计地拉拢夏无且，无且不为所动，对秦王忠心耿耿，连张良都觉得他是坦荡君子。

夏无且击荆轲救秦始皇之事在《雁门夏氏世谱》中有所记载，在司马迁的《史记》中也有所记载。从此传下了夏无且机智勇敢救秦王的美名。

6.夏黄公

夏黄公，出生于秦末汉初的贵族世家。年少时因家世显赫受到良好的教育，年长时遭遇秦末乱世，辞官外出游历。楚汉相争时隐居山野，后被张良设计请出山，在拥护汉惠帝刘盈立位之时有功，后代子孙为汉官吏。

《雁门夏氏世谱》中记述有夏黄公拥立汉惠帝的事迹，司马迁的《史记》及《汉书》中也有所记载。汉高祖刘邦建汉后，吕雉之子刘盈被立为太子。后刘邦异常宠爱戚夫人，也对戚夫人的儿子刘如意十分宠爱。戚夫人经常怂恿刘邦废刘盈立如意为太子，刘邦也有所动摇，于是在一日上朝时提起废太子之事。众臣一致反对，刘邦便暂且搁下换太子的念头。吕后因此大为着急，有人向其献策求助张良，张良又献计让太子去请当时名声大噪的"商山四皓"出山辅佐，吕雉等经过一番周折终于请出了"商山四皓"并当刘盈的门客。夏黄公就是"商山四皓"之一。

公元196年，淮南王英布造反，刘邦派太子刘盈带兵平叛。"商山四皓"认为此举对太子不利，便安排吕雉跪请刘邦亲征。刘邦亲征平叛之后病情加重，更想立刻换掉太子了，夏黄公让吕雉操办宫宴，宫宴之上刘邦见"商山四皓"围在太子刘盈面前悉心照顾，便问其来处，"商山四皓"各报家门，刘邦一听正是自己苦苦求不到的高人，感慨刘盈竟有如此能耐令其四人辅佐，便打消了换太子的念头。

后刘盈顺利登基为帝。因夏黄公、东园公、甪里先生、绮里季四人拥立汉惠帝刘盈有功，他们四人又被誉为"汉四皓"而名留青史。

7.夏侯婴

夏侯婴，沛县人士。追随刘邦时立下汗马功劳，职位不断晋升后长期担任太仆，直到高祖去世。先后跟随高祖、孝惠帝、孝文帝，死后谥号文候。

夏侯婴因在沛县任司御与刘邦相交。在其担任候补县使时身为亭长的刘邦开玩笑伤了他遭人告发，为官者重罚，夏侯婴为刘邦作证时遭到连累，被关押一年之余还挨了几百大板，刘邦因此免除罪罚。后刘邦起兵，攻打沛县时派夏侯婴劝降沛县，收服沛县后刘邦做了沛公，赐夏侯婴七大夫的爵位。攻打胡陵时，夏侯婴和萧何共同说服胡陵长官，让沛公不费一兵一卒收服胡陵。夏侯婴因此被提升为五大夫的爵位。此后，夏侯婴跟随沛公一路过关斩将，战功不绝，被赐执圭的爵位。

夏侯婴在追随刘邦期间，得到的官印无数，降服过士兵850人，俘虏过68人。沛公念其忠诚且具才能，改封他为滕公。项羽灭秦后，刘邦被封为汉王，随即封了夏侯婴为昭平侯，同时担任太仆。

夏侯婴除了骁勇善战，还善于发现人才，韩信就是他举荐给萧何的。不仅如此，在楚汉争霸时刘邦被项羽大败逃跑的期间夏侯婴还救了孝惠帝和鲁元公主。刘邦死后孝惠帝继任皇帝，念其旧恩把宫殿北面的一等宅地赐给夏侯婴，命名"近我"以示尊重。

孝惠帝死后夏侯婴以太仆的身份侍奉吕后，吕后死后又与大臣们一起拥立代王，8年后去世。夏侯婴一生立功无数，战绩累累，是西汉开国功臣之一。

8.夏侯胜

夏侯胜，字长公，山东东平人士。他是西汉著名的文学家和政治家，西汉朝今文尚书学"大夏侯学"的开创者。汉武帝时均立为博士，崇尚正派刚直，忠国为民。

夏侯胜以真言议政而闻名。讲学时注重创新发展，设学馆，收百子，人们都慕名前来听他讲学，就连皇太后也是如此。他是汉朝时期的一代名师，精通《尚书》及四书五经。

夏侯胜为人正直，从不为权势折腰。汉宣帝本始二年夏季五月曾发布命令想为孝武皇帝创立庙乐，让众臣商议。众臣一致同意，唯有夏侯胜反对。夏侯胜说孝武皇帝虽有扩土之功，但为人奢享，百姓在他的治理下流离失所，食不果腹，与社稷安康无功，不应为其创立庙乐。公卿一起反驳夏侯胜，夏侯胜无畏压力直言皇上的诏令不切实际是不可行的，做臣子的应当直言正论，不能阿谀奉承，还表示话已出口，九死不悔。于是遭到了丞相和御史的奏检，说夏侯胜非议诏书，妄加评论皇帝的诏令，更是大逆不道地诋毁先帝。并提出丞相长史黄霸纵容夏侯胜，不揭发他的恶行。于是夏侯胜和黄霸双双入狱。狱中黄霸曾向夏侯胜讨教《尚书》，夏侯胜就传授了《尚书》的真谛给他。后二人在狱中度过了两个冬季，研究学问却从来没有停止过。

夏侯胜一生正直，敢言他人之不敢言，后任命为太子太傅，其敢于评论皇上的事迹流传百世。

9. 夏侯惇

夏侯惇，字元让，沛国谯县人士，为曹魏开国元勋，是夏侯婴的后代。少时因有人辱其老师，侯惇杀之，因此以气概壮烈闻名一方。

太祖曹操起兵之时，夏侯惇就跟随他出征讨伐，是最早跟随曹操的将领之一，被任命为司马。后升任为折冲校尉并兼任太守之职。曹操的家属被困鄄城，夏侯惇领兵前去救援，被吕布设计抓获，后得救。

夏侯惇跟随曹操讨伐吕布时被流箭所伤，盲了左眼，因此被后人称为夏盲侯。重新兼任了陈留、济阴太守，还被加封为建武将军，封为高安乡侯。是年大旱，蝗虫漫天，夏侯惇命人截断太寿河，修建水库，他自己还亲自背土，率领将士劝大家种植稻子，民众因此而获得收益。此后，夏侯惇又改任兼河南尹。

在曹操平定河北的时候，夏侯惇被任命为大将军。攻占邺城后，夏侯惇又升任为伏波将军，并兼任河南尹。建安十二年，夏侯惇因功勋卓越再受加赏，被增封邑 1800 户，与以前的相加总计 2500 户。建安二十一年的时候，夏侯惇跟随曹操讨伐孙权后归，被指派都督 26 军军队，留守在居巢。曹操赐歌女和乐队舞伎给他，并说："魏绛凭借与戎族讲和之功尚受乐器之赏，更何况将军呢！"曹操领军驻在摩陂时，常常召见夏侯惇，并让他与自己共乘一辆车，以示亲近和看重。之后夏侯惇被移到召陵驻扎，被任命为前将军。后魏文帝继任魏王时，夏侯惇被封为大将军。

夏侯惇生性清廉俭朴，一生淡泊。有多余的家财就分给将士，从不置办家业，至死无一余财。死后谥号忠侯，名留青史。

10. 夏侯渊

夏侯渊，字妙才，擅长奔袭作战，是夏侯婴的族弟，东汉末年名将之一。曹操还未起兵时在家乡犯了案，是夏侯渊为其顶罪曹操才不受刑罚。后曹操将其救出，夏侯渊才得免于难。后来夏侯渊随曹操起兵，任命陈留太守、颍川太守。与袁绍交战时他代理督军校尉，袁绍败后又督管军粮。昌豨造反时夏侯渊与于禁合力打败昌豨，并招降了昌豨十几个营地的士兵，夏侯渊被任命为典军校尉。此后夏侯渊又打败了济南和安乐的黄巾军徐和、司马俱等部。

建安十四年的时候，夏侯渊做了行领军。曹操讨伐孙权之后，夏侯渊又督领众将攻打叛变的雷绪。大败雷绪后代理征西护军，继而督领徐晃大败太原的贼军。在渭南交战中又统领朱灵等平定了隃糜、汧氐。后与曹操于安定会合，招降了杨秋。建安十七年，夏侯渊任命代理护军将军，驻守长安。之后夏侯渊又打败了刘雄，攻下彟县，杀死梁兴，被封为博昌亭侯。夏侯渊屡屡建功之后，被曹操授予了符节。

宋建制造叛乱三十余年，被夏侯渊一举消灭。汉中平定后，夏侯渊被任命代理都护将军，留守汉中时又被任命征西将军。建安二十四年的正月里，刘备讨伐张郃时张郃失利，夏侯渊分出自己一半的兵力前去援救，遭到了刘备的袭击，不幸战死。死后谥号愍侯。

夏侯渊戎马一生，追随曹操，功勋卓越，极重义气，是一位出色的将领。

11. 夏侯玄

夏侯玄，字太初，在其还是少年的时候就很有名望。他是三国时期的文学家和玄学家，开创了魏晋玄学的先河，是夏侯尚之子，夏侯霸之侄，曹爽姑姑的儿子，出身名门。明帝时刚成年就担任散骑黄门侍郎。因与皇后之弟毛曾同坐自觉有辱面露不悦而惹恼明帝，被贬为羽林监。

正始初年，曹爽辅政，夏侯玄多次升迁，任散骑常侍及中护军。太傅司马懿曾与夏侯玄谈及当时的政事，夏侯玄提出了审官择人、除却重官、改进服制等制度为司马懿所赞同。后夏侯玄任征西将军，都督雍州和凉州的军事。

正始五年，夏侯玄与曹爽一起策划了骆谷之役，因失败而大失人心，为时人所讥讽嘲笑。曹爽被杀之后，夏侯玄入朝为大鸿胪，后改任太常。夏侯玄因曹爽的原因处处受到压制，壮志难酬，郁郁不得志。

嘉平六年的二月里，中书令李丰与光禄大夫张缉密谋杀司马师，想让夏侯玄代替司马师为大将军，让张缉做骠骑将军。李丰秘密联系黄门监苏铄、永宁署令乐敦、冗从仆射刘贤等人准备起事，却被司马师秘密得知他们的计谋。于是司马师先发制人让李丰来见自己，随后杀了李丰，将夏侯玄、张缉、苏铄、乐敦、刘贤等人逮捕交给廷尉钟毓。钟毓上奏说夏侯玄等人密谋胁迫皇帝，擅杀宰相，大逆不道，应当依法论罪。皇帝召众臣聚议，众臣都附和司马师，认为李丰等人有负皇恩，罪大恶极，应当处以诛灭三族的刑罚。于是夏侯玄等人被诛杀三族。余亲迁往乐浪郡。

夏侯玄在临斩前仍面不改色，毫不畏惧，从容就死。终年46岁。

12. 夏侯湛

夏侯湛，字孝若，是西晋著名的文学家。其祖父夏侯威是夏侯渊的第四子。于公元 243 年生，病逝于公元 291 年，终年仅 49 岁。

夏侯湛少时聪慧，文采惊人。写有诗赋多篇，并在朝为官。因与潘岳友好，且二人皆为神逸貌美之人，被世人称为"连璧"。夏侯湛先后担任了太子舍人、尚书郎、野王令、中书侍郎、散骑常侍等职位。在晋武帝泰始年间曾被迁为太子仆，但还未就职晋武帝就西去了。后在晋惠帝时担任散骑常侍。于元康初病逝，一代文学大家就此陨落。

夏侯湛家族旺盛，是世家大族，生活奢侈，追享极珍。但在其死前却遗命家人以小棺薄殓，不树不封。当时的人认为，夏侯湛虽然生前不树名节，但死后却俭约令终，是深知存亡之理的缘故。

骈文盛行于建安之后，夏侯湛却在骈文最风靡的时候一反常流，仿《周诰》的文本作了《昆仑诰》，就此拉开了古文与骈体文斗争的序幕。夏侯湛的文章以《文选》中所载的《东方朔画赞》最为有名。所做的小赋，大多都是四时景色及风物草木。现存于世的有《芙蓉赋》《雷赋》《秋夕哀赋》《观飞鸟赋》等，颇有文采，为人所称赞。

夏侯湛现存于世的诗大多为杂言骚体，而且大多见于类书，大多也并非全篇之作，如《长夜谣》《春可乐》等。他的杂言诗对后人产生了不可忽视的影响。

13. 夏统

夏统，字仲御，西晋时会稽永兴人。家境贫寒，幼年丧父，因他尽心尽力地侍奉母亲，以孝著称。

夏统与族弟之间团结和睦，因其很善言辞，宗族兄弟都劝他去做官。夏统认为，当逢乱世，自己一片丹心、清白之身无法与奸佞小人同流合污。如果去做官，便是自取其辱，还不如像屈子屈原那样自沉于江，以死明志。便谢绝了他们的好意。

夏统的母亲病重的时候，夏统孤身前往洛阳为母买药。正值三月上巳节，洛阳城的达官显贵、王公贵族纷纷前往洛河的浮桥。一时间车水马龙，万人空巷，而夏统刚好就在一艘船上晾晒为母亲购买的药。周围人来人往，好不热闹，夏统却一眼都不看他们。这时太尉贾充经过，觉得很奇怪，于是就问夏统是什么人，夏统刚开始并不回答，贾充再问一次方才回应，以示对达官显贵并无攀附之心。贾充与他攀谈后询问越地的习俗，夏统都一一作答。贾充与夏统二人越聊越投机，贾充便劝说夏统入朝做官，夏统听后低着头一言不发。贾充又想用富贵来诱惑夏统，就令自己手下的仪仗队敲锣打鼓，还竖起彩旗，又让车队环形，让歌姬绕船。夏统并不为其所动，仍旧目不斜视，充耳不闻，端坐在船头好像什么事都没有发生一样。贾充等人因此大感扫兴，并说夏统是木人石心。

夏统回到会稽之后，竟不知死于何时，葬于何地。但夏统高风亮节的节操为人所敬仰。

14. 夏圭

夏圭，字禹玉，钱塘人士，南宋画家。曾于宁宗时任画院待诏。初学画人物，后攻山水，以山水画为长。与马远并称"马夏"。

夏圭的山水画画法取法于李唐，后又吸取了米芾等人的长处，继而形成了个人独特的风格。夏圭作画常用秃笔带手作大斧劈皴，下笔很重且苍劲有力。在画山石方面，创"拖泥带水皴"法，形成了简劲苍老，墨气明润的效果。

夏圭的画，大都是远观景物作画，且画楼阁从不用界尺测量，大都随手而为之。他都用点簇的方法画景中的人物，使得人物神态形象、生动、传神。夏圭在构图的方面，大多作"一角"或"半边"的景，构图独特，别具一格。因而有"夏半边"的称号。夏圭十分善于裁剪和美化自然景物。用概括的笔墨画长卷画，物形写实，结构巧妙，剪裁大胆等技法是他自己创造出来的。在题材上，夏圭画的大多是长江、钱塘江和西湖的景色等江南山水。夏圭也喜欢画雪景及风雨气象。

夏圭的画法多多少少受到了佛教禅宗的影响，趋向于笔简意远，简而形具。《图绘宝鉴》中有评夏圭："院中人画山水，自李唐以下无出其右者也"，为南宋四大家之一。董其昌对北宗的山水一直怀有偏见，但唯独对夏圭十分佩服。这也说明了夏圭的才能出众，画工深厚，是当之无愧的山水大家。

夏圭对南宋画院产生了极大的影响，是南宋山水新画风的标志。夏圭现存于世的作品有：《江山佳胜》《溪山清远图》等。

15. 夏原吉

夏原吉，字维喆，湖南湘阴人，祖籍江西德兴。为明初重臣。其父任湖广湘阴教谕时举家迁入，后长居湘阴。

原吉早年丧父，在其母悉心教养下勤奋读书，被荐进当时专门培养人才的最高学府：太学。然后选入禁中书制造。后被明太祖看重任其为户部主事。这是夏原吉一生辉煌为官生涯的开端。

夏原吉处事稳重，遇事从容且思虑周全。建文元年时，夏原吉升任户部右侍郎，次年充采访使，出巡福建。所到郡邑，考吏治，体民情，深得百姓称赞。后移驻蕲州。明成祖即位初，原吉转任户部左侍郎，后任户部尚书。原吉处事严谨，凡事悉心策划应对自如，深得成祖的倚重。

永乐十九年时，成祖有意迁都，有臣萧仪进词激烈，成祖一怒杀之。后成祖让言官和大臣于午门对辩，风波见大，千钧一发之际原吉自责退让平息了这场风波。后成祖有意北伐，召夏原吉相商相关事宜。原吉表明，当下连年战争都是无功而返，再加上国内大荒不断，内忧外患，成祖身体不好，不宜北伐。成祖自负天之骄子，见夏原吉拂了自己的意思，盛怒之下将原吉抄家送监。后成祖于战中病逝。临死想到原吉所说，后悔不已，曰："原吉爱我。"后太子令原吉出狱，相商丧礼。原吉不计被囚之怨，尽心辅佐。仁宗即位后恢复了原吉的职位。后原吉进太子少保，兼任太子少傅、尚书之职。

夏原吉于宣德五年去世。他一生清廉寡欲，身居高位而不骄。明有叶盛叹其："困极而节不移，宠极而色不矜。"这正是夏原吉一生真实的写照。

16. 夏言

夏言，字公谨，江西贵溪人士。其父夏鼎为临清知州，因而夏言在幼时受到了良好的教育，于正德十年考中进士，步入仕途。任兵科给事中。

夏言生性聪慧机灵，善于诗文。担任言官后直言敢谏，为人所赞。太祖曾用汉唐故事将天地合祀，明世宗即位后，认为天地合祀不符礼法，因而想将其分开。但天地礼制并非小事，世宗于太祖牌位前占卜，得出不肯，无奈搁置了这件事。夏言知帝所想，上书暗投帝心。世宗大喜，升任夏言的官职，并赐玺书和四品官服给他。后夏言圣宠不衰，惹怒了张孚敬，遭其陷害至狱。后薛侃拒与张孚敬同流合污，指出张孚敬陷害夏言的阴谋，夏言才被放出。出狱后的夏言更受重用，升任礼部左侍郎，后又升任礼部尚书。

帝有皇子诞生，夏言被加太子太保后升任少傅太子太傅。于闰十二月兼武英殿大学士，参与机要重务。后又任首辅的夏言因看不惯奸佞小人严嵩的做派与其分裂，遭到严嵩的打击报复。由于严嵩不断谗言诬陷夏言，致使夏言逐渐失去了世宗的信任和宠爱，接二连三地遭受世宗的斥责。后遭政敌排挤陷害而含冤而终。

祸国二十余年的严氏父子败死后，夏言的后人上书为其昭雪，穆宗下诏恢复夏言的官职，赐祭葬，谥号文愍。夏言一生主持国家政务 13 年之久，曾二度担任首辅之职，为人不贪不奸，算是封建社会有才有名有志的臣子。

17. 夏完淳

夏完淳，字存古，号小隐、灵首。中国明朝末年诗人，是少年抗清英雄，松江华亭人。夏完淳出身于书香门第的仕宦家庭，幼时通读《诗》《书》《礼》《易》及《春秋》。六七岁时就能写诗做文章了。八岁时写了一首五言绝句，为当时著名学者钱谦益赞为神童。

夏完淳出生于风雨摇荡的明朝末期。当时国内内忧外患，朝廷上下乌烟瘴气，人心不稳。夏完淳见国如此，小小年纪就立下了为国献身的大志。

夏完淳 14 岁的时候以李自成为领袖的农民起义军攻占了北京，明朝的崇祯皇帝自缢于煤山。镇守海关的吴三桂向清兵投降打败了李自成，后清军大举南下，明朝就此灭亡。夏完淳跟着他的父亲夏允彝和他的老师陈子龙一起参加了抗清斗争。他们投靠了夏允彝的学生，当时的吴淞总兵吴志葵，组成义军攻打苏州，后因贻误战机起义失败。夏允彝以死明志投水而死。夏完淳悲恨交加，更加仇恨清朝了。后与陈子龙一起再次组织起义，在吴易手下当参谋，并给鲁王上奏了一封奏书请鲁王坚持抗清。

然而无耻的叛徒出卖了吴易的这支义军。吴易和陈子龙先后牺牲，夏完淳也因为叛徒的出卖被清军捕获。在监狱里的夏完淳不怕严刑拷打，也不受威逼利诱，写下了很多感情慷慨激烈的诗篇。更在殉国前消遣了假死的前明重臣洪承畴，称名于世。

夏完淳临刑前正义凛然，不卑不亢，毫不畏惧，围观者都忍不住为他流泪。死时年仅 17 岁。后人为了纪念他，编印了一本《南冠草》来歌颂他。

第 8 章
村落传说与故事

大湾村流传着很多故事，有些直接与大湾村相关，如关于夏时的舅舅陈士杰的故事，有些关系则没有那么大，它们为湘南人民所共有，反映了普通老百姓的生活与思想。传说与故事大致分为动植物、生活、神话和其他几类，这些分类并不是很严格，只是大致的分类。

8.1 动植物故事

1. 胡竹

先前，胡竹也和其他竹子一样是在春天里发芽，现在他为什么要等到夏天才发芽呢？

有一年秋天，正是谷子离田入仓的时节。斑鸠王为了从田里衔来更多的谷子做冬粮，就到了一片离田较近的胡竹林，派来蛮多斑鸠衔树枝在胡竹林的枝叶里建个仓库。

斑鸠王选的这片胡竹林正好是胡竹发源的地方。胡竹看见这群小斑鸠在自己的祖宗头上屙屎屙尿，气愤蛮大，要求胡竹王管管这些小斑鸠的无礼行为。胡竹王劝小斑鸠们不要在胡竹枝叶里建仓库，因为胡竹有的长得快，有的长得慢，会把建好的仓库拱烂的。斑鸠们不听劝告，以为是胡竹王不让他们在这里建仓库，故意赶他们走，就攒劲衔泥巴树枝。不几天，就把一个蛮宽蛮大的仓库建好了。斑鸠们赶忙飞回去向斑鸠王报喜。

正在斑鸠们高高兴兴、热热闹闹地庆贺自己的仓库建成的时候，一只看守仓库的斑鸠飞来，向斑鸠王报告道："那些该死的胡竹长个不停，把新建的仓库拱烂了！"斑鸠王听到这消息一气之下飞到胡竹林，死死抱着胡竹王要到衙门里头去打官司。

受理这些案子的是位贪官。他问明案情后考虑来考虑去。因为胡竹王每年春节要给贪官进贡蛮多鲜嫩嫩的笋子，斑鸠王每年也要给贪官进贡蛮多的斑鸠肉做下酒菜。但是，要斑鸠王和胡竹王重新和好又是难以办到的。贪官决定"拖"的办法，把斑鸠王和胡竹王分别安置在衙门里休息，还给他们各自配了几个衙役，陪他们消磨日子。哪晓得这一"拖"从秋天拖到冬天，又拖过了第二年的春天，在衙门里的斑鸠王和胡竹王天天和衙役们寻欢作乐，早已把打官司的事忘到九霄云外去了。等到贪官们打发他们出衙门时，已到了日头晒人脱皮的夏天了。胡竹王在衙门里耽误了一春，把发芽的笋由春天推到了夏天。

2. 猫和狗

有个打柴佬，家里很穷，他外父看不起他。他老婆看到这个样子，就劝他去做小生意。打柴佬说做生意好是好，就是冇本钱。他老婆就到娘家借了十两银子让他去街上做买卖。

打柴佬拿着银子在街上相货，一个跛脚老头牵着一条狗，走到面前说："好兄弟买下我的这条狗吧，我家里好几天冇开锅了。"打柴佬看他可怜，就用十两银子买下了这条狗。老婆见他用十两银子只买了一条狗，气得把他骂了一顿。打柴佬说："你再借十两银子，我一定买点好货来。"老婆只好又到娘家借了十两银子。

打柴佬拿着银子去相货。这时，一个驼背佬抱着一只小花猫走到他面前说："好兄弟，买下我只猫吧，我有几天冇呷饭了！"打柴佬看到他那可怜的样子，就用十两银子买下了那只小花猫。老婆见他用十两银子买了只猫，气得往床上一躺。打柴佬说："你再去借十两银子来，我发誓一定好好买货卖了。"老婆冇法，只好再借来了十两银子。

打柴佬拿着银子又去相货，一个小女孩手里端着一个铜茶壶，走到她面前请求道："可怜可怜我吧，买下这把壶，我母亲快饿死了。"他听了又起了怜心，那十两银子买下了那个铜壶。老婆见他只买了个铜茶壶，打起包袱，就气鼓鼓地回了家。老婆起走后，打柴佬对着铜茶壶说："铜茶壶呀铜茶壶，为了你，把老婆都气走了。你要是能变饭吃就好了！"刚一说玩，一盆白饭就摆在了他面前。他喜得不得了。对着茶壶说："铜茶壶呀铜茶壶，有饭冇菜吃么呷？来一盘鸡肉吧！"说完，一盘鸡肉摆在了他面前。

从此以后，打柴佬要呷何么就有何么，要穿何么就有何么。这事被皇帝晓得了，他下令打柴佬带宝壶进京，要用它为公主举行婚宴。皇帝拿宝壶看了又看，心里打着坏主意。他偷偷地用一个一模一样的铜茶壶换了他的宝壶，把宝壶锁进了柜里。打柴佬带着铜茶壶回到家里，对着宝壶喊了几次都喊不出东西来，才晓得上了皇帝的当。他就叹了口气对狗、猫说："狗呀、猫呀，你俩去吧宝壶偷回来，要不大家都会饿死。"

狗和猫就去偷宝壶。他们爬过一座山，又遇上一条河，猫不会游泳，过不了河。狗就背着猫过河。狗和猫吃尽了千辛万苦，到了京城。猫到宫中看到皇帝每次用过宝壶以后，就把宝壶锁进柜里。冇得办法，猫就捉住了皇室的老鼠王，要它咬穿柜子，偷出宝壶来。不然就要把它呷掉。老鼠王答应了，当晚就把宝壶偷出来了。

猫偷到宝壶后，狗又像来的时候一样，背着猫趟过了一条条河，过完最后一条河，狗的全身都湿透了，只好在河边舔毛。猫就带着宝壶先回家讨功去了。打柴佬看见猫偷回了宝壶，很高兴，就对着宝壶喊来了鲜鱼、白米饭喂猫。狗回来后，打柴佬以为狗冇去偷宝壶，就不拿饭来让狗呷，罚它呷屎。

从此，猫天天呷白米饭；狗就天天呷屎。狗和猫就成了冤家，狗一看到猫，就要追它，咬它。

3. 猫和老鼠

从前，老鼠一伙一伙地到处糟蹋禾苗，粮食，百姓们叫苦连天，没得办法，只好到如来佛那里去告状。

如来佛听了，就放出自己最喜欢的金丝猫来到凡间捉老鼠。只用了个把月，金丝猫就把大大小小的老鼠都捉光了，最后捉到的是一只母老鼠精。金丝猫刚要吞掉这只母老鼠精，恰好碰上铁拐李从这里路过。铁拐李认得如来佛的金丝猫，对猫说："咬紧些，不要叫他跑了。"金丝猫顺口答道："跑不掉的。"口一松，那只母老鼠精就落在地上钻进一个地洞里去了。金丝猫左找右找，一直找不到。铁拐李也在一边打悔心（打悔心，土话，后悔的意思）。母老鼠精逃走后，恨得金丝猫要死，狠咬着牙说："想灭我的种，办不到。我要发狠月月生、年年荡（荡，土话，指动物的生育）它十二窝。"这样，老鼠就越来越狡猾，为了躲避金丝猫，就转到地下打洞，造窝去了。

老鼠精没捉到，金丝猫受到如来佛的惩罚，被打入凡间来捉老鼠。从此，凡间就有了猫，猫和老鼠成了死对头。

4. 蚂蚁和猴子的故事

很久很久以前，猴子是在平地上生活，后来才到高山大森林去住的。这是怎么回事呢？原来，有一天，猴子来到田畔脚下来寻食吃，蚂蚁就跑出来说："猴大哥，你们应该到树上找食吃，不该到我们田间来找食吃！"猴子一看，是一只小小的蚂蚁，就轻蔑地说："你们小小的蚂蚁有什么本事不准我来找食？我倒要把你们赶走呢！"蚂蚁不服，和猴子争吵起来。争了蛮久，猴子就说："我们打一架，打得赢的就住田畔脚，打不赢的就走。"蚂蚁们同意了。猴子非常高兴，心想：你们小小的蚂蚁有什么能耐！双方约定了打架的时间。

到打架那天，几十只猴子每只背了一根棒棒，雄赳赳、气昂昂地来到了田边。蚂蚁预先开了一个会，首领说："它们大，我们小，硬打是打不赢的。我们必须让它们自己打自己。打架时，我们飞到猴子头上，去夹它的鼻子，猴子用棒打时，我们迅速飞开。"打架了，猴子们一起背着棒棒朝天上乱打，蚂蚁像蜂一样，飞在猴子的鼻子上，夹得猴子痒痛痒痛的。猴子们呢，你看见他鼻子上有蚂蚁，他看见你鼻子上有蚂蚁，就朝鼻子上打。一棒打来，蚂蚁飞走了，猴子们就你打我，我打你，个个头肿鼻子出血，有的倒地死了。最后剩下几只没有打死。蚂蚁们围着他们，说："你们打输了，快上山去吧！"猴子打不过蚂蚁吃了大亏，从此，就搬到高山大森林里去住了。

5. 狐狸与货郎

有一个打猎的人在山上打了一只狐狸，用网袋装着，打算背回屋里去。路上，他遇见了一个货郎。货郎看到网袋里那只狐狸泪汪汪，脚上滴血，好可怜的样子，就撂下货担，走到打猎人的前门，要求买下那只狐狸，猎人说要三百两银子才肯卖。货郎找遍全身的银子和货担垫才凑足了三百两银子。货郎和猎人分手后就在山上找了一些草药嚼好包在狐狸的伤腿上，对狐狸说："狐狸啊，我今日花三百两银子从刀下救你出来，是想放你条活路。这一带打猎的人很多，今后你就走到遥远的深山里去吧！"狐狸"咕——！咕——！"地叫了几声，表示感激货郎的救命恩情，就一摆一摆地向着山里走去。

货郎回到屋里来，老婆看见他两手空空，心想必定出了什么事。货郎老婆是个蛮贤惠，通情达理的妇人，她没骂货郎，还是和平时一样，细心地侍候货郎。货郎一连几日都闷声闷气，吃饭没味，歇觉不香。一日，货郎老婆说道："货郎呀，这几日不晓得你在默什么神，货担没得了，饮食也减了，你到底有什么心事就跟我说说嘛。"货郎打了个悠长的叹声，对老婆说："你晓得，这货担是我们半个家财，我那日一时心软，拿货担跟一个打猎的人换了一只受伤的狐狸，后来又把狐狸放走了。你说我一时高兴得过来吗？"老婆听到货郎说了事情的原委，就安慰货郎："老辈说'文定江山'，你做的是件积德的事，依我说，如果货担没得了，也不要着急，你就用只篮子把那里剩下的一点货提出去卖吧，天长日久，不能没得兴旺的一日哪！"

货郎果真按老婆的主意，每日清晨早早就提着一篮货出东林进西林，一路走一路卖。有一日上午，货郎在一座凉亭里歇凉，忽然间，看见对面的石条凳上堆着一大堆白花花的银子，走过去一数，足足有三百两！货郎想：肯定是某个过路人一时大意把银子失在这里的。货郎就在银子旁边，对每一个过路的人都问一问是不是失了什么物件。从上午到天都黑了，问来问去，没得一个人承认自己丢失了物件。货郎就把那三百两银子带到屋里来了。货郎和老婆商量好，拿捡到的三百两银子做本钱，在自己屋里开了一个绸缎铺子。铺子一开张，生意很兴隆。货郎每日担一担绸子缎子出去卖，也不到半日功夫就卖得精光！没得半年光景，货郎屋里就变得很富裕了。

有一日，货郎担了一担绸子缎子去赶圩。一个约莫二十七八岁，长得像仙女一样秀丽的姑娘，来到货郎卖绸缎的摊子侧边，问道："货郎，我要做你的老婆，你同意不同意？"货郎答道："我已有妻室儿女的人了，你还年轻去找个人家吧。"姑娘说："那就做你的偏房吧。你下一圩要来接我回去呀！"姑娘说完，也不等货郎回话就走了。

货郎回到屋里来，又是吃饭没味，歇觉不好。老婆看到货郎这个样子，就问道："货郎，你这两日怎么啦？"货郎默到老婆平时对自己这么好，自己再去接那姑娘来做偏房，怎么对得起老婆呢！老婆问多了，货郎到底把那日在圩上的事情告诉了老婆，还说："那个姑娘要我下一圩去接她回来呢！"老婆不但没为难货郎，反而大大方方地说："讨二房，三房的人有的是，只要你情愿，就把那姑娘接回来吧。"

第二圩，那姑娘穿红着绿果真跟着货郎来了，姑娘来了以后，就问货郎老婆："大表姐，大表姐，你有几个崽女了？"货郎老婆告诉她已有两个崽一个女。

姑娘晓得三个崽女都没到学堂读书，就说："大表姐大表姐，从今以后，你就料理家务，我就教三个崽女读书习字吧。"

说起来也巧得很，那三个崽女在货郎细老婆的管教下，读书习字进益蛮快。后来进京中考试，一个中了文科状元，一个中了武科状元。货郎一家人高兴得不得了！这时，货郎的细老婆突然提出要走了，货郎俩老千方百计地挽留都没用。最后，货郎说："你实在要走，我们也没办法。就请你过了这两日，等两个崽从京城回到屋里来再走吧，他们还要报答你的恩情呢！"左劝右劝她都不同意，货郎两老只好搞了一桌好酒好菜为她送行。

吃完酒饭，货郎俩老难舍难分地送她走。到了一座深山边上，她一下子就变成了一只蛮秀丽的狐狸。还没等货郎俩老明白是怎么一回事，那只蛮秀丽的狐狸就走进了深山里，货郎俩老只看见它的尾巴摆了几下。

6. 花花蛇

从前，有个老头，家有三个女。

一天，老头去犁田。走到半路，碰到一条花花蛇盘坐在路中挡住老头的路。老头往东，蛇头就歪在东边，老头往西，蛇头就歪在西边，老头觉得奇怪，就问："你是想要我的犁吗？"花花蛇偏偏头表示不是；老头又问："你是想要我的牛吗？"花花蛇偏偏头表示不是。老头又问："你想咬死我吗？"花花蛇还是偏偏头，表示不是。老头想：犁也不要，牛也不要，又不想咬死我，它要干什么呢？老头想起家里的三个女，问道："你是想要我的女吗？"这回花花蛇点了点头。老头没法，只好说："好吧，我回去问问我的三个女，看哪个愿意，回头再来告诉你。"

大女看到爸爸犁田回家饭也不吃就去睡觉，便走到床边喊道："爸爸，吃饭了。"老头说："吃饭不要紧，我问你一句话，你是愿意嫁给花花蛇，还是愿意让蛇咬死爸爸爷？"大女答道："我救不了爸爸爷，不愿嫁给花花蛇。"二女见姐姐没把爸爸喊起，也进去喊："爸爸，吃饭了。"老头说："吃饭不要紧，我问你一句话，你是愿意嫁给花花蛇，还是让蛇咬死爸爸爷？"二女答道："我宁愿让蛇咬死爸爸爷，不愿嫁给花花蛇。"三女见大姐，二姐都没把爸爸喊起，心想：今日未必爸爸遇到了为难的事，于是，她也进去喊道："爸爸，吃饭了。"老头说："吃饭不要紧，我问你一句话，你是愿意嫁给花花蛇，还是让蛇咬死爸爸爷？"三女一听，不知是什么意思，就要爸爸把见到花花蛇的事说了一遍。三女明白了，就答应："我宁愿嫁给花花蛇，也不愿让蛇咬死爸爸爷。"老头听三女这么说，就起床吃饭去了。

第二天，老头照样到原地方去告诉花花蛇，三女愿意嫁给它。花花蛇听后，就给老头拜了三拜，并商定了接轮的日子。

第三天，花花蛇带了一班虾精鱼精吹吹打打来接亲了。花花蛇把珍宝宝物拿出来给三女戴上，把三女打扮得跟仙女一样。三女依依不舍地告别爸爸和姐姐们上了花轿，被抬到了花花蛇的家里。三女看到新郎位上坐着的是一个标标致致的后生，心里好高兴！

原来，花花蛇是一条修炼了上千年的蛇仙，它只要与勤劳，善良的凡间女子结成夫妻，就能永远作为人形生活了。

三天后，大女和二女去接三女回娘家。她看到妹妹的家里全是金子柱头银子壁，妹郎也很漂亮，心里好后悔。回到家，二女假装接三女去担水，她看见妹妹穿戴得这么好，就眼红得很，说："好妹妹，你真漂亮，把你的绫罗绸缎借我试试行吗？"三女虽说心里不乐意，还是将衣衫褪了下来。二女穿上后，觉得自己漂亮了好多，随机由眼红变为坏心血，趁三女不注意时，双手用力一推，就将三女推到井里浸死了。二女回家后，哄着家里人说："妹妹不小心，掉到井里浸死了！"

几天后，新郎来接新娘了。二女事前就威胁爸爸和姐姐，不准把真情说出去，到时由她顶替妹妹。新娘一到，二女就迎上前去，新郎看到眼前的妻子脸上尽是麻子，正在忧虑，只听见二女娇声娇气地叫道："花郎呀，你怎么到现在才来接我呢？咱们快些回去吧！"新郎半信半疑地问："你来家里只几天，脸上怎么有了麻点子呢？"二女说："我刚到这里就得了病，生痘生麻了。"

二女跟着花花蛇回到家，做家务时连一些家什都不知道放在哪里，要问花花蛇。花花蛇很疑惑，问她："你回家才几天，怎么连你放的家什也不晓得放在哪里了呢？"二女答道："是我生麻生痘起记性不好了。"

有一天，二女起床在窗口梳头发，看见一只鸟站在窗外的树上骂道："拿了我的梳，梳你的头，拿了我的镜，照麻婆。"一直骂到二女梳完头。花花蛇从屋里出来看到树上的鸟边骂边流泪，就更加怀疑起眼前的妻子来。等二女走后，花花蛇便问了鸟，鸟说了事情的原委，花花蛇这才知道自己的原配妻子已被害死。心里便想着要救回三女。

第二天，花花蛇带着二女来到屋后的竹林里，花花蛇搬着竹子摇，掉下来的是好多的银子，二女搬着竹子摇，掉下来的尽是石头，打得她头破血流。二女气不过，把竹子砍了，情人把竹子织成了一条凳子，花花蛇坐在凳上，又软又舒服，二女坐在凳上，屁股被夹得青一块紫一块。二女又气不过，用斧子把凳子破开，把竹片放到灶里去烧。二女刚把竹片放进灶里，灶里就吐出了一团火苗，即时把她烧死了。火焰烧死二女后，又变出了一个好漂亮的姑娘站在花花蛇的面前。花花蛇一看，不是别人，正是自己的原配妻子，两人抱成一团痛哭起来。

此后，花花蛇夫妻俩就一直过着幸福的生活，白头偕老。

7. 猎人除狐精

以前，在一座岭上，有一只狐狸成了精。狐狸精坏死了，一下子变成一个漂亮女子，骗男人上钩，一下又变成一个漂亮男子，缠住女子，缠死人后，就把人吃了。凡是往岭上过路的人，都要给他害完。四围团团的人都怕得要死，再没人敢往岭上过了，狐狸精就变成各种各样的人来村里作怪，不是这家失火，就是那家掉人，搞得人心惶惶。日头没落岭，村里的人就关起鸡鸭猪牛，闩紧屋门不敢出来。

一天，来了个老猎人，还带着个徒弟，他们刚到这一带村子里，日头刚刚落岭，正是蛮好的时候，就没有一个人到门口了。猎人觉得奇怪，去问了一个老人家，老人家就把狐狸精作祟的事情全都告诉了猎人。老猎人打了几十年的猎物，什么精怪都遇到过，还学到蛮多法术，听了老人家的话后，下决心要除掉这害人的狐狸精。

第二天，天还没光，老猎人就带着徒弟到那座岭边，下了一道山符，把整个岭都封了起来，岭上的鸟都飞不出，岭外的想飞也飞不进，只开了一个口子，叫他徒弟守着。老猎人说："我到岭上去赶，看到有物件往这里出来，你不管是人还是牲畜，只管用劲打。"徒弟满口答道。老猎人上岭赶了一阵，徒弟没看到狐狸精，却看到一个长得蛮漂亮的新媳妇，提起红漆竹篓，手摇上摇下从岭上出来。徒弟心想,这个女子一定是回娘家屋里去的,就放她去了,好一会,老猎人还没听到声响,就来问徒弟:"你看到什么物件出去了吗?"徒弟答道:"没看到什么出来,就是看到一个回娘家的新媳妇从这里过了一下。"老猎人生气道:"嗨!这新媳妇就是那狐狸精变的。你今天上当了哩!"说完,领着徒弟去追狐狸精。

过了一会,到另外一座岭上,老猎人又像头次一样,把岭封好,再三交代徒弟,要守好口子,哪晓得狐狸精又变成了一个蛮可怜的老头子,把徒弟骗过去了。

第二天,老猎人跟徒弟换了一下,封好岭后要徒弟到岭上去赶,自己守住口子。这回狐狸精变成了一个白头发老妇人,慢慢地走出来,它满以为又会瞒过猎人,没想到这回守口子的是老猎人。老猎人瞄准那老妇人"砰"的一声,老妇人就倒在地上,变成一只大狐狸,尾巴上已结满了球。百姓们把狐狸抬回来剖开,肚里好多的金耳环,项链,手圈呦!

老猎人除掉了狐狸精,这一带的百姓从此过上了安安稳稳的日子

8.一滴漏

从前,有个山庄上住着一户人家,山上经常有野兽出没。每到夜晚,一家人都不敢出门。

一天晚上,他们刚上床睡觉,天就下起了大雨。父亲便叫儿子赶快起床去堵住仓库里屋顶上的漏眼。儿子因年幼,便说:"我怕老虎我不敢去。"父亲说:"怕什么老虎?老虎我可不怕,就是怕那一滴漏。"

父子的对话,碰巧被蹲在门口等着吃人的老虎听到了。老虎不懂一滴漏是什么名堂,以为是比自己还要凶猛、厉害的东西,便打消了要吃人的主意,于是去牛栏里找牛吃。老虎走进牛栏里,碰着牛栏里有一个强盗披着蓑衣准备偷牛。强盗突然发现了一个高大的黑影子,以为是一匹马。他盘算着偷一头牛不如偷一匹马强,于是迅速爬上虎背,打算骑走,老虎没看清是人,以为是父子俩刚才对话中提到的一滴漏,吓得不得了,驮着强盗拼命地奔跑,逢山过山,逢岭过岭,不知走了多远,也不知道过了多久。天快亮了,强盗仔细一看,发现自己骑在老虎背上,吓得不敢作声。刚巧身旁有一棵树,强盗便从虎背上一纵攀上了

树。老虎连看都没看一下，只顾逃命。跑了里把路，迎面碰上了一只老猴子。老猴子见老虎没命奔跑的样子，觉得奇怪，便问："虎大哥，出了什么事，这么着急。"老虎说："不得了，刚碰到了一个厉害的东西，要害我。幸亏他跳到了树上，不然我就没命了。"老猴问："是什么东西？这么厉害。"老虎说："是一滴漏。"老猴子说："我才不信呢！"老虎说："你不信，你敢去看吗？我是再也不敢去了。"老猴子说："凭你虎大哥的本事，还怕一滴漏！去！去！去！我俩一起去，把它抓来吃掉。"老虎听猴子这么一说，也只好硬着头皮带着猴子去找一滴漏。这时，强盗披着蓑衣蹲在树上不敢下来。猴子见了披着蓑衣的强盗，也不知是什么怪物，顿时就没了胆。猴子想：来了又退回去，老虎是不会讲情面的。正想着，老虎说："猴子，你还不赶快上树去把它推下来！"猴子想了想，说："你用一根藤把我的尾巴挂在你的脚上，你注意看着我的眼睛，要是我遇到危险，我就眨眼睛。你看见我眨眼时，就用力把我拖下来。"说完猴子便往树上爬，树上的强盗看到猴子来抓他，吓得尿水往下流。尿水淋在猴子的眼睛上，猴子眼睛禁不住淋，就不停地眨。老虎只注意猴子的眼睛，没发现盗贼吓尿，他看到猴子眨眼睛，以为事情不妙，便用力驮着猴子不要命地跑。跑了几条路，才停了下来。这时候，猴子气喘吁吁地说："一滴漏厉害，一滴漏厉害。"老虎问："你看清了吗，一滴漏到底是什么样子？"猴子说："一滴漏就像飞鸟往下屙屎屙尿那样。""原来是这样的。"老虎明白了。

从此，老虎就最怕飞鸟屙屎屙尿在自己的背上。

8.2 生活故事

1. 送匾讽财主

有一年，乡里一个大财主用八百担谷买了个官做。为了庆贺这件事，财主大摆筵席，请来四面八方的文人秀才和亲戚朋友，真是热情得不得了。黄玉瓒先生被请去了，还亲手写了一幅匾给财主。

财主接过玉瓒先生赠送的金匾，像得了宝贝，高兴死了。一来玉瓒先生亲自来到他家，他好大的面子；二来玉瓒先生赠送的金匾"穴宿宣容"四个大字，挂在厅堂中闪闪发光，满堂都是亮的。

酒足饭饱之后，这些文人秀才都围住这块金匾说好，只有一个人捂住嘴巴在笑。人家问他笑什么，秀才用手指着金匾上的四个字，原来金匾上"穴宿宣容"四个字，实际上写的是"八百担谷"。这是玉瓒先生对这位财主用谷子买官的辛辣讽刺。

2. 熏蚊子的来由

世上曾经闹过蚊子灾，成千上万只蚊子可厉害啦，飞到村里吃人，吃得只剩下一把骨头，百姓们怕得不得了，没办法，只得每个月初一日就往庙里送个活人给蚊子吃，蚊子就不再去咬村里人啦。送去喂蚊子的人都是挨家挨户轮流派的，轮到哪家，哪家就叫苦连天。

一次，排到一户人家，男子出远门，家里只有婆婆和儿媳过日子。婆婆说："今天轮到我们家，反正我年老了，就让我去喂蚊子算了。你等男人回来，两个好好生生过日子。"媳妇不依，说道："妈，你这大把年纪，我怎么能忍心让你去？还是我去吧！"俩人边哭边争着要去，好伤心呦！后来，还是媳妇抢着去了。

媳妇到了庙里，心里在念都要死去了，穿着衣裳做什么！就把身上穿的衣物全部脱了下来，点把火烧着了，光着身子随蚊子怎么咬。哪料到，这把火一烧，满庙尽是烟，把整个庙里的蚊子都熏得死的死，逃的逃，外面的蚊子又不敢进来。等到衣服烧完，烟散尽，天也就光了。媳妇安安然然回家里来，婆婆听见媳妇的叫门，以为是媳妇的魂来了，吓得不敢开门。媳妇在外面哭着说："我把身上的衣物都脱下烧掉了，熏得庙里的蚊子都飞了。"婆婆忙把媳妇让进门，高兴得要死哩！

媳妇点火熏蚊子的事，马上就传开了。从此，一到天黑，家家户户就把破旧衣服、柴草谷糠壳烧得满屋里是烟来熏蚊子，蚊子也就不敢来了。

3. 盐老鼠为什么晚上出来

盐老鼠(蝙蝠的俗称)长得蛮怪，说它像鸟不是鸟，说它像兽不是兽。

很久以前，鸟和兽发生打架，盐老鼠赶来参加了。开始时鸟占了上风，盐老鼠就投靠了鸟；后来兽占了上风，盐老鼠看到对自己不利，就偷偷摸摸地投到了兽一边。兽类看到盐老鼠原先在鸟类那一边，就不愿收留他，把它赶走了。盐老鼠只好又去投靠鸟类，鸟类也不再收留他。

鸟类和兽类斗来斗去，谁也赢不了谁，最后只好讲和，双方不再打架。盐老鼠呢，鸟类和兽类都不理他，只好白天躲在山洞里，不敢出来，晚上才飞出来找吃的。

4. 隔水常乐

从前，我们这里有两个村子，分别坐落在清河的东西两岸。两村虽然是邻居，却经常发生纠纷。

有一年，两个村子的人又打起来了，双方都伤了好多人，那一年都没法耕作。两村的村老说，这样长期下去总不是回事，就要求讲和，不再打架。可是，讲和又怎么讲呢？还是一位老先生出了点子："我看我们都是邻居，应该和睦相处，干脆把我们两个村子的名字都改一下，河西改叫'常乐'，河东改叫'隔水'吧。"改了村名以后，两个村的人就再没有打过架了。

从此，清河分的隔水、常乐两个村名也就一直沿用至今。

5. 教一手，留一手

原先，有个武术师傅年纪七十多岁了，他在一个原场教徒弟。两年过去了，一天，师傅跟徒弟说："我的功夫教完了，你可以出师了。明天我要回家了。"徒弟见师傅要走，就请他吃了一顿好的，准备送师傅，徒弟想：这个老东西，武术我都学到手了，但在地方上我没有他的威望高，我不如趁他没有防备，把他杀了，以后就可以称霸了。于是，他身藏利刀，送师傅上路了。

师傅夹起一把雨伞走在前面。虽然年纪老了，但他久闯江湖，很会看人行事。他见徒弟的举动，觉得不是味道，心想：我的拳路都传给他了，他身强力壮，万一对我动手，我怎么打得赢他呢？走着走着，到了一个深山老林。突然，师傅听到耳边有风声，他还没回过神来，徒弟的利刀正向他的头上砍来。在这紧要关头，师傅立即用纸伞去挡，恰好一刀把伞把削了。师傅眼疾手快，将削得尖溜溜的伞把顺风过船对徒弟喉咙上一戳，就把徒弟戳死了。

师傅缓过神来，叹了口气说道："以后教徒弟，要教一手，留一手，免得徒弟打师傅。"

6. 无根之檀

从前，桂阳县有张、王、李、刘四位秀才，这四位秀才感情非常好，经常一起舞文弄墨，吃喝玩乐。

一天，四位秀才一起坐在一家茶馆喝茶，还说："三杯浓茶当杯酒。"四位秀才喝着喝着就来了雅兴，有人提出每个人说一件亲眼所见的奇闻。

张秀才说："有一天，我上庙烧香，看见对面鼓有一口山矿那么大，一个和尚去敲了三下，敲一锤响了十五天。真乃奇鼓，奇鼓也！"

王秀才说："有一天，我看见一头牛，关在牛栏里伸出头吃了一亩八分田的麦子。真是奇牛！奇牛！"

李秀才说："有一天，我上山观景色，看见一位樵夫砍了一根竹子，竹头已经背出山外一半路了，可竹尾还在山顶上哩！你们说，是不是奇竹？"

刘秀才说:"有一天,我去访友,看到一个房屋的瓦背上长着一蔸檀树,这蔸檀树非得要八个人手拉手才能抱住。你们见过吗?"

这时,一位云游道士手拿施埲从四位秀才身边走过,边走边哈哈大笑道:"无根之谈(檀),无根之谈(檀)!"

张秀才悟道:"对呀!刘兄,无根之檀,瓦背上长出那么大一蔸檀树,何处生根?无根又何树之有?"说完大笑起来。

刘秀才道:"没有瓦顶上的那棵檀树,怎能敲响你那口山矿一样的鼓呢?"说完也笑了。

李秀才道:"刘兄说的是。可没有那根竹棍,怎么能箍住张兄那面鼓啊?"

王秀才道:"李兄,刘兄说的也在理。我们张兄一开口就吹牛皮,我就真的吹牛了。没有我那么大的牛,就没有那么大的牛皮去蒙那个鼓啊。"

四位秀才这无根之谈,让那道士来嘲笑,总觉脸上无光。

7. 金钩胡子

在我们这里,把强盗喊作"金钩胡子",那么这个外号是怎么来的呢?

从前,有个妇人家在一家点心铺里吃点心,忽然看见来了一个老汉。这老汉长长的胡子差不多落到脚背,把嘴巴遮得严严实实。妇人家看老汉也来吃点心,就问他怎么吃呢?为了知道老汉是怎么吃的,妇人家就特意去买了一盒点心送给老汉吃。老汉很感激,认为这妇人懂礼节,晓得孝敬老人,便双手接下了那碗点心。只见他从衣兜里掏出一份金钩子,先把胡子平半钩开挂在两边耳上,然后吃了起来。妇人家看见他胡子上沾了许多汤水,觉得好笑。老汉见笑,就说:"你是笑我的胡子吧,人家问我怎么吃饭,有了这副金钩子钩住胡子,这不就能吃了吗!别小看我这副金钩胡子,往后只要是碰上强人,只要喊一声'金钩胡子',就包你无事。"说完,便走了。

妇人家在回家的路上,刚好遇见了一伙强盗,把她的包袱抢走了。她猛然想起点心铺那个老汉说的话,便喊了一声:"金钩胡子!"那伙强盗马上住了手脚,说:"这妇人,连我们大王的外号都敢叫,想必是管我们大王的。快点放了,快放了!"妇人家捡起包袱就赶紧走了。在路上,她边走边想,还以为这"金钩胡子"是什么大官呢,原来是个强盗头子!后来,遇到强盗抢劫,只要大喊一声:"金钩胡子!"强盗是真的不敢行动了。"金钩胡子"是强盗的外号,也随着传开了。

8. 梁山君子

人们喊强盗为"梁上君子"，是怎么回事呢？

很久以前，一个在外当兵多年的人回家。有个强盗以为当兵的包袱里会有很多钱，就一路跟着想偷走他的东西。当兵的顺路进到岳父屋子里吃了餐饭。强盗偷听到当兵的住处，就先到他的屋里，爬到房梁上藏了起来。强盗从梁上往下看时，那当兵的老婆正与野男人喝酒，还说："如果当兵的男人回来，我们就把他给弄死。"正在这时，当兵的男人在敲门了。野男人赶忙爬到了床底下藏了起来。当兵的进屋了，看到桌上摆了两人的杯筷，就问老婆有："外客来了吗？"老婆说："这是想你才摆的杯筷。"就与男人喝了起来。野男人趁当兵的喝醉了，就从床底下爬了出来，把那个当兵的杀死了，分了几块埋在屋的四角，并说："这是天知地知，你知我知。"强盗在梁上想：还有我知哩！他想着想着，就在梁上睡了。第二日，强盗被人捉住关进了官府。在牢里强盗看到有个老人，就问，"你是怎么被抓来坐牢的？"原来，这个人便是那当兵的岳父。因有人晓得当兵的进了岳父家，当兵的老婆又不承认男人回了家，就被怀疑是他岳父贪财害命。强盗搞清楚情况后，说："这事包在我身上，我给你作证。"他和老人一起到大堂上把那个女人和她的野男人怎样杀了当兵的，又怎么样砍成四份埋在屋里四角的事说了出来。官老爷按照强盗的说法让人到那女人的屋里挖出了尸身，认为人证物证都有，就把那个女人和他的野男人抓起来了，放了强盗和那个受冤枉的老人。强盗在屋梁上偷看了这件事，并为人申冤作证，后来人们就称强盗为"梁上君子"。

9. 财主与小长工

从前，有个叫金秀才的人，刚满十八岁便到一家财主家里做小长工，人们都叫他小秀才。其实他没有进过学馆，认不得多少字，只是他人很机灵，能论会道，又爱开玩笑，编写笑话让大家开心，哈哈笑一阵。他开玩笑编谎话从来不伤害兄弟们的感情，可对财主就不同了，常常让财主哭不是，笑不是。

财主受了小长工的气，心里很恼火总要想找个法子出口气。有一天，天很热，财主把小长工叫到面前，说："今天，你若能撒个谎，把我哄住，下半个月不叫你做事，工钱照样付。"小长工说："现在不是撒谎开玩笑的时候，人家在干塘捉鱼，我知道老爷你最喜欢吃鱼，难道我能坐着玩吗？"

财主听了，慌忙问他："是真的吗？"小长工说："谁骗你不成！"说罢，提起鱼篓，带上渔网，出门去了。

财主便即刻吩咐家里的长工，短工，儿子和媳妇，背上渔网，前来捉鱼，等着鱼上钩。小长工却找到了凉快的地方睡觉去了。

半个时辰后，去捉鱼的人汗淋淋，却一条鱼也没有捞到，只带回一肚子怨气。原来，根本没有干塘捉鱼这回事。

财主气坏了，找到小长工，开口就骂他撒谎，寻爷开心，小长工笑微微地学着财主的腔调说："……下半个月不叫你做事，工钱照付……"

财主这才明白过来，又上了小长工的当。

10. 刁师傅挨打

从前，有一个徒弟跟着一个裁缝师傅学艺，师傅心肠蛮刁，来人来客有好菜都不给徒弟们。有一日，来了一位客人，师傅买了猪肉。吃饭时，客人见徒弟不夹肉吃，便问："你怎么不夹菜吃？"师傅抢先答道："我徒弟不吃猪肉。"搞得徒弟不好意思夹肉吃。师傅每一次都是这样，徒弟恨透了师傅，觉得师傅为人刁狠，想找个机会报复一回。

有一日，一个顾客来裁衣，正巧遇师傅出去。徒弟对顾客说："我师父出去了，等下就来。我告诉你，我师傅有个毛病，要是他双手在裁缝衣一按一摸的时候，就是神经不正常的时候，会把布剪破。你看到这个样子，就要给我师傅两个耳巴子，才能清醒过来。"顾客信以为真。

过了一阵，师傅回来了。只是他把布摊开，手一比一画，一量一剪，不知不觉把剪刀放在布底下遮住了。师傅不见了剪刀，便在台子上一按一摸。顾客见了后，立刻给师傅打了两个耳巴子。师傅大吃一惊，问："你怎么打人？"顾客把刚才徒弟说的话说了出来。师傅对徒弟大发脾气："你怎么晓得我有时神经不正常？"徒弟反问道："你又怎么晓得我不吃猪肉？"师傅被问得无话可答。

11. 三秀才

从前，有父子三人都是秀才，他们是书香门第，乡里不敢怠慢他们。这三个秀才好色贪玩，到酒店吃酒常常不给钱，堂主从不敢讨账。

一天，父子三人又到酒店喝酒。店主想：这回要想个办法讨回他们的酒钱才好。店主对他们说："你们三个都是秀才。我有一事不晓得讲不讲得？"老秀才说："讲。"店主说："那我出一上联请教你们，若你们对得起，今后喝酒不收钱。若对不上，你们以前欠的酒钱给我付清。要得吧？"父子三人想：我们都是秀才，哪有对不起？连忙说："好！一言为定。"店主说："一父二子三秀才，吃酒四五六安心，七倒八歪不知足，十壶祢九不开钱。"

他们父子听完，你看我，我看你，不知怎么个对好，只好付清酒钱慌忙走了。从此，这三位秀才再也不敢来喝酒了。

12. 癫子巧赶李先生

从前，有个王家庄，王家庄有个王癫子，王癫子讨到一个非常漂亮的老婆，这老婆嫌他是个癫子，便跟一个姓李的教书先生勾搭上，天天和癫子吵架，癫子没法管住老婆。为了赶走李先生，癫子想出了一个办法。

一天，癫子和和气气地对李先生说："李先生，我和你打个赌，出个谜语给你猜。你若能猜中，我把老婆输给你；你若猜不中，就输一千两银子给我。"李先生连忙说："好，好，好。"

王癫子对李先生说："红红绿绿，层层塔塔，弯弯圆圆，稀稀拉拉。四句话，四种东西，要你三天内猜出来。"李先生以为自己读了书，猜这样的谜语没问题，满有把握地说："好，一言为定，绝不反悔"。可是，这位李先生想了一天，也没想出半点名堂。癫子老婆见了也很着急，她也帮李先生猜。

这天晚上，王癫子的老婆对自己的丈夫特别好，她买了一斤酒陪自己的老公喝。吃完饭以后，夫妻俩上床睡觉。这时，她笑眯眯地问自己的老公："癫子，你给李先生出的谜语，谜底是什么啊？夫妻面前还不可以说真话呀！"王癫子心里暗想：自己的老婆对李先生要好，我怎么能说真话呢？于是满不在乎地说："我告诉你，你千万不要告诉人家啊！红红绿绿是鸡屎，层层塔塔是牛屎，弯弯圆圆是狗屎，稀稀拉拉是羊屎。"

第二天，王癫子的老婆把这个谜底全部告诉李先生。

三天期满，李先生斯斯文文走到癫子家。癫子问："李先生来揭谜底的吗？请说。"李先生说："红红绿绿是鸡屎，层层塔塔是牛屎，弯弯圆圆是狗屎，稀稀拉拉是羊屎。"王癫子听了，哈哈大笑，说："你答的谜底全部都是我老婆告诉你的，不过都是错的。"李先生愤怒地说："癫子，那鸡屎不是有红有绿？那牛屎不是一层层塔塔的吗？那狗屎不是出来圆落地弯弯曲曲的吗？那羊屎不是稀稀拉拉抖一地吗？"癫子说："李先生你是读书人，怎么说的都是些脏东西臭东西？我告诉你吧！那红红绿绿是虹，层层塔塔是云，弯弯圆圆是月亮，稀稀拉拉是星星。"

李先生听了癫子的回答，羞愧满面，赔了癫子一千两银子，离开了王家庄。

13. 给县官送匾

过去的县官，十有八九是贪官污吏，清官很少。有个贪官，在当地当了几年知事，卸任时，老百姓非常欢喜，给他送了一块匾额。匾额上写了四个大字："五大天地"。县官接了匾额，非常高兴。

其实，匾额上"五大天地"四个字。是老百姓在写这个贪官，这四个字的原意是：县官到任——花天酒地；县官在任——金天银地；县官办事——昏天黑地；县官理案——怨天怨地；县官卸任——谢天谢地。

14. 爱听故事的财主

从前有个财主，最喜欢听故事，只要你讲得好，他三日四夜不呷饭都做得。日久天长，故事都被他听完了。这时财主闷得慌，就对长工们说："你们哪个会讲新鲜故事，我就不要他做事，还要给他吃好的。"

财主家个长工，见他爱听故事，便要成心要捉弄一下。一天，长工对财主说："老爷，我给你讲个最好听的故事。"

财主一听有好故事，马上出了神，说："好，就你快讲给我听，讲得好，老爷还要赏你。"

长工说："老爷，我的故事漫长，要讲几个月，你有耐心听吗？"

财主说："没关系，我就喜欢听长故事，只要你爱讲，我总爱听。"

长工说："好吧，现在就开始讲了——'从前，有个财主，财主做了个木仓，仓里装满了谷子。有一天，飞来一只蚱蜢，从仓缝里偷谷吃。蚱蜢一次背一粒谷出去，又飞来再背一粒；背一粒出去，又飞来再背一粒……"长工从早晨讲到傍晚，总是这句现话，财主听得不耐烦，说："还没有偷完？"

长工说："莫着急，这仓谷子才开张背咧。"

8.3 神话故事

1. 人怎么会死

据说人以前是不死的，只蜕层皮就要得了；蛇呢？活着活着就要死去。现在变成了蛇蜕皮、人死，这是怎么一回事呢？

好久好久以前，在一座山脚下，住着两娘崽。屋里欠吃欠穿，日子过得蛮苦。慢慢过了好些年，阿母老了，该要蜕皮了。一天，崽从外面做事回屋，看到阿母蹲在淤桶侧边，正在蜕皮，牙齿咬的咯咯叫，杨梅大一滴的汗往下掉，好难受哟。看着看着，崽吓得倒在地上。

阿母蜕了皮后，变成了一个十八九岁的姑娘样，两娘崽好像成了两爷女。崽在心里默想，这样蜕皮，好造孽，轮到我蜕皮的时候干脆和蛇打个斟，让蛇蜕皮，我去死。

又过了几十年，崽也老了，该蜕皮了。他疼得不得了，又哭又喊，不愿蜕皮，要死！这崽子惊动了天上的玉皇老子。玉皇答应了崽的要求，叫来了一条蛇精，代替崽去蜕皮，崽就死去了。从此以后，就成了蛇蜕皮，人死了。

2. 红茹的来历

以前，世上还没有红茹。有一次周武王带兵西征，被围困在一座叫作"红茹"的荒山上，这座山一没人烟，二没吃的，几天以后，粮草吃光了，外面又没有救兵，眼看着几十万兵马就要饿死，急得周武王团团转。

这一切被天上的太白金星看到了。太白金星晓得周武王是一个蛮有作为的帝王，不忍心看见他的兵马打败仗，就想暗中帮一把。他变成一个农夫，来到军中求见武王，说可以帮助周武王解决粮草问题。周武王大喜，马上面见了太白金星，向金星讨教解决粮草问题的法子。太白金星摘了一大把樟树枝丫，一根根插进土里，还交代要过五天后去翻，就会得到吃的东西。武王看到兵将们一个个肚子饿得咕咕叫，心里好难过，没到五天，他就到土里去翻，结果在插了樟树枝丫的地方长了一个个圆圆的红皮白肉的东西。周武王马上叫军士们把所有的插了枝丫的土全部翻开，翻到好多这种红皮白肉的东西，全军饱餐一顿，个个精气十足，冲出了红茹山，把敌军打得大败。

从此以后，人们就把红茹山翻出这种东西叫红茹。如今的红茹叶子像樟树叶子，就是因为插了樟树枝的缘故，而且红茹烂了就有一股樟树味。红茹存放不能久，是武王没听太白金星的话，提早去翻动了。

3. 菩萨的来历

在我们这里，很多人都喜欢拜菩萨，那菩萨大多是用樟树雕的，为什么用樟树来雕菩萨呢？说来还有一段漫长的故事哩！

从前，有个穷人家，家中只有一个老妈妈和一个崽。这个老妈妈是个做事蛮发狠的人，每天起早摸黑，苦心苦力的地事。但是崽总是打骂老妈妈。不管怎样，老妈妈忍着忍着将就他。

有一日，崽背着犁要到田里犁田去，临出大门时，气汹汹地对屋里大说一声："我犁田去了，中午不回屋。"说完，头也不回，去了。

快到中午，崽看了看日头，陡然看见田边上有棵老柏树，柏树上有一窝大麻雀，在叽叽喳喳地叫着，两只老麻雀正在把捉来的小虫子一口一口地喂小麻雀，看着使人流眼泪。崽看到这里，泪水都在转圈了。他蓦然想起小时候老妈不也是一口一口地把自己喂大的吗！母亲为我劳苦一世！从今以后，一定要很好地孝敬他老人家。就在这时，老妈妈提着蓝给崽送饭来了。崽看到后，连忙跑上前去扶老妈妈，连手中的赶牛棍也记不得放下。老妈妈以为崽嫌她送饭送得太迟，又来打骂她，便赶忙往后退。退到一蔸大樟树前，脚被一根蛮大的树根绊倒了。崽大喊一声"妈"，飞快地跑上前，把母亲背回屋里，熬碗粥一口一口地喂母亲。这时，老妈妈见崽变好了，脸上显出了笑容。过了几天，老妈妈就去世了。

崽料理完丧事，马上把绊倒妈妈的那根樟树根挖了出来，请了个有名气的雕刻匠，把老妈妈的样子刻了出来，安放在神台上，逢年过节，烧几炷香，拜上几拜，祭祀母亲。

据说，这就是最早的菩萨。从此以后，百姓大多用樟树来雕刻菩萨，菩萨的脸上总是笑眯眯的。

4. 桃姓的来历

相传盘古氏造的百家姓中冇得"桃"姓，本来有桃姓是搭帮一个桃花仙女。

很久很久以前，有一个不知名的地方，住着一户人家，家里有个双目失明的老母亲和一个后生。后生辛勤打柴，奉养老母，日子也过得差。

一日，后生去上山打柴，一失脚，就从蛮高的岩石上跌下来，把腰骨跌断了。他咬紧牙根，一步一步地爬回家中，都不忍心将伤情告知老母，怕他受急。由于没钱医治，伤情就一日一日地加重了。老母听见从儿子的睡房里时不时传来"哎哟！"的声音，就急忙摸到儿子的床上，经过再三催问，儿子才把真情告诉了老母。可是，一个靠摸着走路的老母，又有什么办法给儿子治腰伤呢！她只好扶在门前的桃子树边哭。哭呀，哭呀，哭了八八六十四日，桃子树上就开了一朵素白的花，并且香气冲鼻。老母闻到香气，就止住了哭声。这时，那朵桃花又变成了一个年轻漂亮的桃花仙女，她手中拿一朵桃花，飘下树来，走近老母，轻轻扶起她的身子，说："老人家，你不要着急，我来帮你就是了。"说完，就从桃花中捏了几片花蕊，在老母眼睛上抹了一下，眼睛就能看见光了。老母一看眼前这么个漂漂亮亮的桃花仙女，不晓得怎么感谢才好，于是，忙将桃花仙女带进了屋里。桃花仙女看见后生已快咽气了，又赶紧从桃花中捏了几片花蕊，煮成药汤，一口一口地给后生喂。过了两日，后生的腰伤就痊愈了，可桃花仙女因耽误了时辰，再不能回仙境了，于是她变了一个凡间女子。他帮老母纺纱织布，烧火做饭，为后生洗浆缝补，生儿育女。后生为了感激桃花仙女的恩德，就让儿女们全部跟桃花仙女姓氏。

后来，桃姓人丁昌盛，代代相传，直至今天。

5. 仙人桥和飞仙桥

好多年以前，春陵河滩多水急，两岸百姓隔水对岸望见，因为没有桥过不了河，就很少来往。这件事给观音菩萨晓得了，她派了两个仙女下凡来帮助人间架桥。

这两个仙女来到人间，姐姐架上游的桥，妹妹架下游的桥，两姐妹商定在鸡叫以前完之。姐妹俩分手后，姐姐在上游挖基脚、搬石头，还没听到鸡叫，桥就架成了，人们把它叫仙人桥；妹妹贪玩，看到人间的美景蛮出神，东游游，西荡荡，把架桥的事忘得一干二净。姐姐跑来喊妹妹回天宫，一看桥还没有架好，就赶紧帮忙。她们刚把石头堆在两岸，鸡就叫了。姐妹俩不得不回天上去了。观音菩萨知道后，罚妹妹坐了三年天牢。

妹妹架的这座桥一直没完工，下游的人们过河很不方便。每年有蛮多乘木船过河的人，其中有不少淹死在河里。这样，老百姓就自发捐款架桥，从炎天热暑架到寒冬腊月，大家累断了脊梁，但只架了四拱。在架第五拱桥墩时，大家崭劲干了几个昼夜，总是捞不到底。正在这紧要关头，突然来了一个老头，肩上挑了一担豆腐，要过河去卖，看到百姓架桥，他问明了情况，就在担子上抓了几块豆腐丢在河里，河中就立刻现出了桥墩，他自己踩在水面，飞身过河去了。几天之后，桥架成了，百姓为了感谢这位仙人的帮助，把这座桥叫作"飞仙桥"。

6. 仙人不敢再下凡

相传很久很久以前，仙人常常下到凡间来游山玩水，扶贫助弱。一日，有个仙人到凡间来游玩，看见一个人死在地上，就从腰间取出仙扇，对着那人胸脯扇了几扇，把那个人救活了。可是，那人站起身来，就一把抓住仙人说："你这个强盗，青天白日把我的钱袋抢了，还把我打成这个样子，走，我们见官去。"仙人一听，连忙分辩："你这个人好不讲道理，是我把你救活，你却说我抢了你的钱……"仙人一气之下，化作一团雾，飘扬而去。

仙人走了不远，又看见一条狗的右腿被打骨折了，死在地上。他觉得它很可怜，就用泥巴做了一条腿，给狗接上，然后又从腰间取出仙扇，对准狗头扇了几扇，把狗救活了。可是，那狗站起来后，鼓着血红的眼睛，朝仙人的腿猛地咬了一口，然后逃去了。仙人马上取出仙丹止住血，一边摇头一边说："咳！救人人无情，救狗狗咬人。凡间如此浑浊，哪个仙师还敢来！"说完，化作一团云，跑到天上去了。

从那以后，仙人就再也不敢到凡间来了。

7. 马师公降龙

好久好久以前，东海派了一条龙，掌管桂阳坛山岭的水情。可是这条龙又懒又恶，他来桂阳坛山岭后，天天在岭底的石岩洞里睡觉。

这一年，天大旱了，坛山岭东面没有河，那里的百姓活得最苦。百姓日日求天下雨，可是天上连云都没有一朵。坛山寺有个马师公，很心疼百姓，法术也高。他见田地干得很了，那个龙王还在睡觉，就非常恼火。马师公告诉坛山岭下的百姓，天上派来掌管水情的龙在睡觉，根本不管人间的事。他准备进到洞里去赶出这条龙，要他吐水，并对人们说："我在岩洞门口放一双草鞋，我进岩洞以后，如果这双草鞋跳进来了，只管大喊大呼助威，千万不要笑。你们一笑就会误了大事。"百姓个个都答应。

马师公解了鞋子，手拿道杖走进了龙岩洞里。她看见龙正在睡觉，就狠狠地给这条龙抽了一棍，说："你这该死的东西，还在这里睡觉，也不到外面看看，田土干成什么样子！"懒龙见有人来打骂他，非常恼火，便和马师公打斗起来，懒龙口里喷着水，威力无比，马师公口里念念有词，使用法术。他们在洞里打得难解难分，外面的草鞋也跳起来了。人们看到草鞋一跳，觉得有趣，都笑起来了，把马师公进洞前对他们说的话全忘了。

懒龙见马师公非常厉害，准备从东面的树林逃出来，但听见外面的群众哈哈大笑，又赶紧闯了进去。马师公紧追不放，懒龙慌张了，又在白燕那边用龙头闯了一下，撞了一个水洞，满洞的水便从这里出来了。懒龙见外面的人都在笑，又赶紧往地下钻，一钻就钻到了谈山岭的西边，龙就从西边出去了，水也从那边出来了，白燕只留下一处小细水在出，流到坛山岭东面山脚，该地至今还是个好地方。

8. 和事的神王爷

从前，有四个人一起去求神王爷，一个要下雨，一个求不下雨；一个求要转风，一个求不转风。

求下雨的是个农夫。田里没有犁田他就在神王爷面前说："神王爷，我求求你，我田里没有水，求你发个善心，要天老爷下雨好犁田。我把田犁下去了的话，收满玉米就多拿点纸钱烧了来谢你。"神王爷答应："好吧，你要下雨就给你下雨吧。"

求不下雨的是个挖盐的。他喊着神王爷，边哭边说："神王爷，我现在屋里空，这段时间要出门做点小生意，求你发点善心，给天老爷讲清，千万莫下雨。如果不下雨的话，我就能赚到钱，就多买点香烧了来谢你。"神王爷答道："好，你去吧。"

求莫转风的是个桃李山的主人。他家的桃李正是开花的时候。他跪在神王爷面前说："神王爷，这段时间求你发个善心，给老天爷讲清莫转大风。我有片桃李山，桃李正是结籽的时候，如果是转大风，把花刮掉了就会减少我的收入。如果不转大风多开花结果，我赚到了钱，就多买几柱烛点起来谢你。"神王爷答应了，说："好，好，可以做到，快回去吧！"

求转大风的是一个划船的人。他要靠顺风来载货，就去求神王爷。他跪在神王爷面前，说："神王爷，我求求你，这段时间我天天有货要运，求你帮帮忙，要天老爷这段时间，给我转大风。如果我把货运完了赚到了钱，就多买些酒来敬你。"神王爷也答应了，说："你放心去吧！"四个求神的人听完神王爷的话就闹起来了，神王爷就说："你们都不要吵，我自有办法，白日不下雨好走路，夜晚下雨好犁田；有风莫刮桃李山，转到河边好行船。"

以后，大家都晓得神王爷是个和事佬。

9. 雷公不公平

人们都说强盗是黑良心的人，可是为什么雷公要偏护强盗呢？这里头有一个故事。

相传很久以前，有一位孝子，对老娘百依百顺。后来，老娘病了，什么都不想吃，唯独想吃雷公的肉。这可难住孝子了，用什么办法能够捉杀雷公，孝敬老娘呢？他想，雷公是专门管黑良心的人的，要想捉住雷公，就得做昧良心的事，把雷公引下来。于是，他煮了三升白米倾倒在路上，任多人糟蹋。雷公知道后，怒气冲冲，顿时，乌天黑地，风雨大作，先点火，后海凿，"轰"地冲了下来。说时迟，那时快，雷公脚未站稳，早被那孝子一把抓住。原来，这雷公响声大，身体只有鸡婆般大，腾飞有劲，下地无力，在地上捉他，就像捉赖窝鸡婆一样，这孝子将雷公关进仓库里，就去烧水准备煮雷公肉给老娘吃了。这时一个强盗趁天黑得很，便乘机出来行窃。他来到这孝子的楼上，刚一掀开仓库盖，只听"轰"的一声响，一团火球上了天。这强盗只道是雷公打雷来惩戒这昧心人，朝天便抖。雷公在半空中停住，对强盗说："感谢你的救命恩情"。这时候强盗才知道自己是放走了雷公，自思道："不该放走了他，要不，自己行盗时免得心虚。"雷公看出了强盗的心思，说："你只管祖里出伤，我就当没看见就是了。"从此，强盗便多在祖里行盗。人们知道这回事后，埋怨雷公也不是个公平的神灵。

10. 癫子遇仙

有一个好吃懒做的癫子，一心想遇仙。有人告诉他："你要想遇仙，就要做好事。好事做多了，就会遇仙了。"癫子说："要做好事那可以。"此后，癫子耐着性子，每天帮本村的老人担水，打柴；或者等在路口上帮来往的行人背物、担担，做了蛮多好事。

有一天，一个神仙化装成落难老人的样子，担着担子很吃力地走着。癫子见了，急忙迎上去说："老人家，我来帮你担。"老人没讲客气话，把担子让给癫子担。癫子一口气走了好几里，累得满头大汗。老人跟在后面，喘着粗气说："癫子，前面上坡了，歇下气再走吧。"癫子答道："担得摇，不用歇气。"（担得摇，指担得动吗）走了一阵路老人又问："癫子，担得摇吗?"癫子回答："担得摇。"老人悄悄地把担子加重了，走了一阵又问："癫子，还担得摇吗?"癫子回答："还担得摇。"走了一阵，老人念叨着，癫子越听越不是味道，有点不耐烦老人，便说道："不是告诉你了吗? 我姓郭!"癫子默默看着过往行人，要是帮他，知情了也会没完没了。就像这死老头，口口声声癫子、癫子也喊个不停! 过了一阵，老头又问："癫子，你姓什么?"这时，癫子实在忍不住了，大声说："不是告诉你了吗? 我姓郭，姓郭……我姓郭!"

老人见癫子发了脾气，便说："癫子你姓郭，性子急如火。你想遇神仙，神仙就是我。这时癫子听了，急忙说："啊，你就是神仙?"转身一看，老人不见了。癫子又气又恨，一脚就把担子踢下来山，说:"早知道这样太不该。"

大湾村的传说故事还有许多。它们不仅是散落于乡野大地的历史记忆，同时还承载着村民日常生活中的为人之道。它们已经成为村民记忆及经验中重要的一部分，并且在村民的反复谈笑中缓缓流传。

第9章
宗族村落复兴之路

9.1 宗族文化对于当地乡村建设所具备的正面功能

维持乡村社会秩序。明清时期,大湾村宗族是仅次于地方政府的社会组织,在维持大湾村社会秩序方面发挥着举足轻重的作用。宗族为村民日常生活提供必要的社会控制,使乡村社会不致失落无序,而可以遵循一定的秩序进行。大湾村宗族组织由乡村中夏时等乡贤合理经营及推行,履行着一定的村内维持功能。当今大湾村,虽为法制社会,但乡村法制观念淡薄,尤其是法律法规掌握在一些不负责任的执法者手上,导致村民常受到基层政权工作人员不公正、不合理的待遇。另一方面,乡村社会呈现出利益关系直接化,村民之间的冲突也就不可避免,而政府在处理乡村社会冲突上存在一定的盲区和迟滞。因此,村民就自然而然地需要宗族这一传统的靠山,需要宗族组织为村民提供庇护关系。大湾村宗族的复兴可以成为制衡乡村基层权力结构、社会秩序与民风建设的最便利、最有效的手段,维护村民的基本权力,使大湾村形成和谐的秩序。

延续传统礼制观念。当代大湾村一种普遍的现象便是部分中青年一代品德欠修,不思祖先与父母含哺果腹之亲情,更不知奉养与反哺之恩义,且有举手犯上的恶劣行为,不愿承担尊祖敬宗、孝敬父母之应尽权利,不愿承担村内公共义务。虽然大湾村在近代逐步迈向了法治,但在进行现代法治建设时,仍然可从传统礼制中获得启示,不让优良传统流失。宗族推行礼治,礼治核心为仁、义、礼、智、信、恕、忠、孝、悌,这正是当今社会部分中青年最缺乏的品德。例如忠,要对家庭和国家尽忠尽职,不辱使命;例如孝,要显扬父母,光宗耀祖,力争上游,并且要尊敬父母,尊敬长辈。复兴宗族所提倡的礼文化,不但可以陶冶村民情操,熏陶村民情性,同时还包含着对村民伦道德的教化,使乡村道德教化得以开展,乡村文明得以延续。

增强集体合作意识。宗族文化强调集体利益大于个人利益。改革开放后,国家在大湾村推行分田到户,个体家庭的生产经营方式,大湾村的经济状况普遍有了较大的改善。但面对一些大型农业项目,乡村的小户经营还是有着极大的脆弱性、风险性,单凭一个小的家族群体力量是无法完成的。宗族文化强调集体合作,互惠互利,这对于处在社会化服务程度很低的大湾村村民来说,借助宗族的力量成为首要选择。宗族文化的复萌不可避免地带有明显的经济求利目的,具有十分重要的经济功能。在宗族文化的影响下,各家庭之间共同达成联产承包责任制,共同创造集体价值。同时,通过夏氏宗亲关系,"获得经济上的信息、资金、技术支持和销售市场。这是在商品经济条件下村民通过宗族力量应付竞争，降低风险，最大获利的有效手段"。① 同时，共同的经济利益使村民群体在频繁的协调、整合与心理支持的影响下更加凝聚，使彼此的关系更为紧密。

促进族群情感认同。王晓毅在《血缘与地缘》中指出："现代社会中的农民，面对快速变迁的世事，乏力感成为普遍的心态，精神上漂泊不定，找不到泊位。"②宗族文化强调同祖同源，有着不可替代的情感功能。大湾村村民百分之九十都姓夏，"同姓则同德，同德则同心，同心则同志"③的宗族认同心理极易形成族群认同。宗族文化对于建立和谐的地方社会具有亲和作用，宗族文化的情感功能则可以满足村民对大湾村夏氏的归属感和自我认同感。无论是年轻人还是老年人，均因处在以共同的夏氏祖先为纽带联结而成的家庭联合组织而找到自己在大湾村存在的价值。大湾村内，一些花甲老人乐于讲述夏氏祖先的故事和传颂祖先的功绩。其他村民在故事和功绩中对大湾村的认同度极高。很多离开了大湾村的村民虽然在外地，但是仍保留着浓厚的乡土情结，仍保留着对大湾村夏氏祖先的认同。在强烈的宗族观念和认同感的作用下，大湾村村民形成了联系紧密且情感浓烈的共同体。

化解村民内部纠纷。"乡村社会纠纷化解需要民间权威的参与，这是因为相比国家权威，民间权威具有较强的传统性和经验性，能够较顺利方便地在乡村社会，特别是少数民族聚居村落开展调解协商工作，同时基于民间权威的道德感化与情感劝诫，往往纠纷容易得到终局性解决，这是在外人看来'冷冰冰'的国家权威所难以具备的。"④在传统社会，大湾村村民内部纠纷均由宗族组织调解。宗族组织的核心成员都是大湾村一些德高望重的老者，他们在村内被视为具有一定名望、威望、声望的人，他们说的话被当地村民视作最为客观公正的道理。当大湾村出现矛盾事件时，老者们则会聚集在一起分析纠纷原由，商讨化解之策。可以说，宗族组织对大湾村社会的秩序稳定以及和谐社会的构建意义

---

① 黄春梅.村落宗族文化的复萌及其解决对策[J].雁北师范学院学报，2003，19(01)：47-49.

② 王晓毅.血缘与地缘[M].杭州：浙江人民出版社，1993；163.

③ 国语·晋语四

④ 曾钰诚，杨帆.弱化的权威：乡村社会纠纷化解往何处去？——基于西江苗寨"议榔"组织的实证考察[J].广西民族研究，2018(05).

重大。

丰富村民文化生活。自大湾村村民在这片土地上繁衍生息以来，大湾村村民便受宗族文化的影响，产生了许多形式不同、内容各异、种类繁多的宗族习俗。这些习俗不但传承大湾村传统道德礼俗、丰富村民文化生产生活，同时还唤起大湾村村民的归属感、增强宗族内部凝聚力。当今，大湾村公共文化活动相对缺失，一些宗族组织的传统祭拜，唱戏等活动纷纷停止，仅有的电视及赌博娱乐不能满足村民文化娱乐的精神需求，也不能丰富村民的文化生活，更不能对乡村基层的稳定起任何作用。因此，大湾村村民需要宗族习俗，需要通过其形成地域性的文化认同，并由此进一步影响一代一代村民的审美追求、道德标准、价值观念以及社会心理。

9.2 宗族文化复兴的应对之策

如上所述，宗族文化对当代乡村建设依然具有积极的推动作用。要使大湾村宗族文化的正面功能发挥作用，政府必须态度积极，采取比较得当的措施，从经济发展、政治进步、法律健全等方面层层入手，卓有成效地进行宗族文化复兴与实施工作。

首先，必须正确认识宗族文化，认识到宗族是乡村发展的资源。宗族具有维护社会秩序的作用，并非等同于对正常运行的社会具有破坏作用的"恶霸地主""黑恶势力""黑社会"。在大湾村，宗族并非乡村发展的阻力，而是大湾村发展的资源。建构和谐的大湾村社会必须利用宗族资源，这样做不是试图恢复大湾村宗族昔日的繁荣，而是必须对大湾村曾经的宗族力量给以重视和挖掘，使之为大湾村文化的传承与保护提供服务。所以，必须对宗族全面认识，重新审视。虽说宗族在文化层面存在一定的滞后性，但通过回顾历史可以发现宗族和发展的关系并非是水火不相容的矛盾关系，如果引导得好，宗族组织完全可以在新的时代背景下为政权、为乡村、为村民服务。事实上，许多其他乡村的宗族组织也发挥过或正在发挥着上述的正面积极作用，成为了乡村经济发展、社会稳定和福利保障等事业可资利用的民间资源。

其次，鼓励发展宗族型经济。中国社会尤其注重血缘关系，尤其是在市场经济中，血缘关系成为乡村企业和家族企业首选或唯一可以依附的社会关系。宗族构建离不开血缘的承袭。"宗族赖以生存和发展的重要物质基础与保证是宗族经济。宗族经济指由宗族产生和拥有的一切公有族产，诸如：田地、山林等。"①共同经营公有族产可以使个体整合为共同体，通过集体的力量创造更多的价值。有学者指出："就农村社区经济发展理论而言，宗族对经济学中经济不均衡发展解释乏力、经济理性假设缺陷，以及信息不完备和契约履行困境能起到解释或补充作用。宗族促进了农村社区资源配置目标的多元化、机制的人性化、效果的优越化。因此，政府应尊重农村社区现实，利用、引导和改造宗族关系建立农村社区经济共同体，以促进农村社区经济良性发展。"②宗族经济除创造经济效益外，还可以满足宗族的兴教助学，外及优恤、奖励等公益事业之需。对于大湾村当前的发展，宗族经济只有在市场经济下把村民团结起来，"才能更好地为村民提供诸如资金扶助、老人抚养、技术帮助等服务，成为村民相信和依靠的力量。"③

再次，用新乡绅推动乡村治理现代化。传统社会，处在政府与村民之间的乡绅，为维系地方乡村社会的稳定和发展起到了积极的作用。新乡绅是指那些拥有较高的文化水平和一定财富，并在当地具有一定威望，并愿意为乡村贡献自己力量的村民。他们对于恢复乡村活力，重建乡村文化结构起着重要作用。也就是说新乡绅是宗族文化正面功能发挥的关键人物，对于乡村社会治理、乡村传统文化的传承与保护等方面具有重要意义。然而在大湾村，新乡绅在乡村却面对着政策、金融、文化等多方面问题，例如身份不被认同、乡村文化落后僵化、乡村经济缺乏活力、土地产权不规范等。问题当前，仅靠新乡绅及村民的力量难以解决，需要政府开展专题调研、协商，并出台相应政策帮助新乡绅在村内开展乡村活动，并呼吁更多德才兼备的新乡绅回归。

此外，处于转型关键时期的中国乡村不再封闭，逐渐从传统的农耕文明向现代的工业文明转型演进。在此过程中，传统文明不断削弱，现代观念不断渗入，虽然生产及生活表象得以改善，但村民的精神及文化层面却开始倒退。所以，处在现代化进程中的乡村，是否应该完全归顺于现代化，而彻底抛弃传统精华？这个问题值得思考。

乡村不同于城市，有其自身发展的规律。"乡村的发展，必须根植于实际，

---

① https：//www.jianpincn.com/skwx_jp/LiteratureDetail.aspx？ID＝554663
② 贾先文.农村社区经济发展中的宗族因素分析[J].现代经济探讨，2014（05）：45－49.
③ 黄春梅.村落宗族文化的复萌及其解决对策[J].雁北师范学院学报.2003，19（01）：47－49.

不能脱离其历史文化传统"①，不能过分地以经济发展为目标。我们应该深刻地认识到：乡村发展与传承的力量之源不是经济，而是作为一种文化存在与社会存在的宗族。尤其对于是那些处在转型期的村民来说，他们自幼深受传统文化及价值观影响，对强调血缘及地缘关系的宗族始终保持依附关系。他们缺乏现代工业知识与民主法制意识，只有宗族才是他们值得归属的家园。所以从村民的立场出发，必须充分发掘和利用乡村传统宗族优势，尤其是借鉴传统社会宗族的整合与运行机制。我们要对当前宗族文化的复兴辩证地进行思考，对宗族的正面功能加以利用，对不利于乡村发展的负面功能，加以引导、规范、改造。只有这样，才能激励村民一脉相承、奋发向上，追求经济价值与家国情怀融为一体，以此还原一个稳定团结、健康和谐的乡村环境。

9.3 国家与地方合力下的复兴之路

发端于农耕时代的传统村落文化，不管是生产工具、生活习俗还是精神信仰都是在一定的区域环境中根据先人们的生存需求产生和发展出来的。先人们依靠传统村落文化收获了物质利益并获得了精神安慰。然而，随着乡村的封闭环境被现代化打破，传统村落文化开始褪色，面临着消逝风险。

9.3.1 国家引导

20 世纪 90 年代以来，国家渐渐意识到传统村落文化的珍贵性，以及其所处的危机处境，陆续推出了多项保护传统村落文化的政策及项目。

20 世纪 90 年代开始，国家始终在实践中积极探索合理保护及传承乡村文化的方式。1995 年，国家与挪威签署合作建立生态博物馆的协议，试图借鉴国外经验保护国内的乡村文化。生态博物馆注重保护方式的整体性、原真性及活态性，对少数民族村寨文化的传承和保护工作起到了一定的推动作用，但生态博物馆所保护的村寨区域基本限制在贵州、广西等少数民族地区，影响力较小。

2003 年，国家正式启动全国性的乡村文化保护项目——中国历史文化名村。国家将一些"文物丰富、具有重大历史价值或纪念意义的，能较完整地反映一些历史时期传统风貌和地方民族特色的村落"②认定为中国历史文化名村。2008

---

① 于鹏杰,蒋建华.东莞宗族文化传承与古村落保护研究:回归传统社会结构的思考[J].东莞理工学院学报.2012,19(4):8-12.

② 本书编写组编著.古村落信息采集操作手册[M].广州:华南理工大学出版社.2015:2.

年，国家正式公布《历史文化名城名镇名村保护条例》，提出历史文化名城、镇、村的申报条件：①保存文物特别丰富；②历史建筑集中成片；③保留着传统格局和历史风貌；④历史上曾经作为政治、经济、文化、交通中心或者军事要地，或者发生过重要历史事件，或者其传统产业、历史上建设的重大工程对本地区的发展产生过重要影响，或者能够集中反映本地区建筑的文化特色、民族特色。同时，国家在《保护条例》对申报及批准工作做出指示，即"由所在地地方政府提出申请，经省、自治区、直辖市人民政府确定的保护主管部门会同同级文物主管部门组织有关部门、专家进行论证，提出审查意见，报省、自治区、直辖市人民政府批准公布"。① 最后，国家在各地批准公布的历史文化名村(镇)中，选择具有重大历史、艺术、科学价值的历史文化名村(镇)，经专家论证，确定为"中国历史文化名村(镇)"。当乡村被认定为中国历史文化名村后，地方政府需要编制保护规划和执行保护措施，具体的保护内容包括文物古迹的保护、历史地段的保护、城镇风貌特色的保持和延续、历史传统文化的继承和发扬等方面。2003 年至 2014 年间，国家一共公布 6 批，共 276 个中国历史文化名村。对于入选乡村，国家通过财政手段予以保障。国家在《历史文化名城名镇名村保护条例》中规定："国家对历史文化名城、名镇、名村的保护给予必要的资金支持。历史文化名城、名镇、名村所在地的县级以上地方人民政府，根据本地实际情况安排保护资金，列入本级财政预算。"②但从入选名单可以看出，被评选为历史文化名村的对象基本为各地较有名气的，或是已经发展成旅游景区的乡村，而一些同样保留了珍贵文化，但散落于荒野的乡村依然未被国家关注，处于危机状态。

2012 年 4 月，国家启动全国范围的传统村落摸底调查，结果表明中国依然存在大量具有传统性质的、保留珍贵文化的乡村未得到保护。借此，国家于 2012 年 12 月下发《关于加强传统村落保护发展工作的指导意见》，正式从国家文化战略层面提出加强传统村落保护发展工作的指示。《意见》要求各地地方政府"对已登记的传统村落进行补充调查，完善村落信息档案。同时，进一步调查发现拥有传统建筑、传统选址格局、丰富非物质文化遗产的村落，特别要加强对少数民族地区、空白地区的再调查，并发动专家和社会各界推荐，不断丰富传统

---

① https://wenku.baidu.com/view/e105482bbcd126fff7050b96.html

② 《历史文化名城名镇名村保护条例》第四条

村落资料信息"。《意见》还强调了各级地方政府的责任："省级住房城乡建设、文化、财政部门认定公布省级传统村落名录，编制本行政区传统村落保护发展技术指南，对本行政区传统村落保护发展进行监督管理。市、县级住房城乡建设、文化、财政部门认定公布市、县级传统村落，负责组织和指导本行政区内各级传统村落保护发展规划的制定，监督规划实施和建设项目的落实。"在调查摸底的基础上，经各地方政府推荐，国家召集建筑学、民俗学、艺术学、美学、经济学、社会学等领域专家组成委员会，对申报村落进行评审。自2012年12月公布首批传统村落以来，国家陆续公布了四批中国传统村落名录，共计4153个。对列入中国传统村落名录的村落，国家将统筹多项专项资金用于其文物和文化遗产保护。入选名录的村落均可获得平均300万元的补助资金，此外，还可以根据《关于切实加强中国传统村落保护的指导意见》继续向国家申请中央补助资金。

9.3.2 地方实践

大湾村有幸入选第二批中国传统村落名录，并获得中央财政一期三百万、二期一千万的专项资金支持。国家的政策支持使大湾村及它所承载的文化获得了修缮机会。有学者呼吁，修缮计划不能仅停留于建筑等物质表层的修复，而应从宗族文化修复入手，重新思考传统宗族文化在政治、经济、情感等方面具有的正面功能。在国家的引导下，桂阳县政协、住建局、莲塘镇政府等多部门联合开展了多项保护大湾村的工作。

桂阳县住房和城乡规划建设局对古村落保护采取的主要措施及成效有："①加强摸底申报。为加强古村落保护，桂阳县积极作为，由桂阳县住房和城乡规划建设局牵头，首先对桂阳县古村落进行摸底调研，对保存完好、连片的古村落进行登记造册，并积极申报国家级传统古村落。通过这一措施，已列为国家级传统村落以及正在申报的古村落中，村民保护意识大大增强，自觉抑制破坏行为。②积极开发利用。古村落保护必须走保护与利用并重、互动的道路。其中以阳山古村为代表，阳山古村始建于明代嘉靖年间，清康熙年间已成村落，清道光年间为鼎盛时期。现存实体建筑60栋，二层楼房，总建筑面积达1万余平方米。整体布局按宗脉象征分立，错落有致。2007年湖南省人民政府公布为省级保护单位。桂阳县投入大量资金完善阳山古村基础设施，并对部分损坏民居进行保护性修缮，结合周边景点，积极发展乡村旅游，取得一定效果，促进了村经济的发展和古村落的保护。③加强修缮保护。对于有保护价值的古村落，在村民建房等行政审批阶段，严格控制群众私自拆除和毁坏；乡镇（街道）、村庄制定规划时，对古村落进行标识，明确连片保护，加强对各古村落的文物资源的抢救和保护。同时，通过"一事一议"、新农村建设等资金，强化对村落的村容村貌、环境卫生进行的整治。对于七个已申报成功的国家级传统古村落，桂阳县成立了桂阳县传统村落保护工作领导小组。由县委副书记任组长，组建了传统村落保护工作队，每个传统村落明确一个责任单位，一名工作队长、两名工作队员严格落实工作责任。工作队与当地党委政府双重负责，责任单位参照示范村建设模式负责落实工作经费。中央拨付的每个传统村落300余万元共1560万元保护发展资金主要用于改善人居环境和完善基础设施。同时，引导社会力量通过捐资捐赠、投资、入股租赁等方式参与保护，并积极探索建立传统建筑认领保护制度。目前，列入国家第二批的五个传统古村落的施工进行全面收尾阶段，列入国家第四批的两个村正在做施工方案，准备年内启动建设。④加强舆论宣传。通过新闻媒体加大宣传推动作用，引导全县干部群众共同参与到古村落保护中来，强化全社会古村落保护意识，增强群众参与保护发展古村落的积极主动性。"①

桂阳县住建局在《2014年上半年工作总结及下半年工作计划》中对2014年上半年的工作进行了简要回顾。其中加强古村落保护部分，住建局"高度重视传统古村落的规划保护工作，结合新农村建设、新型城镇化建设，积极向上争资。近期省专家、国家住建部专家专程对已列入第二批中国传统古村落名录的昭金村、地界村、庙下村、大湾村、鎏塘村及阳山古村等考察调研，对我们所做的工作给予了充分肯定。"莲塘镇自2005年起，加大了多大湾村的保护力度。其中《莲塘镇2015年总体发展思路及主要工作目标》记载道："加大投入对大湾村夏寿田故居的保护，重点做好故居的修缮和文物的保护工作，并以此为契机推动大湾村传统古村落的建设。"《莲塘镇2016年工作计划》中，指出莲塘镇"着力加强文化建设，加大投入对大湾村夏寿田故居的保护，重点做好故居的修缮和文物的保护工作，并以此为契机推动大湾村传统古村落的建设"。

在具体工作方面，桂阳县住房和城乡建设局等部门联合完成了《大湾村传统村落档案》，桂阳县住房和城乡建设局与湖南省建筑科学研究院共同制定了大湾

---

① http://www.hngy.gov.cn/zwgk/40086/40153/content_2842689.html

村保护与发展规划设计。"《桂阳县文物保护专项规划（2016—2030）》由湖南建筑设计研究所通过现场调研、信息查阅、规划制定等工作，历时一年完成。该保护专项规划包括总则、历史沿革及历史文化特色、现状评估、规划框架、整体保护措施规划、文物保护单位及历史建筑保护、历史文化街区保护区划及保护要求、传统村落保护区划及保护要求、古戏台专项保护、展示利用及旅游规划等12章内容，资料翔实完整，框架清晰明了，内容丰富全面，措施科学合理，符合文物保护有关要求。该规划的出台将为文物保护工作提供强大的法律、组织、财政等保障。"①具体内容如附录。

此外，在地方政府的支持下，大湾村呈现出宗族复兴的迹象。桂阳手机报发表了一篇名为《大湾村八旬老人倡导成立协会弘扬传统美德》的短文。文字内容为："9日，莲塘镇大湾村老年人协会在该村夏氏公祠宣告成立。协会由该村夏杰、夏正明两位年过八旬的老人发起倡议成立，吸纳会员三十余名。在当天的成立大会上，夏杰老人宣读了由他负责起草的村规民约，要求所有参会老人严格遵守，为村里的晚辈们做好榜样。据了解，大湾村风景秀丽，历史底蕴深厚，2013年曾入选中国传统古村落名录，是清朝最后一位榜眼夏寿田的家乡。"老人会虽然并不完全等同于宗族组织，但是老人会的成立使得宗族文化中的与邻和睦相处、诚实守信、遵纪守法、尊老爱幼、孝敬老人、恤贫助学等传统美德再次被提倡，从而对大湾村社会秩序良性的维护起到了一定促进作用。

9.4 思考一：从大湾村建筑及文化的变迁中获得的启示

建筑人类学专家拉普卜特（Amos Rapoport）曾用大量例证说明建筑的物质形态背后是一种产生于"一套复杂的目的和信念"②的组织制度，同时作为"首要因素"的社会文化与建筑形式之间一定存在着密切性关联，并认为它们之间的关系最终取决于特定人群对于理想生活的定义。若将这一论断置于乡村的大环境中，无疑直接指出了乡村建筑作为一类人们在特定地域条件下为求生存建成的，供人居住和使用的空间形式，同时更是作为乡村社会生活和族群文化的最重要物质载体之一而存在。

各时代的文化观念或各地区的乡村社会组织下均存在着相应的建筑发展系

---

① http://www.gyxnews.com/Info.aspx?ModelId=1&Id=14634

② 〔美〕阿摩斯·拉普卜特.宅形与文化[M].北京：中国建筑工业出版社，2007：42.

统。在传统农耕时代，南方诸多汉族村落均形成以祠堂为中心、以家庭或家族为单位组合延展的聚居模式，以适应于以血缘为基础、宗法伦理为制度的宗族关系网络。当人类社会进入工业文明时代，随着西方商品经济和个人主义观念的传入，以效率为最高追求的业缘关系逐渐取代了传统乡村的血缘、地缘关系，进而使传统建筑的特色和所承载的文化产生了根本的变化。如今，市场经济行为的持续泛滥带给以农耕文明为根基、以传承与发展社会主义先进文化为目标的中国乡村更大的负面影响，甚至直接威胁到其存亡。

下面，通过对村落建筑布局、形态、功能的变迁脉络整理及内在原因的分析，探寻在现代化科技潮流不断涌入的今日社会，国家、地方、村民三方该如何发挥各自的作用，以保证乡村文化精髓得以延续，促进和谐健康的乡村社会新秩序的形成，实现传统优秀文化和现代社会文化体系有机融合的最终目标。

1. 曾经的美好：乡村精英治理下的建筑生成

大湾村位于湖南省郴州市桂阳县莲塘镇境内，是一个典型的血缘组织与地缘组织相结合的宗族文化村落。它始建于元朝，距今已有 600 多年历史，原住民均姓夏。大湾夏氏自元末从江西迁来，经历有明一朝，到清道光年间，已经繁衍至十九代。在这四五百年间，大湾夏氏均是"以布衣起家、世业农耕、黄壤清泉、田瘠赋重，力劝才足自给，以故家无巨富，而亦少惰游，读书无显者"。

至清咸丰十一年（1861），大湾"第一科举人"夏时中榜。此后，他秉承"笃实好学、白首穷经"的大湾之风，谦虚谨慎、表里如一于官场之中，官运一路亨通，先后任四川布政使司布政使、陕西巡抚部、兵部侍郎、都察院右副都御史，最后御赐一品封典，诰封光禄大夫建威将军。自朝廷退休后，他同当时其他文人贤士一样带着落叶归根的情怀回到生养自己的大湾村，并修建了官厅"巡抚第"：建筑二进九井布局，青砖黑瓦，高墙深院，规模远远超过村内其他建筑。

光绪二十四年（1898），夏时之子夏寿田中进士第八名，殿试榜眼及第，取得清代湘南地区科举之最好成绩。夏时借此机会兴修建筑，包括主体建筑"榜眼第"及附带的花园、中丞第、翰林坊、书房、厨房等。整组建筑总占地面积 1 万余平方米，建房面积 6570 平方米，呈"一"字形分布，坐北朝南，依山傍水，是大湾村的核心。据村中夏时后裔夏杰回忆，夏时当初为了彰显其权利和地位，以曾在四川任官时所熟知的四合院为形态参照，将处于中心的榜眼第修建为典型的三进式四合院，建筑开间多，进深广，两侧及后室均为两层，远远高过村内其他建筑，同时，榜眼第正门位于该村南北中轴线上，由南至北分为门道、前堂、后室的建筑序列；后方为夏时亲系建筑群（夏时屡次进职，朝廷重视推恩之令，夏时之祖父母、父母、伯父母等亲系先后多次受到封赐），最能体现房屋主人的崇高社会地位。此建筑为"一明二暗"①的独栋式形态，与村落其他建筑基本一致。为进一步显示家族荣耀，建筑装饰建造更是煞费苦心。例如夏时之父梅心公住所，其入口大门正立面装饰雕刻就有许多以高中金榜为主体的图案及文字；门罩用精细石雕装潢，上面加刻有一鹭莲科、魁星点斗；旁边两侧石墙上刻有"人文蔚起，科甲蝉联；丁增粮盛，富贵双全"的对联。这一系列围绕家族状元及第之辉煌荣耀的吉祥装饰直接成为夏氏家族炫示业绩的载体，其规模、形态繁华程度都是其他村落民居无法比拟的。

明清时期，国家放宽禁令，开始鼓励和推崇民间宗族文化，允许五品以上的官人、非官僚的士绅设立家庙，用于祭祀五世祖。于大湾村，有"恭读《钦定大清会典》，凡品官家祭之礼，于居室之东立家庙，一品至三品官庙五间，中三间为堂，左右各一间，隔以墙。墙北为夹室，南为房，南檐三门房，南檐各一门，阶五级"②的建筑记载。至此，夏氏家族建筑群建设已基本完成。村民长期在它极富规模，高大威严的建筑文化熏陶和濡染中，均将夏时视为成功的典范，并纷纷效仿他寒窗苦读、笃志好学的文化品性，逐渐在村内树立起了勤学好学的文化风潮。

在《夏氏族谱·镜潭书院记》中所载："吾乡望族如陈氏、颜氏、彭氏，皆设有义学。独余族阙而未举。先大夫梅心公常歉然念之，一日命訾曰：'村西南镜潭之侧余购田一所，前后山水颇秀美，可作书院，子曷图之。'"③于是夏时与族中同辈和长辈商量，"遗业各得制钱二十万。先大夫亦如其数，不足则概由訾等筹备，诹吉于庚辰四月十六日兴工，而先大夫适于前一日弃养，越数月始成。先大夫竟未及见也。董其役者佑介与佑典两兄，颜曰'镜潭书院'。书院建成之后，书院教学活动该如何正常开展？夏时自是教有其地，顾犹未有膏火之资师弟子，将何赖焉。我昆季及子若孙当思所以善其后，俾秀良者得藉以陶成令器。其朴者亦渐识仁义之途，庶不负先大夫设立书院之本心，以合于古今义学之法。

---

① 中间为堂屋，正中有神龛，两侧挂匾额，用于会客、祭祀、就餐等。堂屋后方用木板隔出一间"接堂背"，设有上二层阁楼的楼梯。堂屋两侧的房间被隔成两间，北边卧室，南边为厨房和杂物间。
② 夏氏宗祠图记。
③ 夏氏宗祠图记。

若义宅、义田、义庄，是在学于斯者之有志何如也。岂亦相与勉焉，且拭目望之。"①同时，为时刻提示村民尊重知识，以学为重，又在村内修建了几座焚烧字纸的惜字炉。建筑形式为三层楼阁式砖石结构，逐层缩小，底座刻有魁星点斗及北斗七星图案。这是沿袭并鼓励求学共学之大湾村风的极好证明。最终，在这文风浓厚的建筑文化中，大湾村人文蔚茂、俊贤迭出，如正如夏时僚友文天骏诗中所述："汪汪镜潭澂，大月圆当岫。旁搆读书堂，盈阶桃李茂。人文正峥嵘，先业倍益厚"；"梅枝香古岭上春，镜潭水清书中趣"。②

由此可见，历经数百年形成的大湾村建筑不是简单的物质空壳，而是夏氏家族权力的载体在空间上的无限延伸，它弥散在村落的社会文化行为和物质文明之中。同时，夏氏将"寓教于养，最为良法"的观念融入村内文教建筑之中，体现为书院、书房、惜字炉等建筑无时无刻不对村民进行无形无声的文化引导和人格熏陶。夏氏也借助对建筑的期望表达了家族的初心："我后嗣有能广大门闾，即旧制而恢宏之，固祖宗所甚慰，颇或笃念遗徽，然而弗易，亦仁人孝子之心也。书此以俟。"在严谨的宗族制度下，在良好的村风中，族内成员皆有计划、自觉地遵循着村落建筑修建制度和规范要求，在夏氏家族建筑群后方修建住宅，以此来保证村落内部的宗族等级秩序，更显示对夏氏权力的畏惧。

2. 现实的担忧：经济利益追求中的建筑游离

随着近现代西方思想文化的渗入，大湾村呈现出明显的以市场经济发展为主的发展态势，以及以追求个性为目的的空间建设思想追求。村民不再处于被动状态，他们为获得经济利益通常选择主动改变其传统价值观。例如一些长期处在恶劣生存状况下的村民不再愿意住在旧的房子里，开始"拆旧建新"。

20 世纪 80 年代，大湾村部分村民开始外出打工。这类人群中的发家者陆续返乡，在村内修建了许多新建筑。于是一些形态风格各异的现代建筑便得以矗立于村内的显耀位置。建筑大都为两层以上"方盒子"外形，红砖结构外贴瓷砖，配合使用琉璃瓦、铝合金门窗等最新材料。这些建筑与饱经风霜的传统建筑形成了鲜明的对比，就连曾经气势磅礴的榜眼第也在周边几栋明晃亮眼的现代建筑反衬下，也显得越发苍凉。更严重的是：在新与旧的思想环境对撞冲击中，村民心中的榜样不再是之前笃志好学、功成名就的文人，而是替换成了财大

---

① 大湾夏氏族居图。

② 夏氏宗祠图记。

气粗的弃农经商者。这种观念的改变动摇了乡村宗族社会的结构及意识形态。在此思想转变的影响下，村民在建筑的过程中不再遵循传统经验和风水理念的原则，也不再考虑宗族等级制度的各种要求。建筑沦为了追求经济利益最大化的工具之一。例如道路交通成为乡村聚落发展的重要参考因素。大湾村后方西北侧地段嘈杂、吵闹、尘土飞扬、缺少绿化，但是为了实现最大的便利，通往县城的省道 S214 还是修建贯通了。这直接导致村口由原来的正南面偏移至西北方，整体建筑布局也脱离了原本的结构序列，变得无序散乱。还有的村民为追求更多的粮食产量，在夏氏家族建筑群前的湖填土造田，更是直接破坏了大湾村的风水生态格局。

按己之利、盲目攀比之风越演越烈，有的村民浮躁的建设情绪也是越发高涨，原本的读书之风早已退场。更多的现代建筑在一楼设置娱乐房，用于摆放麻将机等聚赌工具，致使恶俗文化不断蔓延，无人管制。现在，原本辉煌的家族建筑群已近中心空废、沟渠淤塞、环境恶化。尤其是家庙，院落中杂草丛生，一派凄凉；梅心公、天禄公等建筑也面临因空置年久失修而日趋破败坍塌的境况。部分民居也因建筑产权不清在不同程度上遭到毁坏。可以说，建筑"早已不再具备传统的社会功能，不再是维护社会秩序的重要力量，而仅是为获取利益而进行的经济行为。"[1]

传统建筑的毁坏昭示着传统宗族文化失去了可以依附的根基，不再发挥任何教化及引导作用。"传统治理规则的良性方面在丢失，而其负面性却在滋长，极端者甚至走向丛林规则，或者表现为'金钱暴君'横行的所谓'市场规则'（如富人治村）"[2]。传统的乡村社会组织结构解体，村民群体理想和共同价值观念被彻底改变。

3. 总结

乡村生长"所要创造的结构或秩序不能由外部强加；它之发挥作用，要依靠多种进行统治的以及互相发生影响的行为者的互动。"[3]大湾村曾经和谐健康的

① 胡彬彬，杨帆.社会变迁下服饰类非物质文化遗产的实践及功能研究——对白裤瑶服饰制作的"过程－事件"分析[J].装饰，2017(11).

② 〔美〕阎云翔.私人生活的变革：一个中国村庄里的爱情、家庭与亲密关系：1949—1999[M].上海：上海书店出版社，2009：212.

③ 〔英〕格里·斯托克.作为理论的治理：五个论点[J].国际社会科学杂志，1999(01).

社会秩序，来源于以夏时为代表的乡村精英的合理治理，来源于坚守共同理想和价值观念的道德村民，他们共同赋予了大湾村建筑及文化旺盛的生命力，共同建构了和谐健康的大湾村社会体系。如今，在外界的干扰下，以乡村精英为代表的宗族体系迅速解体，大湾村村民的共同理想及价值观迅速变化，这才是构成大湾村建筑混乱等危机的直接原因。所以，拯救大湾村这样的传统村落首先必须恢复以乡村精英为主的治理方式，国家及地方需要吸纳更多的精英贤达回归乡村，并赋予其治理权力，使其更好地维护社会公正，引导和规范村民的道德行为；其次，国家及地方政府应该重塑财富榜样，并通过榜样的力量，开展一系列培养村民集体理想及价值观念的乡间活动，而不是一味的通过宏观指导及资助解决问题，只有村民在日常生活中认识到传统村落及文化的真正价值，才能主动地、自愿地、带有情感地参与到保护及传承工作中来，才能恢复传统村落的生命力，才能实现传统村落的自我救赎。

9.5　思考二：乡村文化精英与乡村文化建设

一

文化精英意指文化的引导者及示范者，他们代表着一个国家一个民族文化发展的水准和方向。结合中国乡村社会实际，"乡村文化精英主要是指拥有较多传统文化或地方性知识等文化资源，并利用这些资源服务于乡土社会，获得他人赞许和认可，具有较高威望的人士"。[①] 在中国古代社会，乡村文化精英则多以乡贤为代表。身为士大夫的乡贤十分注重乡村文化建设。

其一，乡贤乐于向乡村文化机构捐书助资。传统社会，一些乡村书社、书院等文化机构建设之初，往往需要大量书籍。在官方无赐书的情况下，乡贤捐助成为书籍的主要来源。据《光绪江西通志》卷八十一记载：公元 1010 年，邑士曹减为应天书院捐书 1500 卷。钟峨为永清书院捐书籍数千卷。清代马日琯出资修缮扬州梅花书院，赠给书院大量图书。山西和顺图书馆[②]堪称中国第一乡村图书馆。1928 年图书馆扩建，建馆之日，"乡绅士民争相捐书，直至发展到存书

---

① 杨洪林，姚伟钧.乡村文化精英与非物质文化遗产保护[J].江西社会科学，2011(9)：187－192.
② "和顺图书馆历史可以追溯到光绪三十一年(1905)，庚子之变后乡中的先进知识分子、同盟会会员寸馥清等人组织的"咸新社"，最初是购置新知识书籍，作为公有图书供乡民阅读，这在当时的中国实属首创。"

70000 余册，其中古籍、珍本万余册，有些甚至是海内孤本。"①安徽江村图书馆建于民国初年。建馆之初，多位乡贤为图书馆捐赠书籍，形成了江村图书馆雏形。1918 年金州南金书院民立小学堂扩建，乡贤李鸿禄率众捐书若干。除直接捐书之外，还有许多乡贤通过捐田助资的途径来解决乡村文化机构购书经费支绌的困难。例如乡贤王氏兄弟，将"院事引为己任，捐田百余亩"②；乡贤曹植桐、张际康等倡导捐地兴学，总计捐地八百多亩，支助萃文书院；乡贤关锡廉捐学田百坰，未满一月便积成 15182 吊巨款，支助启心书院。乡贤的捐书助资善举，为乡村文化机构的建设奠定了物质基础。

其二，乡贤热衷于编纂图书。乡贤所编纂的图书大概分为以下两类：第一类，劝善书、乡约等教化书籍，以宣扬伦理道德。劝善书，又称作"善书"，是将儒家观通俗化，目的是完善民众的道德意识及行为，劝人"诸恶莫做，众善奉行"的书籍。在传统社会，乡村中的劝善书主要由乡贤乡绅及地方官吏撰写，并由乡贤捐资助刻。清代慈善、教育事业最发达的地区应属江南，许多当地乡贤为了提倡村民积德行善，都以个人捐资或集资的方式编辑、刻印与流通善书。周梦颜是江南地区一位影响颇大的乡贤，著有《阴骘文广义》一书。此书是《阴骘文》注本，其中多引用宗教中的福报故事。此外，周梦颜还在书中加入了"弃文速果""以客作子"等江南当地的人物事迹，让村民感到亲切，且更具说服力。无锡绅士余治毕生致力于善书撰述，所著《得一录》是善举章程类善书的代表作。太平天国时期，他又积极宣讲乡约，撰写善戏，参与团练，劝捐助赈官军，并协助地方官平乱。③ 此外，昆山周梦颜、苏州彭绍升、潘曾沂、无锡余莲村等，都致力于著善书、行善事。乡贤的善举使乡村传统伦理得到维护，乡村秩序得到保障；二类、乡村记事图书。乡贤一直是乡村文化的记录者，时常为乡村中的民风民俗、逸闻趣事、生产资料等内容撰文作记。乡贤王微主编了《孝丰志稿》，对民国时期孝丰县情形记载甚详。除史料价值，亦见王微的浓浓乡情。近代乡贤方秉性，编撰有《孝丰乡土教科书》，其要旨为"养成乡土之观念，并为教授本国地理之先导"。此外，陆心源收录的《十万卷楼丛书》中，有大量地方乡贤所著的地方史料，至今任为人所重。除乡贤自主作书之外，地方官府也会经常礼聘

---

① 周安林. 悲与美[M]. 福州：海峡文艺出版社，2013：177.

② 问津院志·艺文.

③ 徐茂明. 互动与转型——江南社会文化史论[M]. 上海：上海人民出版社. 2012：104.

乡贤修纂或续修地方志，此类例子不胜枚举，在此就不一一列举。

其三，乡贤积极参与文化机构讲学及管理。在传统社会，乡贤经常参与乡村文化机构讲学及管理。讲学方面，乡贤通过课堂讲授、道德示范将儒学礼教、国家政令、乡规民约等知识及规范传授给村民，从而达到知识教学、道德教化、文化传承之目的。陈宏谋所拟定的"义学条规四则"规定："绅士，必须立品端方，学有根底者，才能延之为师。"①宋之理学大家如二程、陆九渊、朱熹等，无一不是休官后还乡讲学，培育后进者。明代乡贤邹守益，常年在江西赣州以讲学善俗为事，为乡民学子明示了一种仁者风范。光绪三十二年乡贤许承尧营创紫阳师范学堂，在开办之初许承尧即对紫阳师范学堂的学生提出了明确的要求："必先自进德，乃能进群德；必先自益智，乃能益群智。诸生勉之！吾昔为中校诸生告有三义：曰爱国；曰爱身；曰爱时。"②乡贤们身正为范、学高为师、以德育人，培养了无数地方才俊，更在乡间树立了敬德好学之风。除讲学外，一些学行兼善、老成持重的乡贤被推选为办学机构董事会成员，负责机构的经费管理和山长选拔。房山县云峰书院便由李心莲、王万庆、徐士恺、刘玉衡、吕恂五位乡绅共同管理，每年轮换其中三人当班，周而复始。乡贤也可推荐其他德才兼备者组成董事会，如洋县定淳书院董事会便是由乡贤推举组成，并长期在乡贤的考勤监督下完成各项事务，从而保证了书院的良性发展。

综上所述，乡贤在国家对乡村关心不足的情况下，充当了乡村文化的引导者及示范者。他们凭借自身的学识涵养及奉献精神，为乡村文化建设、风习教化、社会秩序等方面贡献了智慧和力量。

二

20 世纪初，新旧嬗替的社会变革中断了乡贤阶层的继替，导致乡贤阶层开始分化和消亡。受其影响，乡村中的书社、书院、私塾等文化机构相继解散倒闭。底层社会的农民阶层，被彻底"排斥"在文化之外。

20 世纪二三十年代开始，一些有识之士开始意识到传统乡村文化没落的消极影响，积极投身乡村文化建设中。他们在中国兴起了一场以乡村教育为起点，以复兴乡村社会为宗旨，由知识精英推进的大规模的乡村文化建设运动。他们

---

① 牧令书(卷十六"教化").
② 许承尧.徽州府师范学校成立日告诸生文.转引自：许承尧，疑庵诗[M].合肥：安徽古籍出版社，1990：382.

中间的杰出代表梁漱溟先生就主张将乡村里德高望重、颇具影响力的乡贤纳入乡农文化机构(村学、乡学)中，借助其力量来推行乡村文化建设。具体来说，可以推举品行端正的乡贤担任校董事，热心公益、办事能力强的乡贤为常务学董等等。晏阳初受日本留学归来的乡绅米迪刚的"翟城试验"①影响，率领一批留学归来的博士、硕士赴中国乡村定居，积极推行以启发民智为主的平民教育，希望借此带动整个乡村的文化建设。但遗憾的是，两位学者的乡村文化建设运动并未大范围、长时间开展，一是受日本帝国的侵略战争的影响，运动几度中断；二是教学中，无合适教材及参考书可用；三是这种不合时宜的行动很难得到当时中央政府的支持。

新中国成立后，为了追求文化的同质性，传统的乡贤被极大地边缘化。"文化大革命"时期，中央政府高度重视乡村社会，试图通过城乡完全一致的文化建设方式将碎片化的中国乡村整合成为一个文化高度统一的和谐社会。随后，一系列乡村文化建设运动相继开展，大量出生于城市的知识分子被安排上山下乡，大量与城市相关的图书送到乡村。国家的介入，使乡村文化水平在短时间迅速提高。但"欣欣向荣"的文化景象背后，一些文化问题也接踵暴露，诸如文化建设内容脱离了乡村实际生活导致村民不愿参与、城市知识的强势渗入导致乡村孩子缺失文化自信、现代文明的迅速普及导致乡村传统文化的流逝等等。严峻的状况使得越来越多的人认识到，现行的文化建设模式并不适合乡村这个特殊的环境。中国地大物博，每个乡村的经济社会发展状况、自然人文环境都不尽相同，村与村之间的生存技能也存在差异，因此，必须要根据乡村之间的差异性开展不同的文化建设。那如何做到文化建设既符合国家要求又适应乡村实情？要鼓励乡村文化精英的参与。

三

新世纪，新一代的乡村文化精英——"新乡贤"，在乡村意识觉醒的背景下回到乡村。"新乡贤"多为受过良好文化教育，拥有一定资本或者具有创业能力，经过一定时间努力得到了村民的信任进而具有话语权和一定威望的乡村人士。他们凭借自己的学识、眼光、经验参与到乡村文化建设之中，愿意将自身所

---

① "翟城试验"指从日本留学归来的乡绅米迪刚在定县翟城村做了不少开化民智的事，如办新学、自治公所、讲演社、图书馆等。1923年，定县大旱，米迪刚在村里提倡打砖井和使用铁制水车，缓解旱情，成绩显著，全县推广。

具有的知识、财力和创造力贡献于乡村，从而反哺桑梓，泽被乡里。"新乡贤"对于乡村文化建设的主要贡献具体如下。

1. 繁荣乡村图书出版发行事业

乡村图书出版发行在乡村文化建设中的重要性不言而喻。虽然现阶段乡村图书出版发行在数量上逐年攀升，但此类书籍大多内容空洞枯燥、语言晦涩难懂，或以城市生活为主要内容，对村民基本无吸引力。最终，此类书籍被大量积压在库房，导致乡村图书出版发行事业一片萧条。那么如何来繁荣乡村图书出版发行事业？显然，"新乡贤"的回归，让人重新看到了希望。"新乡贤"往往与村民有着同样的生活经历，面对着同样的社会问题，他们易于与村民产生共识，所以能清晰看到村民的真实所需。他们可以与村民深入交流，了解村民的实际需要，从而撰写及出版适合村民的图书。城步县的杨光勋出版了一本类似《增广贤文》乡村扫盲书，名为《新全家宝》。该书采用六言韵语骈体文，讲述了乡村民族复兴、天下和平、衣食住行、生老病死等等哲理，宣讲与农业、农村、农民有关的生产生活知识。韩少功迁居家乡湖南汨罗，在一个叫八景的乡下创作出了《暗示》《山南水北》《日夜书》等一批著作，受到了当地村民的一致好评。此外，部分新乡贤还积极提供经费支持，保障图书出版发行的顺利进行。江口县杨智全，经常提供经费，支持家乡当地杨氏村民写书出书，受到了村民的一致好评。在"新乡贤"的积极推动下，乡村出版了许多高质量、有市场的图书，不仅让村民读到自己喜欢的内容，还实现了乡村图书出版发行事业的繁荣。

2. 培养村民的读书习惯

当前，乡土正被城市化的浪潮所冲刷。一些赌博、攀比、邪教等污浊之风乘机野蛮滋长，导致乡村不断衰败。如何让乡村恢复文明健康、积极向上的文化气氛？一些"新乡贤"在乡村出资修建了公共图书馆、图书室等文化场所，为村民提供了一个个学习知识、提高自身素质的文化平台。如长荡镇徐长源腾出自家百平方米门面房，并自费购回一批适合村民阅读、观看的书籍、碟片，在胜利桥村创办起"农家书屋"和青少年校外教育辅导站；驿亭镇的应建芬出资为横塘村修建了拥有2000多册书籍的"公益书屋"；廉江的谢永强，每年出资3000多元在河唇镇山祖村修建"农家书屋"。同时，一些"新乡贤"还亲自参与到文化机构的日常维护工作，引导村民多读书、读好书。攸县夏昭炎夫妇，于2004年在家乡谭家垅村创办了高桥农家书屋、文化活动中心。夫妇俩经常号召村民参与书屋活动，吸引村民看书习字。同时，夫妇俩倡议并捐资设立高桥奖学金，以鼓励乡村学子上进好学。在"新乡贤"的无私奉献下，乡村健康文明的社会风气得以重新营造。

3. 传承保护乡村传统文化

当前，乡村传统文化在现代化的冲击下失去了生存的空间，渐渐在村民的冷漠态度中消逝。"新乡贤"的回归，则缓解了这一恶化状况。"新乡贤"受过良好的文化教育，能认识到乡土文化的多方价值。溆浦县陈黎明在家乡创业时，意识到雪峰山地区的多项民俗文化具有重要的经济价值。他通过对当地乡村民俗文化的挖掘及合理开发，让宗祠祭祀、龙灯、渔鼓等传统民族文化复活重现，同时还让村民的生活水平也提高了，实现了文化保护与脱贫致富的双赢。山西毋国栋曾出资出力无私修缮安泽县和川镇罗云村的观音庙、府君庙、三官庙，此举不仅承载了毋国栋浓浓乡愁，还感化及教育了当地村民，让更多力量参与到乡村物质文化遗产的保护中。通过"新乡贤"的努力，一些乡村重要的传统文化得到了合理的传承与保护，同时让村民能重新认识传统文化，恢复传统文化的自信心。

4. 解决乡村文化机构经费的不足

经费不足一直是影响我国乡村文化建设与发展的突出问题。乡村文化建设经费主要靠县乡财政支持，但"一些经济薄弱地区的县级政府，其财政情况令人担忧，根本无法保证乡村文化建设经费的投入"。① 尤其在许多较为贫困的地区的小规模乡村，文化建设经费基本上没有保障，导致村内无任何文化机构。如何解决这一问题，"新乡贤"的出现让人看到了希望。当前，一些"新乡贤"乐善好施，常主动捐助或向社会各界筹集资金以解决乡村文化机构建设的经费问题。惠安县山霞镇东莲村小学教学楼修建经费不足，杨庆和先生慷慨解囊，捐资50万元，并牵头发动乡贤和各方，筹集资金100多万元。湛江叶氏宗亲2017年捐出大约70万元助学资金重奖地方乡村优秀学子，在社会传为佳话。

"新乡贤"热心文化、乐于奉献的行为让乡村文化建设显露出一些良好的端倪和态势，所以我们有理由相信，乡村文化建设因"新乡贤"的回归，将渐渐摸索出一种更适合乡村的文化复兴之路，在教育村民、造福村民、培养村民文化自信的同时，推动地方文化发展、传承中华优秀乡村文化。

---

① 胡晓凯，翟国兵.探析我国农村教育的现存问题及对策[M].吉林广播电视大学学报.2011（07）.

附录 大湾村传统村落档案

（一）村落基本信息

村落形成年代	☐ 元代以前 ■ 明代 ☐ 清代 ☐ 民国时期 ☐ 新中国成立以后	村落形成原因	江西太和县迁来
村域面积	12 平方公里	村庄占地面积	800 亩
户籍人口	1000 人	地形地 貌特征	丘陵地带
常住人口	900 人		
村集体年收入	2 万元	村民人均年收入	6000 元
主要民族	汉 族	列出产值较高的 2 ~ 3 个主要产业	烤烟、水稻
村落是否列入 各级保护或示 范名录	列入历史文化名村：　　　　　　　　☐国家级 ☐省级 列入特色景观旅游名村：　　　　　　☐国家级 ☐省级 列入少数民族特色村寨试点示范：☐是　　■否 其他，请注明名称及由哪一级认定公布：＿＿＿＿＿＿＿＿＿＿＿		
保护规划及 保护利用状况	保护规划	■有，规划名称是：传统村落保护发展规划 规划批准单位是：湖南省住建厅 ☐无规划	
	保护利用状况 （可多选）	☐闲置废弃 ■照常使用，没有特别的保护措施 ☐发展旅游和服务业 ☐以博物馆的方式进行保护 ☐其他，具体为：＿＿＿＿＿＿＿＿＿＿	

（二）村落传统建筑状况

<table>
<tr><td rowspan="5">基本信息</td><td>建筑名称
（见注释）</td><td>建筑年代</td><td>建筑规模
（平方米）</td><td>各级文物保护单位
及数量</td><td>认定为历史
建筑的数量</td></tr>
<tr><td>榜眼第</td><td>清同治</td><td>2000 平方米</td><td rowspan="3">国家级：0 处

省级：1 处

市级：0 处

县级：0 处

第三次全国文物普查新发现不可移动文物数量：1 处

文保单位是否为古建筑群：■是
□否</td><td rowspan="3">市级政府认定：0 处

县级政府认定：0 处</td></tr>
<tr><td>夏氏宗祠</td><td>清</td><td>420 平方米</td></tr>
<tr><td colspan="3">注：建筑名称填写民居、祠堂、庙宇、书院、牌坊等，以及乡土建筑名称，如徽派民居、××故居，吊脚楼、土楼、窑洞等。如传统建筑较多，可按表格内容另加附页</td></tr>
<tr><td colspan="5">全部传统建筑占村庄建筑总面积的比例：60（％）</td></tr>
<tr><td>村落简介</td><td colspan="4">大湾古村位于桂阳县莲塘镇境内，坐北朝南，村落始建于元季，距今已有 600 多年历史。整个村落占地 2 平方公里，呈"一"字形，一条大街由西向东，青石漫道，支巷石板路连通大街，两边错落有 100 余栋清代古建筑；至今保存完好。栋栋雕梁画栋，飞檐翘角，水磨青砖，石雕木雕，其工艺都十分精湛，让人叹为观止。其中：村前建筑——榜眼第（夏寿田故居）所包括自清同治到光绪年间相继建成榜眼第、巡抚居、花园、中丞第、翰林坊、家祠、书房、厨房、以及天禄公居、梅心公居、夏时公居共 11 栋。总占地面积 1 万余平方米，建房面积 6570 平方米。是最具有代表性的一处；还有是始建于清乾隆年间的夏氏宗祠，其古戏台的石柱上盘龙缠绕而上的石雕，飞檐、封檐板上形象精美生动的木刻，飞檐瓦棱前端的白膏泥塑龙头，实乃精致一绝。
整个建筑基本上是砖木结构，硬山顶小青瓦，均为传统湘南民居四合院式建筑。最为突出的数要榜眼第单体，它在建筑上是以湘南传统式四合院与宫殿式相结合的形制，造型奇异。大湾古村蕴藏着中国古老的风水观念，建筑技巧，生态原理等。其榜眼第规格大，湘南地区甚为少见。
夏氏宗祠有一定的历史，建筑规模宏大，装饰讲究，整个戏台保存着清代建筑风格。对研究明清时期的历史、文化、艺术都有借鉴作用。</td></tr>
<tr><td>图纸及照片</td><td colspan="4">见附件一</td></tr>
</table>

（三）村落选址和格局

对村落选址、格局有重要影响的历史环境要素及数量		
名称：古树	数量：42 棵	
名称：古井	数量：2 口	
名称：夏氏宗祠	数量：1 栋	
名称：	数量：	处（个、座）
名称：	数量：	处（个、座）

<table>
<tr><td rowspan="1">选
址
和
格
局
简
介</td><td>

一、古民居的选址形成背景

莲塘大湾村，坐落在古道桂阳——常宁的交通要道上，其选址依山傍水。山上树木茂盛，山坡的泥土均为黄土，宜种植红薯、大豆等多种农作物，前面一片田地，小溪纵横交错，宜于田地的灌溉，田边的池塘招惹着野鸭的嬉戏。理想的人居环境，又加上自然物产丰富，于是大湾村先祖于元季从江西省太和县搬迁至此。过着安居乐业的生活。

二、村落格局及现状

大湾村距桂阳县城北面 48 公里处，坐北朝南，现有村民 300 余户，人口 1000 余人，属夏氏后裔，其古建筑是传统的四合院式徽派建筑，客家风范，该村以"榜眼第"及"夏氏宗祠"为特色。其建筑工艺精湛，四面砖墙灰路都是平行的。整个村落的古建筑保存良好，大多数古建筑依然结构严整，有人居住。巷道多以青石板铺就，依然保持着古韵特色。各种石雕、木雕栩栩如生，虽历经百年沧桑而神采依旧，仍保持着江南客家民风，体现渊源厚甚的珍贵文化内涵。

</td></tr>
<tr><td>照
片
及
图
纸</td><td>

见附件二

</td></tr>
</table>

（四）村落承载的物质与非物质文化遗产

<table>
<tr><td rowspan="9">基本信息</td><td>名称</td><td></td></tr>
<tr><td>级别</td><td>□国家级 □省级</td></tr>
<tr><td>类型</td><td>□民间文学 □传统音乐　□传统舞蹈 □传统戏剧 □曲艺 □民俗
□传统体育 □游艺与杂技□传统美术 □传统技艺 □传统医药</td></tr>
<tr><td>是否确定传承人</td><td>□是　□否</td></tr>
<tr><td>项目存续情况</td><td>□传承良好　□传承一般，无专门管理　□濒危状态</td></tr>
<tr><td>与村落依存程度</td><td>□必须依托村落存在　□不需依托村落存在</td></tr>
<tr><td>活动规模</td><td>□10人以下　□10至30人　□30人以上　□全村参与</td></tr>
<tr><td>传承时间</td><td>□连续100年以上　□连续50年以上</td></tr>
<tr><td>非物质文化遗产简介</td><td>大湾村位于桂阳北部，俗称北乡，全村300余户，1000余口，全部为夏姓，距县城56公里。大湾村历史悠久，传统文化底蕴深厚，名人辈出。据了解，历史上"非遗"文化在该村蔚然成风，曾有口头文学，调班，龙、狮班，民间杂耍，传统手工技艺，民间祭祀，特色民俗等，随着时间推移和社会进步，传统文化已被现代文化所取替，尤其是受"十年浩劫"的影响，如今"非遗"文化在该村几乎已消失殆尽，2010年相关部门对该村进行了一次"非遗"文化调查，大部分传统文化已无处可寻，只有传统手工技艺"青砖青瓦烧造工艺"得以传承，现已被列为县级"非遗"名录保护。</td></tr>
<tr><td>照片</td><td>见附件三</td></tr>
</table>

（五）村落人居环境现状

<table>
<tr>
<td rowspan="8">基础资料</td>
<td colspan="2">居住在传统建筑的居民数量：　　410 人</td>
<td colspan="2"></td>
</tr>
<tr>
<td rowspan="2">现有设施状况
（有即可勾选）</td>
<td colspan="3">■入户自来水　□垃圾收集设施　□排水设施　□入户煤气</td>
</tr>
<tr>
<td colspan="3">□公交站点　■卫生室　■有线电视　□消防设施　■已改造
电网</td>
</tr>
<tr>
<td rowspan="3">村内道路</td>
<td>已建成　　200 年</td>
<td rowspan="3">公共照明</td>
<td rowspan="3">□全村有
□局部地段有
■无</td>
</tr>
<tr>
<td>上次维修为　50 年前</td>
</tr>
<tr>
<td>路面：□沥青或水泥路　■土
路　■传统石、砖路　□其他</td>
</tr>
<tr>
<td rowspan="2">污水处理设施</td>
<td>□村内集中处理
□单户或多户分散处理
■无处理</td>
<td rowspan="2">厕所</td>
<td>□公用　■分户</td>
</tr>
<tr>
<td>■旱厕　□水冲厕所</td>
</tr>
<tr>
<td>垃圾处理方式</td>
<td colspan="3">□卫生填埋　■简易填埋　□直接焚烧　□送往镇（县）处理</td>
</tr>
</table>

<table>
<tr>
<td rowspan="2">村落环境状况简介</td>
<td>大湾村位于镇治北面 3 公里处，经度 112°29′38.6″，纬度 26°05′43.7″。现整个村落占地面积达 3 万平方米，建筑面积 2 万余平方米。距省道 1807 线和"衡桂"高速公路 1 公里；村前是旷野田园，布置有 3 口大水塘，距村 100 米处有一条小溪流，常年水流不涸；村后为石灰岩质石山，山高奇峭，怪石林立，远看犹如千军万马布防；村中拥有明清时期古民居 80 多栋，均为湘南传统"四合院"式建筑，大街小巷全为青石板铺设；整个村落规划整齐、布局合理，青砖青瓦，古香古色，环境优雅，文化底蕴相当深厚。自明清以来，五品以上官员 31 个；赐一品光禄大夫及一品夫人 3 对；新中国成立后许多人在外求学发展。</td>
</tr>
<tr>
<td>区域周围青山，连绵起伏。方圆十几公里，名胜古迹云集，东有泗洲山和欧阳海故居；南有颜氏、欧阳氏等宗祠及陈士杰故居等；西有天下第一山——扶苍山；北有莲塘石林和一万多米长并常年流水还能浮舟的大溶洞。好一派秀丽风光，优雅环境，具有很高的文化旅游开发利用价值。</td>
</tr>
<tr>
<td>照片</td>
<td>见附件四</td>
</tr>
</table>

附件一：

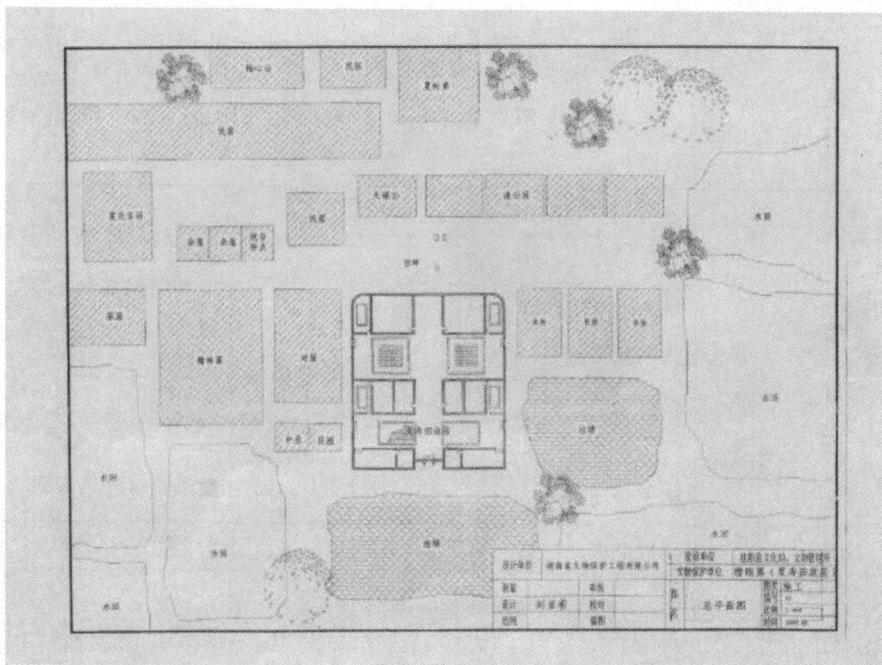

莲塘大湾村平面图

莲塘大湾村村前图

莲塘大湾村全景图

莲塘大湾村榜眼第（夏寿田故居）

莲塘大湾村民居雨棚

莲塘大湾村民居大门铁环

莲塘大湾村石雕门槛门墩

莲塘大湾村抱鼓石墩

莲塘大湾村石马栓

附件二：

莲塘大湾村夏氏宗祠

莲塘大湾村宗祠前对联、抱鼓石一

莲塘大湾村宗祠前对联、抱鼓石二

莲塘大湾村街道

莲塘大湾村室内巷道

莲塘大湾村石碑

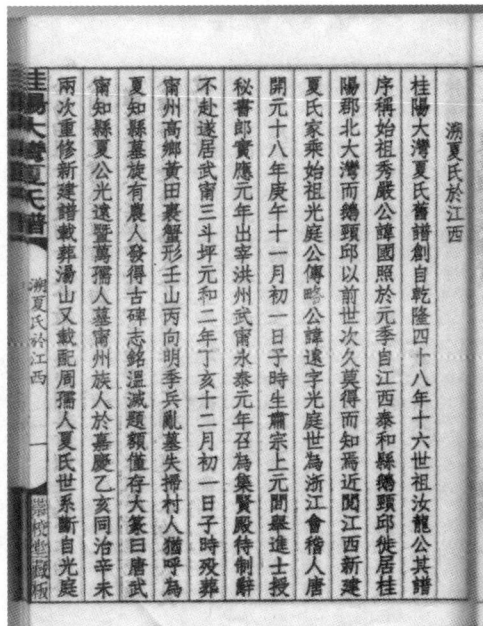

莲塘大湾村宗谱一

莲塘大湾村宗谱二

夏寿田

　　夏寿田（1870～1937），字午贻，桂阳莲塘乡大湾村人。与杨度、齐白石均为王闿运□□门生。光绪十五年（1889）中举，十八年会试取誊录，任刑部郎中、山西清吏司行走。光绪二十四年中进士第八名，旋御试榜眼及第，授翰林院编修、学部图书馆总纂。光绪三十三年七月，其父（曾任兵部侍郎）受诬死四川。夏寿田治丧后返京为父辩诬，触怒清廷，□"言怍旨"罹革职，寓居天津。宣统三年（1911）奉诏回京，诰授朝议大夫。

　　民国元年，夏寿田任湖北省民政长，旋去职赴京。民国2年，经杨度介绍，任袁世凯总统府内史，次年，任约法会议员，为袁氏所信任，参与机要，曾为袁世凯复辟帝制起草登基大典"诏书"。民国5年，袁世凯称帝失败，夏寿田逃匿天津租界，学佛参禅。

　　南北军阀混战中，夏寿田投靠曹锟，任机要秘书。民国11年，孙中山第一次北伐，进军赣南，陈炯明在广州叛乱，炮击总统府。吴佩孚屯兵衡阳，欲与陈南北夹击孙中山。孙中山派人找杨度计谋，杨度与夏寿田利用曹锟不愿吴佩孚坐大心理，说动曹锟在军事会议上□□

莲塘大湾村榜眼——夏寿田简介一

不许吴入粤援助陈炯明的决定，使孙中山摆脱困境。

民国 16 年，夏寿田居上海，经杨度（时为共产党员）介绍，认识周恩来。时上海共产党组织欲召开重要会议，但找不到合适地点，杨度又与夏寿田商议，以两人名义借哈同花园宴会厅宴请上海各界要员。前门车水马龙，警卫森严，共产党员则伴装客人或杂役，进入后堂悄悄开会。

夏寿田病逝后，葬上海佛会公墓。

新中国成立不久，周恩来总理致信上海市政府，拨专款为夏寿田重修坟墓。

莲塘大湾村榜眼——夏寿田简介二

附件三：

莲塘大湾村古戏台

莲塘大湾村石柱础

莲塘大湾村天花板

莲塘大湾村嘉庆三年民居

莲塘大湾村石雕

莲塘大湾村木构积谷仓

莲塘大湾村石刻

附件四：

莲塘大湾村天井一

莲塘大湾村天井二

后 记

　　大湾村是一个典型的宗族村落。在进入大湾村之前，我们就在湖南省图书馆查到《桂阳大湾夏氏宗谱》，由清代夏菽轩（夏时）纂修，清光绪十年（1884）崇校堂刻本。去年七月，我们到大湾村做调查，最为吸引人的是气势不凡的榜眼第。由此我们也知道了湘南地区在清末竟然出了一个叫作夏寿田的榜眼。后来读族谱，才知道夏寿田的父亲夏时功名也不小。追寻下去，夏氏父子之所以能够突然崛起，与夏时之父梅心公，及其祖上各辈的积累不无相关。这从族谱的序文中可见一斑。中国古代社会，一个获得功名的读书人后面，是一个家族几十年，甚至上百年的积累。而在村落各项事业中，教育无疑是最重要的。大湾村自梅心公开始有意建镜潭书院，而夏时辈竟其父业，夏时之子夏寿田则超越乃祖乃父，直取榜眼。现在村落还有传统时期常见的代表敬文惜字意蕴的"惜字炉"残石。于此可见教育之于人才培养的重要性。

　　村里流传着一些故事。其中一则说，自夏寿田得中榜眼后，路过大湾村的人都要抓一把泥土带回家，这样他们就可以沾上一点文气。还有人说，夏寿田的书法绝伦，深受慈禧太后的喜欢，于是慈禧赠送其九龙缸及四只玉杯，并绘声绘色描述九龙缸之妙——盛满水后，缸中的九条龙就活起来了……这些都是大湾村人的记忆和骄傲，无论真实与否，都已经深深嵌入大湾村的文化之中。

　　在调查中，大湾村人们以其热忱感染着我们。在此特别感谢夏杰老人夫妇、夏海盛、夏卯再、村支书夏吉中、夏正旷、夏定国等人。莲塘镇党委镇政府、莲塘镇政府办公室主任肖志刚、大湾村村支书胡蕾也找我们提供了很多帮助。大湾村的女婿彭德馨老人虽然年过八十，但精神矍铄，他对桂阳县的历史了然于心，对大湾村的感情也很深。感谢他慷慨提供了大量的线索和资料。

　　感谢我的导师胡彬彬教授对本书的宏观指导和把握，让我在田野调查和写作过程中的思路更明晰而开阔。非常感谢李红师兄在资料整理及文本撰写中的具体帮助。李红师兄在我思路不清时给我指点迷津，传授我研究方法，为我明确方向，让我有了信心和动力。

　　大湾依然很美，可惜的是，一些古建筑已经破败不堪。将村落的建筑及历史记忆保存下来，还有很长的路要走。